足迹

共和国记忆

1949 — 2019

全彩插图本

张神根

主编

新华出版社

图书在版编目（CIP）数据

足迹：共和国记忆 / 张神根主编. -- 北京：新华出版社，2020.10
ISBN 978—7—5166—5326—5

Ⅰ.①足… Ⅱ.①张… Ⅲ.①中国历史—现代史—历史事件—1949-2019 Ⅳ.①K270.5

中国版本图书馆CIP数据核字（2020）第169041号

足迹：共和国记忆

主　　编：张神根

责任编辑：沈文娟　祝玉婷　　　书籍设计：左左工作室
责任校对：刘保利

出版发行：新华出版社
地　　址：北京石景山区京原路8号　　邮政编码：100040
网　　址：http://www.xinhuapub.com
经　　销：新华书店
购书热线：010—63077122　　　　　中国新闻书店邮购热线：010—63072012

印　　刷：北京金康利印刷有限公司
成品尺寸：170mm × 240mm
印　　张：27.5　　　　　　　　　　字　　数：250 千字
印　　次：2020年10月第一版　　　　印　　次：2020年10月第一次印刷
书　　号：ISBN 978—7—5166—5326—5
定　　价：88.00元

版权所有，侵权必究。如有质量问题，请与出版社联系调换：010—63077101

前 言

2019 年是新中国成立 70 周年。70 年来，在中国共产党的领导下，凭着"敢教日月换新天"的豪情，中国站起来了；靠着"杀出一条血路"的气概，中国富起来了；在"改革不停顿、开放不止步"的奋斗中，中国迎来从富起来到强起来的伟大飞跃。为了讲好中国共产党治国理政的故事、中国人民奋斗圆梦的故事、中国坚持和平发展合作共赢的故事，为了方便广大党员干部和人民群众学习"四史"，我们编写了这本国史读物，取名为《足迹：共和国记忆》。

改革开放以来尤其近年来，随着历史档案的逐步解密，研究的逐步深入，许多重大事件的来龙去脉渐渐厘清。但是，这些新成果还被淹没在浩如烟海的文献资料中，并未走向社会，为普通大众尤其是青年人所知晓。为了把众多新成果集中介绍给广大读者，我们每年选取一个重大事件、重大决策或重大问题，选题的内容包括政治、经济、军事、外交、文化、社会、科技、生态等各个方面，用一个个充满正能量的动人故事和一幅幅珍贵的照片，勾勒出共和国70年史诗般岁月的历史画卷，让读者尤其是年轻的"80后""90后""00后"们了解70年来在党的领导下，中国社会发生的翻天覆地的变化和取得的举世瞩目的成就，突出展示党的十八大以来党和国家事业取得的历史性成就、发生的历史性变革。

本书选题和写作有以下几个特点：（1）坚持正确导向，坚持以习近平新时代中国特色社会主义思想为指导。（2）史实准确，反映历史研究领域的主流观点。（3）注重细节，通过细节反映历史，吸引读者。（4）语言生动活泼，使广大读者尤其是青年人读起来感觉不晦涩，有吸引力，愿意读下去。共和国历史本身就是丰富多彩的，我们就是想通过生动的文字，准确的史实，珍贵的历史照片使广大读者更好地了解它。

本书的编写、统稿工作由张神根同志主持。具体年份的编写工作安排如下：1949年至1965年，柳宁；1966年至1981年，胡毅；1982年至1998年，刘承礼；1999年至2019年，张倔。

2020年9月

目 录

1949 年
中国人民站起来了
关于新中国国名的讨论 ... 001

国名简称的争论 ... 004

"人民万岁" ... 005

1950 年
抗美援朝　保家卫国
美军越过"三八线",不打不行了 ... 012

毛泽东一生中最艰难的决策 ... 015

掌握军事与和谈两个战场的主导权 ... 016

1951 年
实现耕者有其田
战争和土改是考验我们的两个"关" ... 020

"有步骤有秩序地进行土地改革工作" ... 023

1952 年
"决不当李自成"
"抓老虎"、"反五毒" ... 028

处决两个,挽救两万个 ... 030

1953 年
过渡时期的总路线——"照耀我们各项工作的灯塔"
毛泽东的"过桥"之喻 ... 033

"风又平,浪又静,平平安安到达黄鹤楼" ... 035

1954 年
登上国际舞台
第一次唱"正规戏" ... 038

"求同存异"促成共识 ... 041

1955年
新中国首次实行军衔制
"我这个大元帅就不要了" 045
将星耀中华 047

1956年
探索中国自己的建设社会主义道路的重大理论成果
谈话谈出来的《论十大关系》 051
百花齐放与百家争鸣 053

1957年
关于正确处理人民内部矛盾的探索和实践
对社会主义社会矛盾的思考 056
从"和风细雨"到"急风暴雨" 060

1958年
炮击金门与探索两岸和平统一
"金门炮战,意在击美" 062
"一纲四目"与探索和平解决台湾问题 064

1959年
翻身农奴把歌唱
平定武装叛乱 066
伟大的跨越:民主改革 068

1960年
勇攀最高峰
"人家不来了,我们单独登!" 070
中国人第一次站上地球之巅 072

1961年
沉重的思考 艰难的调整
"八字方针"的提出 076
"黄猫、黑猫,只要能捉住老鼠就是好猫" 078

1962年
史无前例的"出气会"
从"两干一稀"看七千人大会召开的原因 081
心气顺了,劲头足了 083

1963年
"向雷锋同志学习"
"伟大的普通一兵" 086
雷锋精神代代传 088

1964年
描绘现代化宏图
初绘"四个现代化"宏伟目标 090

周恩来重申"四个现代化" 093

1965 年
回到祖国怀抱——李宗仁归国
一波三折归根路 095
"我走的这一条路是走对了的" 098

1966 年
县委书记的榜样——焦裕禄
兰考人民的好书记 100
去世两年后，焦裕禄的事迹传遍全国 103
"百姓谁不爱好官？把泪焦桐成雨" 104

1967 年
坦赞铁路——中非友谊的丰碑
"我们宁可自己不修铁路，也要帮你们修建这条铁路" 107
亲历者难以忘怀的记忆 109

1968 年
天堑变通途
中国人的"争气桥" 114
大桥整修，旧貌换新颜 116

1969 年
中苏冰点以下的较量
由边境纠纷引发的军事冲突 119
冰点下的战斗 120
珍宝岛的枪声为打开中美关系大门提供了有利契机 121

1970 年
人类筑路史上的一座丰碑
选线之争 124
"为有牺牲多壮志，敢教日月换新天" 127

1971 年
重返联合国
历史潮流不可抗拒 130
中国外交的胜利 132

1972 年
开启中美关系的大门
"如果尼克松愿意来，我愿意跟他谈" 136
毛泽东"突如其来"会见尼克松 138

1973 年
治理海河
毛泽东发出"一定要根治海河"的号召 141

共和国历史上最大规模的群众性治水行动 144

1974 年
发现兵马俑
农民打井意外发现惊世宝藏 146
世界第八大奇迹 147

1975 年
改革开放的前奏
毛泽东的一系列指示改变了
"文化大革命"的走向 152
邓小平领导全面整顿 153

1976 年
粉碎"四人帮"
"四人帮"最后的疯狂 158
惊心动魄的 35 分钟 161

1977 年
恢复高考：改革开放的第一声春雷
"今年就要下决心恢复从高中毕业生中
直接招考学生，不再搞群众推荐" 164
知识改变命运 168

1978 年
忽如一夜春风来
关于真理标准的大讨论 170
中央工作会议和十一届三中全会 172

1979 年
杀出一条血路来——创办经济特区
"杀出一条血路来" 176
改革开放的"试验田" 178

1980 年
实行计划生育政策
"中国人多也好也坏，中国的好处是人多，
坏处也是人多。" 183
"提倡生一个是没有办法的办法。" 184
从"一对夫妇只生育一个孩子"
到"全面二孩" 185

1981 年
统一思想，继续前进
"毛泽东思想这个旗帜丢不得" 188
《决议》的通过标志着指导思想
拨乱反正的完成 190

1982 年
家庭联产承包责任制
红手印催生了家庭联产承包责任制 … 193
把基层的创造上升为国家制度 … 194

1983 年
清理"三种人"和全面整党
"对于'三种人',一个也不能提拔" … 198
党的作风和组织的一次全面整顿 … 200

1984 年
有计划的商品经济
商品经济第一次被写入党的决议 … 202
"写出了一个政治经济学的初稿" … 204

1985 年
百万大裁军
一根指头与一百万 … 206
百万大裁军开启中国精兵强军之路 … 209

1986 年
"863"计划
四院士联名上书与"863"计划的诞生 … 211
"863"计划及其实施 … 213

1987 年
"三步走"发展战略
到 20 世纪末,人民生活达到小康水平 … 216
再用 30 年至 50 年时间,接近
发达国家水平 … 217

1988 年
"两个大局"战略构想
沿海工业与内地工业的关系 … 220
邓小平与"两个大局"战略构想 … 222

1989 年
治理整顿与深化改革
物价闯关受挫后,中国刮起了一股
抢购风 … 225
在治理整顿中深化改革 … 227

1990 年
开发浦东,开放浦东
树起更加改革开放的旗帜 … 230
"抓紧浦东开发,不要动摇,一直
到建成" … 232

1991 年
秦山核电站
和平利用核能的典范	236
自主创新走向辉煌	239

1992 年
"南方谈话"
克服阻力，寻找动力	241
东方风来满眼春	244

1993 年
划时代的体制创新
计划与市场之争	247
建立社会主义市场经济体制	250

1994 年
分税制改革
从财政包干制到分税制	253
"实施这个方案比制定这个方案要难一百倍"	254

1995 年
科教兴国战略
科学技术是第一生产力	257
把经济建设转移到依靠科技进步和提高劳动者素质的轨道上来	260

1996 年
坚持两手抓，两手都要硬
既要有高度的物质文明，又要有高度的精神文明	262
两个文明都搞好，才能建设好中国特色社会主义	265

1997 年
香港回归祖国
"一国两制"与香港回归	268
坚持"一国两制"不动摇、不走样	271

1998 年
众志成城抗洪救灾
谁是新时期最可爱的人	273
一方有难 八方支援	276

1999 年
提出西部大开发战略
"西部地区迟早是要大开发的，不开发，我们怎么实现全国的现代化？"	278
1999 年最后两个月里，中央连续召开 3 次会议，作出西部大开发战略决策	280

2000 年
提出"三个代表"重要思想

"三个代表"重要思想的提出 284

"三个代表"重要思想的着眼点 285

"三个代表"重要思想写入党章 287

2001 年
扣人心弦的中国入世谈判

由于一些发达国家漫天要价,中国复关未果 289

在谈判陷于僵局的最后关头,朱镕基总理亲自出面 290

2002 年
"大国重器"蛟龙号

"上天""入地"均有斩获,"下海"却苦寻无功 295

蛟龙号 7000 米海试中与母船失联 1 小时,漆黑的海底究竟发生了什么? 298

蛟龙号已成为海洋强国建设的"大国重器" 300

2003 年
科学发展观

科学概念的正式提出 302

科学表述的正式形成 303

科学发展观的历史定位 304

2004 年
走向和谐

建设社会主义和谐社会成为党的治国方略 307

党和政府促进社会和谐的一系列重要举措 309

2005 年
告别"皇粮国税"

税负乱象:农民难以承受之重 313

农村税费改革与农业税的最终废除 316

2006 年
天路

"青藏铁路修不通,我睡不着觉" 319

"应该下决心尽快开工修建" 325

2007 年
与时俱进新党章

十二大以来对党章的前 4 次修订 328

中央政治局决定十七大对党章再次进行适当修改 330

科学发展观写入党章成为此次修正案引人注目的亮点 331

2008 年
百年梦圆
历尽沧桑	333
"零"的突破	335
百年圆梦	337

2009 年
有效应对国际金融危机
危机袭来,党中央果断决策、从容应对	344
中国经济在全球率先回升向好	345

2010 年
成功举办上海世博会
百年前的世博梦想,酸楚中有着一丝乐观	349
百年世博梦终成真,13 亿东道主站脚助威	351
上海交出一份满意答卷,全球伸出热情之手	352

2011 年
中国特色社会主义法律体系形成
开始起步阶段	358
恢复重建和全面展开阶段	360
初步形成阶段	361
正式形成阶段	362

2012 年
太空穿针
太空首迎"中国宫"	365
神舟八号和天宫一号"太空初吻"	366
太空驾飞船,神天再相拥	369

2013 年
"精准扶贫"
吹响脱贫攻坚战"冲锋号"	372
"精准扶贫"成为打赢脱贫攻坚战的基本方略	374
"精准扶贫"方略落地生根开花结果	375

2014 年
文艺工作座谈会
习近平的"文艺情缘"	379
"坚持以人民为中心的创作导向"	380
唱响时代大风歌	383

2015 年
"巡视利剑"展锋芒
习近平亲自指导巡视工作	385
发现问题、形成震慑,中央巡视如	

利剑出鞘 386
巡视监督内容不断扩展，方式方法
不断创新 387

2016 年
"以习近平同志为核心的党中央"

维护党的领袖核心地位，是党的历史经验的
深刻总结 390
习近平"核心"地位呼之欲出 391
确立习近平"核心"地位顺应党心民意 392

2017 年
"荒原变林海"

"建场初期的塞罕坝林场，条件异常艰苦" 396
为了植树造林，塞罕坝人真是拼了！ 398

2018 年
势如破竹开新局

为什么要深化党和国家机构改革？ 404
机构改革积极回应人民期待，广泛征求
各方意见 405
不搞"一刀切"式的精简，给大家吃下
"定心丸" 407

2019 年
新时代党的自我革命的生动实践

开展"不忘初心、牢记使命"主题教育 410
用习近平新时代中国特色社会主义思想
武装头脑 418

1949年

中国人民站起来了

1949年10月1日下午,首都北京30万军民在天安门广场隆重举行开国大典。毛泽东主席庄严宣告:"中华人民共和国中央人民政府今天成立了!"毛泽东铿锵豪迈的湘音震撼神州,传遍世界。从此,中国人民和中华民族的历史翻开了崭新的一页。

关于新中国国名的讨论

1949年9月21日至30日,中国人民政治协商会议第一届全体会议在北平召开,毛泽东向全世界郑重宣布:占人类总数四分之一的中国人从此站立起来了。中国历史从此开辟了一个新的时代。在新中国成立前夕的新政协筹备会阶段,关于国家名称却有个集思广益、深入探讨的小插曲。

政协筹备会第四小组,负责起草政府组织法草案,工作进展比较顺利。筹备会工作小组起草的文稿中,使用了"中华人民民主共和国"这一名称。因为,在6月15日新政协筹备会第一次全体会议上,毛泽东在致辞中说:"过去,中华民国是名不副实的。现在,我们要建立一个名副其实的中华人

1949年10月1日,毛泽东主席在天安门城楼上庄严地宣告中华人民共和国成立。(新华社资料照片)

图为中国人民政治协商会议第一届全体会议会场（新华社资料照片）。

民民主共和国。"并且他还呼喊"中华人民民主共和国万岁"的口号。

在最后一天的讨论中，清华大学教授张奚若先生提出质疑说："有几位老先生嫌中华人民民主共和国的名字太长，他们都说应该去掉'民主'二字，我看叫中华人民共和国好。有'人民'，就可以不要'民主'二字，焉有人民而不民主哉？且民主一词 democracy 来自希腊字，原意与人民相同。"后来，经过讨论和表决，最终确定新中国的国名就叫"中华人民共和国"。

中华人民共和国国名的确定，在国体和政权基础上体现得"鲜明、准确、完备"，凝聚了第一届中国人民政治协商会议各位代表对国家、对民族、对历史极其负责的精神和审慎的态度。

国名简称的争论

中华人民共和国的国名确定之后，还有一个关于国名的简称问题，需要仔细斟酌。原来，在起草《共同纲领》草案时，有代表提议，考虑到照顾人民的传统和习惯，在中华人民共和国的全称后面，加了一个"中华民国"的简称。最初的《中华人民民主共和国中央人民政府组织法草案》中，也有"中华人民民主共和国简称中华民国"这一内容。后来改称中华人民共和国后，这一简称仍然保留。

对于使用简称的问题，周恩来总理解释说，中华民国叫了38年了，一下子换了，会使落后的政治水准很低的人不能接受。所以，我们许可简称中华民国，但这个中华民国的性质与过去是有区别的，它不包括地主官僚资产阶级在内。

然而，"中华民国"这个简称还是在政协代表中引起很大争议。1949年9月21日，政协第一届全体会议开幕后，马叙伦、陈叔通、郭沫若等代表即递交一份提案，提议取消中华民国的简称。政协会议主席团对是否取消国名简称采取了审慎态度。9月26日，由周恩来和林伯渠联名在六国饭店宴请二三十位年逾七旬的辛亥革命以来有影响的代表人物。周恩来开宗明义地说：今天请来赴宴的，除几个人外，都是辛亥革命时期的长辈。我们国家有句古话，叫作"就教长者"，今天就是就国号简称问题专门听取各位长者的意见。

周恩来点题之后，中国民主建国会的黄炎培第一个发言。他说，由于老百姓教育落后，感情上习惯用"中华民国"，一旦改掉，会引起反感。留个简称，是非常必要的。他还说，待政协会议三年后换届再来除掉，并无不可。

中国国民党革命委员会的何香凝说：中华民国是孙中山先生革命的一个成果，那是用许多烈士的鲜血换来的。关于改国号问题，我个人认为，如果能照旧用它，也是好的，如果大家不赞成，我就不坚持我的意见。清朝进士周致祥表示不同意，他认为中华民国是一个祸国殃民、群众没有什么好感的名称。

这时，年逾八旬的海外爱国华侨领袖司徒美堂站起来发言说：我是参加辛亥革命的人，我尊重孙中山先生，但对于"中华民国"4个字，绝无好感。理由是中华民国，与民无涉。22年来更是给蒋介石与"CC派"弄得天怒人怨，真是痛心疾首。我们试问，共产党所领导的这次革命是不是跟辛亥革命不同？如果大家认为不同，那么我们的国号应叫中华人民共和国，抛掉又臭又坏的中华民国的烂招牌。国号是一个极其庄严的东西，一改就得改好，为什么要三年之后才改？语曰：名不正则言不顺，言不顺则令不行。仍然叫作"中华民国"，何以昭告天下百姓？我们好像偷偷摸摸似的，革命胜利了，连国号也不敢改。我坚持反对什么简称，我坚决主张光明正大地用中华人民共和国。

司徒美堂的话使在座者感同身受，报以热烈的掌声。人口学家马寅初教授立即表示拥护司徒美堂的意见，他还补充说，中华民国这个简称实在不伦不类，不像话的。

接着，张澜、陈叔通、沈钧儒、陈嘉庚等发言，均赞成司徒美堂的意见。陈嘉庚还说，大家对中华民国绝无好感。当然，落后的人会一时不习惯，过些时候就好了。

周恩来认真听取了大家的意见，并把这些意见综合后送主席团常委会参考。后来，在政协第一届全体会议通过的文件中，都去掉了"中华民国"这个简称。

"人民万岁"

1949年10月1日这一天，是中华人民共和国中央人民政府成立的日子。当天在首都北京天安门广场举行的盛大典礼，被称为"开国大典"。

清晨五六点钟，参加庆典的人群，怀着无比激动和兴奋的心情从四面八方

1949年10月1日,首都天安门广场,庆祝中华人民共和国中央人民政府成立大会的盛况。
(新华社资料图片)

图为1949年10月1日,第一面五星红旗在开国大典上冉冉升起,迎风飘扬。(新华社资料图片)

1949年10月1日,中华人民共和国开国大典在北京天安门广场隆重举行。(新华社资料图片)

天安门广场集中。上午10时,广场上已是人山人海,参加开国大典的30万军民已经齐聚,热情的欢呼声、嘹亮的歌声此起彼伏,人们翘首期待着伟大历史时刻的到来。

此时,昔日残旧的天安门城楼已经装扮一新。天安门正中央挂着毛泽东的巨幅彩色画像,城楼上八个大红灯笼高悬,红墙两侧写着两条横幅大标语。大约下午2点50分时,毛泽东等党和国家领导人乘车到了天安门城楼下,从左侧一步步走上来。当毛主席踏上最后一个台阶时,大喇叭里传来播音员丁一岚和齐越的声音:"毛主席来了!毛主席来了!"顿时,整个广场上响起了雷鸣般的掌声和欢呼声。"毛主席万岁!""中华人民共和国万

1949年

中国人民站起来了

图为开国大典之夜。（新华社资料图片）

岁！"的口号响彻云霄。

下午 3 时，中央人民政府委员会秘书长林伯渠宣布中央人民政府成立典礼开始。在群众的欢呼声中，毛泽东走到麦克风前，用他浓重的湘音，向全中国、全世界庄严宣告："中华人民共和国中央人民政府已于本日成立了！"

庆典仪式结束后，已是华灯初上，群众举行盛大游行。当游行队伍经过主席台时，人们都高兴得手舞足蹈，"中华人民共和国万岁！"、"毛主席万岁！"的口号声一浪高过一浪。人民群众发自肺腑的声音，令每一位在场的人无不为之动容。天安门城楼上，面对群众震耳欲聋的呼喊声，毛泽东无法抑制自己的情感。他探身栏杆外，不停地向广场上的群众挥手致意，情不自禁地在扩音器前大声高呼："同志们万岁！""人民万岁！"领袖和群众的呼喊在城楼上下相呼应，将人民对领袖的爱戴和领袖对群众的挚爱展现得淋漓尽致。

庆典结束后，毛泽东乘车回到中南海菊香书屋，仍然激动不已。他对身边的工作人员说："人民喊我万岁，我也喊人民万岁，这才对得起人民呀！"

中国人民在中国共产党的领导下，彻底砸碎旧的国家机器，在这片古老而又灿烂的土地上真正站立起来，开启了中华民族伟大复兴的历史新纪元。

> **参考文献**
>
> 中共中央党史研究室：《中国共产党历史》第二卷上册，中共党史出版社 2011 年版。
>
> 当代中国研究所：《中华人民共和国史稿》第一卷，人民出版社、当代中国出版社 2012 年版。
>
> 庞松：《共和国的年轮（1949）》，河北人民出版社 2001 年版。

1950 年
抗美援朝　保家卫国

1950 年 6 月 25 日，朝鲜内战爆发，美国立即进行武装干涉，同时派遣第七舰队入侵台湾海峡，直接威胁我国安全。而仅仅半个月前，6 月 6 日至 9 日，中国共产党刚刚召开了新中国成立后的第一次中央全会——七届三中全会，毛泽东主席对国际局势的总体判断是："只要全世界共产党能够继续团结一切可能的和平民主力量，并使之获得更大的发展，新的世界战争是能够制止的。"全会确定党的主要任务，是为争取国家财政经济状况的基本好转而斗争，并为此制定"不要四面出击"的方针。在朝鲜战争战况危急的情势下，朝鲜劳动党和政府两次请求中国出兵支援，毛泽东和党中央作出了抗美援朝、保家卫国的决策。

美军越过"三八线"，不打不行了

面对美国入侵朝鲜和我国台湾海峡，党中央研判形势，做好防范，并准备反击美国的侵略。然而，作出出兵入朝的决策十分艰难。

1950年6月25日,朝鲜战争爆发。图为在朝鲜战争中受伤的朝鲜儿童。(新华社资料图片)

1950 年

抗美援朝　保家卫国

1950年10月，美国侵略军不顾中国人民的警告，疯狂越过"三八线"直逼鸭绿江边，炮轰我沿江村庄，侵略战火已燃烧到我国边境。图为安东市对岸朝鲜新义州在浓烟烈火中。（新华社杨振亚摄）

6月27日，即战争爆发第三天，美国派出海军和空军入侵朝鲜领海、领空，同时命令第七舰队向台湾海峡出动，阻挠中国人民解放台湾。中国政府迅速表明立场：毛泽东在6月28日中央人民政府委员会第八次会议上宣告："全国和全世界人民团结起来，进行充分的准备，打败美帝国主义的任何挑衅。"同日，周恩来总理代表中国政府发表声明，指出"杜鲁门27日的声明和美国海军的行动，乃是对于中国领土的侵略，对于联合国宪章的破坏……我国全体人民，必将万众一心，为从美国侵略者手中解放台湾而奋斗到底。"

7月初，毛泽东、周恩来等中央领导人判断朝鲜局势有恶化的可能，决定加强东北边防，及早做好防范。进入9月，朝鲜战局发生急剧变化。9月5日，毛泽东在中央人民政府委员会第九次会议上指出："就目前的情况来看，朝鲜战争持久化的可能性正在逐渐增大。"这是一个十分重要的判断。毛泽东还分析了美军的长处和短处，即"一长三短"。他说，美国"在军事上只有一个长处，就是铁多，另外却有三个弱点，合起来是一长三短。三个弱点是：第一，战线太长，从德国柏林到朝鲜；第二，运输路线太远，隔着两个大洋，大西洋和太平洋；第三，战斗力太弱。"

9月30日，中国再次警告美国："中国人民热爱和平，但是为了保卫和平，从不也永不害怕反抗侵略战争。中国人民决不能容忍外国的侵略，也不能听任帝国主义者对自己的邻人肆行侵略而置之不理。"然而，美国低估了中国人民的力量和反侵略的决心。10月7日，"联合国军"突破中国出兵朝鲜的"底线"——越过"三八线"。与此同时，美国将战火从鸭绿江边烧到中国东北，还派飞机袭扰山东半岛的青岛、烟台等地，大有将战火从中朝边境进一步扩大之势。形势发展到这一步，就如彭德怀在回顾这段历史时所说的："美军一过'三八线'，我就知道不打不行了。"

毛泽东一生中最艰难的决策

如果出兵参战，能不能打赢？会不会"引火烧身"？决策异常艰难！胡乔木曾回忆说："我在毛主席身边工作20多年，记得有两件事是毛主席很难下决心的。一件是1950年派志愿军入朝作战，一件是1946年我们准备同国民党彻底决裂。"

10月1日深夜，金日成紧急召见中国大使倪志亮，向中国政府提出支援的请求。同一天深夜，时任朝鲜外务相朴宪永携金日成亲笔信赴中国求见毛泽东，要求中国给予军事支援。尽管毛泽东对出兵已有思想准备，但是要使一个刚从战火中获得新生的人民共和国再次面临血与火的考验，同世界上头号帝国主义美国直接对峙，下这个决心要有何等的气魄和胆略！

出兵朝鲜，对仅成立一年、百废待兴的新中国来说，不光要面对中美两国悬殊的国力差距，而且中央决策层也有不同意见。10月2日、4日、5日，中央开了三次会，讨论朝鲜半岛局势和出兵问题。与会者各抒己见，多数人不赞成出兵或者对出兵存有种种疑虑。

关于出不出兵，后来毛泽东在同民主人士周世钊、王季范的谈话中吐露过当时的想法：千百条和平建设的理由都不能敌住"不能置之不理"六个大字，"打得一拳开，免得百拳来。我们抗美援朝，就是保家卫国"。

据聂荣臻回忆，当时党内的意见倾向于"不到万不得已的时候，最好不要打这一仗"。在5日的中央政治局会议上，临危受命的彭德怀最后发言，他说："出兵援朝是必要的，打烂了，等于解放战争晚胜利几年。如美军摆在鸭绿江岸和台湾，它要发动侵略战争，随时都可以找到借口。"会议最后作出决定，由彭德怀率志愿军入朝作战。

但是，出兵朝鲜的决策并不是这样轻易就定了的。

10月8日，周恩来代表党中央秘赴苏联，同斯大林商谈援朝相关问题。面对苏联摇摆不定的态度和危急的战场情势，党中央权衡利弊，得出"我们认为应当参战，必须参战。参战利益极大，不参战损害极大"的结论。18日，周恩来回国，毛泽东立即主持召开会议，在听取了周恩来和彭德怀的汇报后，把志愿军渡江作战和渡江时间最后敲定在19日黄昏。自此，中国人民志愿军肩负党和人民的重托，满怀保家卫国的豪情壮志，雄赳赳、气昂昂跨过鸭绿江。

出兵朝鲜抗美援朝，是毛泽东一生最为艰难的一次决策。胡耀邦曾回忆说："考虑出兵不出兵朝鲜的问题，他不作声，一个礼拜不刮胡子，留那么长。想通以后开了个会，大家意见统一了，毛主席就刮胡子了。"20年后的1970年10月10日，毛泽东、周恩来会见金日成，共同回忆了这段曲折的决策过程。毛泽东说："那个时候，我们虽然摆了五个军在鸭绿江边，可是我们政治局总是定不了，这么一翻，那么一翻，这么一翻，那么一翻，嗯！最后还是决定了。你不帮助，怎么办啊？"

掌握军事与和谈两个战场的主导权

从1950年10月25日到1951年6月10日，中国人民志愿军连续发起五次大规模战役，共歼敌23万余人，从根本上改变了朝鲜战争的形势，把战线稳定

中国人民志愿军在朝鲜战场上英勇战斗，坚决抗击侵略者。（新华社资料图片）

在"三八线"附近地区。根据形势的变化，毛泽东提出"充分准备持久战和争取和谈，达到战争结束"的总方针。

美国在军事失败和国内外压力下，被迫同意进行谈判。1951年7月10日，停战谈判在开城举行。这是中国人民志愿军入朝英勇奋战、重创敌军的结果。此后，到1953年7月27日在板门店签订朝鲜停战协定，朝鲜战争一直在谈谈打打中进行。军事斗争和谈判交锋在两条战线上同时进行。

美国在停战谈判开始后，并不甘心放弃侵朝野心，不断施加军事压力，企图迫使中朝方面屈服。毛泽东深知敌人虽然在战争中遇到了严重困难，被迫求和，但决不会

1950年
抗美援朝　保家卫国

改变其侵略本性，预见到谈判期间，敌人可能会玩弄种种阴谋伎俩，可能乘机对我实施突然袭击，我军唯有经过坚决、激烈的军事政治斗争和持久作战的准备，才能取得胜利。谈判过程中，毛泽东密切关注各方态势，指示志愿军部队和谈判代表团："我前方部队，必须鼓励士气，继续英勇作战，千万不可有丝毫的松懈，不要作此次可以和下来的打算，而应作此次和不下来、还须继续打、还须给敌人以大量的消耗和歼灭，然后才能和下来的打算。""代表团的任务是谈判兼打文仗"，"进行有力地宣传斗争，沉着应变，主动作战，以观其变化"。

1953年7月27日，《朝鲜停战协定》在板门店签订，标志着历时3年的朝鲜战争结束。朝鲜把这一天定为"朝鲜祖国解放战争胜利日"。图为当日，在朝鲜板门店，朝方代表团首席代表南日大将（右侧）与美方代表团首席代表哈里逊中将（左侧）在《朝鲜停战协定》及其附件和临时补充协议上正式签字。（新华社资料图片）

敌人在战场上没有取得胜利，在谈判桌上同样失败了。经过文武两条战线的斗争，美国不得不于1953年7月27日在板门店朝鲜停战协定上签字。朝方代表团首席代表南日大将和美方"联合国军"代表团首席代表哈里逊中将在停战协定上签字之后，再分别由朝鲜人民军最高司令官金日成、中国人民志愿军司令员兼政治委员彭德怀、美国"联合国军"司令克拉克签字。签字时克拉克心情沮丧："这协定暂时停止了那个不幸半岛上的战争。对我来说，这亦是我四十年来戎马生涯的结束。它是我军事经历最高的一个职位，但是它没有光荣。"克拉克后来还回忆道：我执行政府指示，获得了一个不值得羡慕的荣誉，我是美国历史上第一个在没有取得胜利的停战协定上签字的司令官。

中国人民志愿军出国作战，是保卫和平、反抗侵略的正义之举。虽然中国人民为之付出了牺牲和代价，但它打出了中国的军威国威，巩固了中国新生的人民政权，极大地增强了中国人民的民族自信心和自豪感。它向世界宣告："西方侵略者几百年来只要在东方一个海岸上架起几尊大炮就可以霸占一个国家的时代一去不复返了！"

参考文献

中共中央文献研究室编：《毛泽东传（1949—1976）》（上），中央文献出版社2003年版。

《胡乔木回忆毛泽东》，人民出版社1994年版。

逢先知、李捷：《漫长的18天——毛泽东与抗美援朝出兵决策》，《大地》2000年第19期。

王志刚：《毛泽东指挥朝鲜停战谈判：必做于细 掌握主动》，《学习时报》2010年11月22日。

1951年
实现耕者有其田*

我国自古是一个农业大国，农业在整个国民经济中占有基础性重要地位。旧中国的封建土地制度极不合理，为了解决农民的土地问题，中国共产党领导农民进行了长期斗争。新中国成立前，约占全国农业人口1/3的老解放区农民解决了土地问题。为了在全国实现"耕者有其田"，1950年冬季开始，一场历史上前所未有的土地改革运动，在新解放区有领导、有步骤、分阶段地展开了。

战争和土改是考验我们的两个"关"

解放战争时期，东北、华北等老解放区，已经完成了土改。新中国成立后，党领导农民在新解放区发动群众建立农民组织，进行清匪反霸和减租减息运动，为土地改革创造条件，并在河南、陕西等省进行土地改革试点，为制定土地改革

---

* 作者注：新中国成立后的土地改革开始于1950年，到1952年底基本结束。为了平衡前后年份的选题，遂将土地改革作为1951年的主题来撰写。

> 图为解放初期，中央人民政府颁布《中华人民共和国土地改革法》后，河南洛阳偃师县马滹乡农民在阅读土地法。（新华社资料照片）

∨ 1950年6月30日，《人民日报》上刊登的《中华人民共和国土地改革法》。（新华社资料照片）

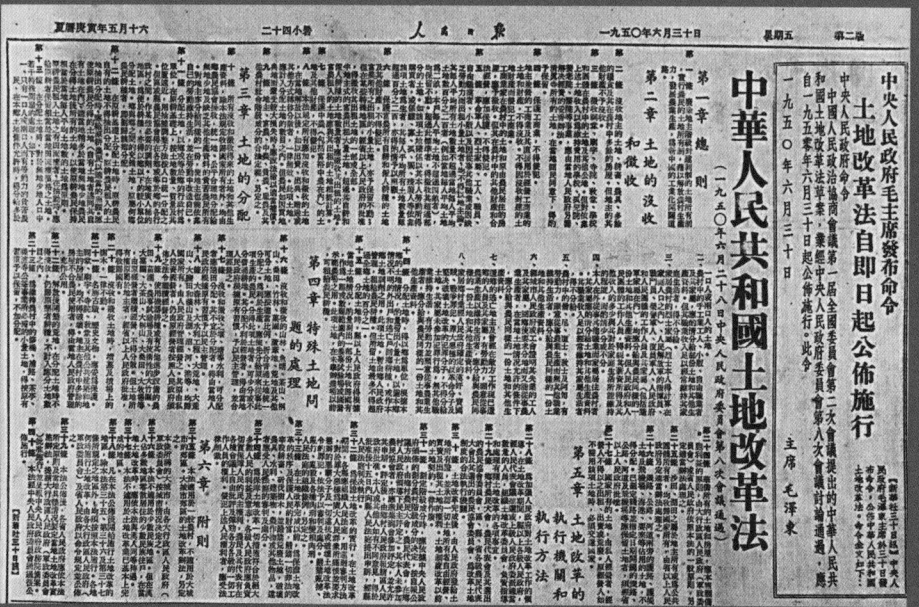

1951年

实现耕者有其田

法和全国土改积累经验。

毛泽东将土地改革看作是新民主主义革命的继续。在1950年6月召开的党的七届三中全会上，他提出争取国家财政经济状况基本好转，开始有计划经济建设，要用三年左右的时间，创造三个条件，即：土地改革的完成，现有工商业的合理调整和国家机构所需经费的大量节俭。进行土改是摆在第一位的。毛泽东强调要"有步骤有秩序地进行土地改革工作"。这次全会还听取了刘少奇关于土地改革问题的报告，通过了《中华人民共和国土地改革法（草案）》。

1950年6月14日至23日，全国政协一届二次会议召开，会议的中心议题是讨论改革封建土地制度问题。会上，副主席刘少奇作《关于土地改革问题的报告》，阐明了土地改革的重大意义和党的方针政策。毛泽东在这次会议的开幕式和闭幕式上都作了讲话。他在闭幕词中说："我为新中国数万万农村人民获得翻身机会和国家获得工业化的基本条件而表示高兴，表示庆贺。"继而又指出："中国的主要人口是农民，革命靠了农民的援助才取得了胜利，国家工业化又要靠农民的援助才能成功，所以工人阶级应当积极地帮助农民进行土地改革，城市小资产阶级和民族资产阶级也应当赞助这种改革，各民主党派、各人民团体更应当采取这种态度。战争和土改是在新民主主义的历史时期内考验全中国一切人们、一切党派的两个'关'。"他还希望"我们大家都和过战争关一样也过得很好。大家多研究，多商量，打通思想，整齐步伐，组成一条伟大的反封建统一战线，就可以领导人民和帮助人民顺利地通过这一关。只要战争关、土改关都过去了，剩下的一关*就容易过去的。"

6月28日，中央人民政府委员会第八次会议讨论并通过了《中华人民共和国土地改革法》，30日毛泽东签发《关于实施土地改革法的命令》。这部法律得到社会

---

* 作者注：指社会主义的一关。

各界人士的拥护。曾参加过同盟会的无党派人士叶恭绰感慨地说："中山先生所主张的平均地权，耕者有其田都没有办到……今天得毛主席来办到，实在是可以告慰中山先生在天之灵的。孙先生说的未成功，现在可由毛主席替他成功了。"

"有步骤有秩序地进行土地改革工作"

新中国成立后，面对百废待兴的局面，党面临的最紧迫任务就是恢复和发展国民经济。党制定的各项政策措施和进行各项工作，都围绕这个中心，土地改革的目的也在于此。《土地改革法》"总则"明确规定："废除地主阶级封建剥削的土地所有制，实行农民的土地所有制，借以解放农村生产力，发展农业生产，为新中国的工业化开辟道路。"

毛泽东在全国政协一届二次会议上就强调要"有步骤有秩序地进行土地改革工作"。根据解放前土改的经验和实际情况，党制定了具有中国特色的土地改革总路线，并制定了相应的政策、法令、方针和措施。成立了刘少奇等领导的中央土改问题委员会，各地都按照党和政府颁布的法令和方针办事，有效防止了"左"倾错误和混乱现象的发生。

为了有计划、有步骤、有秩序地开展土地改革运动，党和政府根据各地不同情况和不同条件，分三批进行土改，还确定了土地改革的三个基本步骤。第一步是发动群众，土改工作队深入群众，通过诉苦、挖穷根、回忆对比等方式，用农民群众的亲身经历教育和动员农民。第二步是划分阶级，一般经过宣传、划分、评定和批准四个步骤，搞清农村阶级阵线。第三步是没收、分配土地，由乡农民协会接受依法没收、征收的土地财产，统一公平合理地分配给无地少地及缺乏其他生产资料的贫苦农民。

党和政府还根据新解放区地域辽阔，情况比较复杂的特点，分别对大城市郊区、侨区、林区、渔区、盐区和少数民族地区等，制定了有别于一般农村的特殊土

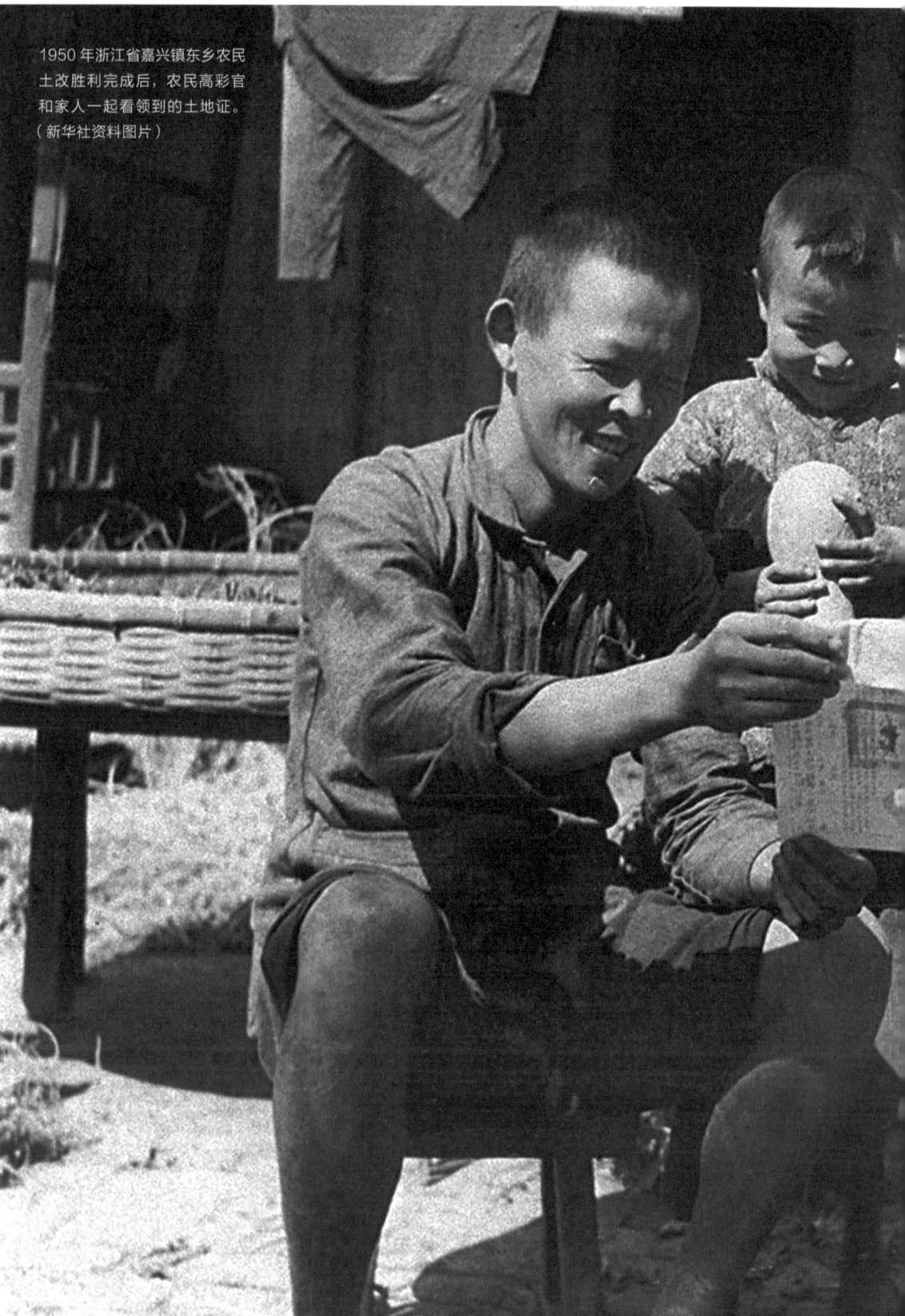

1950年浙江省嘉兴镇东乡农民土改胜利完成后,农民高彩官和家人一起看领到的土地证。(新华社资料图片)

地政策。比如,针对少数民族地区的改革,毛泽东在七届三中全会上强调:"少数民族地区的社会改革,是一件重大的事情,必须谨慎对待。我们无论如何不能急躁,急了会出毛病。条件不成熟,不能进行改革。一个条件成熟了,其他条件不成熟,也不要进行重大的改革。"党在民族地区的改革措施和步骤更加稳妥,对待少数民族的剥削阶级分子,政策容忍度更宽一些,改革的过程也更长一些。

土地改革的成就是巨大而且显著的。到1952年新中国成立三周年时,完成土地改革地区的农业人口已共占全国农业人口总数的90%以上。除新

1950年浙江省杭县临平区,土改工作队的工作人员(左)带领农民进行分田。(新华社资料图片)

疆、西藏等少数民族地区及尚待解放的台湾以外，只有三千万农业人口的地区尚未完成土地改革。据国家统计局编《新中国成立三十年农业统计资料（1949—1979）》，土地改革前，占农村人口4.75%的地主占有38.26%的土地，而占农村人口85.55%的贫下中农只占有47.41%的土地。土地改革后，地主的土地减少了36.06%，贫下中农的土地增加了36.18%。土地占有关系的变化说明，从根本上改变了封建的土地所有制，中国世世代代贫苦农民和无数仁人志士孜孜以求的"耕者有其田"的夙愿，在中国共产党的领导下，第一次在真正意义上成为现实。

江西革命老区的农民分得土地后，向毛泽东主席写信报告土改的结果，他们说："我们有了这命根子，一定要勤劳耕种，努力把生产搞好，争取我们的生活迅速改善。今天我们全乡群众热烈地集合在松江山上，庆祝土地还家。会场上红旗招展，锣鼓喧天，我们尽情地高呼，尽情地歌唱，尽情地欢笑。"

土地改革是我国农村生产关系和社会关系的一次深刻变革。它使广大中国农民"在两千多年封建大山重压之下翻了身。由地主阶级的牛马变成了农村的统治者，由土地的奴隶变成了土地的主人"。"这一翻天覆地的历史胜利，是中国工人阶级及其政党——共产党三十年来领导着农民并和农民在一起不屈不挠顽强斗争而得来的胜利；是毛泽东思想的胜利；也是马克思、恩格斯、列宁、斯大林关于农民问题的理论在中国的胜利。"

> **参考文献**
>
> 当代中国研究所：《中华人民共和国史稿》第一卷，人民出版社、当代中国出版社2012年版。
>
> 中共中央党史研究室：《中国共产党的九十年》（社会主义革命和建设时期），中共党史出版社、党建读物出版社2016年版。
>
> 廖鲁言：《中华人民共和国三年来的伟大成就，三年来土地改革运动的伟大胜利》，《人民日报》1952年9月28日。

1951年

实现耕者有其田

1952年
"决不当李自成"

新中国成立后,国民经济建设在一穷二白的基础上艰难起步。党和政府对资本主义工商业采取利用、限制的政策,资本的逐利本性使其通过各种办法拉拢和腐蚀干部。党内也有一些干部革命意志薄弱,经不起糖衣炮弹的袭击,逐渐蜕化变质。这些干部将毛泽东在革命胜利前夕"进城赶考"时提出的"决不当李自成,希望考个好成绩"的警示当作耳旁风,抛之脑后。1952年元旦,毛泽东要求:"大张旗鼓地、雷厉风行地开展一个大规模的反对贪污、反对浪费、反对官僚主义的斗争,将这些旧社会遗留下来的污毒洗干净。"

"抓老虎"、"反五毒"

1951年,抗美援朝战争进入高潮。为了支援前线,是年10月,党中央决定在全国开展增产节约运动。正当全国人民努力增加生产、厉行节约的时候,各地陆续暴露出党政机关内部存在"三害"(贪污、浪费现象和官僚主义)问题,有的情况甚为严重。12月1日,党中央作出《关于实行精兵简政、增产节约、反对贪污、反对浪费和反对官僚主义的决定》，针对进城两年来严重的贪污案件不断发生，决定开展"三反"斗争。"三反"运动的开展，进一步暴露党政军机关从事生产经营存在着严重问题，一些国家工作人员受到剥削阶级思想的侵蚀，沉溺于追逐利润，贪图享受，以致发生严重的贪污、浪费现象。12月8日，党中央发出《关于反贪污斗争必须大张旗鼓地去进行的指示》。此后，一个全国规模的"三反"运动开展起来。1952年1月4日，中央又发出《关于立即限期发动群众开展"三反"斗争的指示》，要求抓住重大典型案件的处理，推动运动发展。

1951年底到1952年初，全国掀起了群众性的"三反"运动打"虎"（打击贪污犯）高潮。1952年4月21日，中央人民政府公布实施《中华人民共和国惩治贪污条例》，"三反"斗争进入处理阶段，有关处理工作进入法律程序；同年10月，"三反"运动结束。这次斗争，全国共查处被贪污的账款账物6亿元，有38402名贪污分子受到刑事处理。这是中国共产党执政后惩治腐败的第一场战役。

在"三反"运动中，党政机关内部的贪污行为，往往与不法商人的"五毒"（行贿、偷税漏税、盗骗国家财产、偷工减料、盗窃国家经济情报）行为密切关联。要彻底铲除"三害"，就必须打击"五毒"。为此，1952年1月26日，党中央发出《关于在城市中限期展开大规模的坚决彻底的"五反"斗争的指示》，要求在全国一切城市，首先在大城市和中等城市中，依靠工人阶级，团结守法的私营工商业者及其他市民，向着违法的资本家开展一个大规模的坚决彻底的"五反"斗争，以配合党政军民内部的"三反"斗争。

2月上旬，"五反"运动首先在各大城市开始，并且很快在全国展开。运动中揭露出武汉、上海、北京等地的一些奸商用烂棉花做"急救包"，用腐坏原料制作罐头食品，用发霉的面粉做饼干，高价卖给志愿军，发国难财，造成一些战士致病致残等严重后果，性质极其恶劣。这些情况激起全社会的公愤，"打退资产阶级的猖狂进攻"成为全国上下强烈的呼声。

1952年3月5日,毛泽东根据"五反"运动进展情况,适时地提出了在"五反"运动中对工商户处理的五条基本原则,并将私营工商业户分别划分为守法户、基本守法户、半守法半违法户、严重违法户和完全违法户五种类型,并指出不得采用肉刑逼供方法。6月13日,周恩来签署《关于结束"五反"运动中几个问题的指示》,要求"实事求是地进行定案审理工作,务求做到合情合理,始能既有利于清楚工商业者的'五毒',又有利于团结工商业者发展生产和经营"。同年10月,"五反"运动也宣告胜利结束。

处决两个,挽救两万个

1952年2月10日下午,保定东关大校场,"砰!""砰!"——两颗子弹从背后结束了刘青山、张子善的一生。他们为自己背离人民犯下的罪行付出了生命的代价。这两声枪响也为"三反"运动中暴露出来的、新中国成立初党内最大的腐败案画上了句号。

刘青山、张子善是经历过土地革命、抗日战争和解放战争严峻考验的党员干部。革命时期,刘青山、张子善二人可以说都是党的干部队伍中的佼佼者,为新中国的诞生作出过贡献。但是,进城后,他们贪污腐败、蜕化变质,成为人民的罪人。

1951年底,全国的"三反"运动进入高潮,各地都抓住了一些"老虎",刘青山、张子善是当时河北省天津地区干部群众揪出的"大老虎"。

1951年12月20日,华北局将刘青山、张子善的处理意见请示中央。当周恩来问毛主席的意见时,毛泽东只说了两个字:"死刑",周恩来又问:"万一有人出面讲情呢?"毛泽东态度决绝:"不准。"

在我党的历史上,处理干部违纪违法问题时,一方面能不杀尽量不杀,教育

1952年2月10日，河北省人民法院组织的公审大贪污犯刘青山、张子善大会在当时的省会保定举行。图为公审大会现场。（新华社资料照片）

为主，另一方面该杀的则决不手软，铁面无私。党中央处理刘青山、张子善也是慎之又慎。在正式作出决定前，1951年12月下旬，华北局通过河北省委征求了天津地委及所属部门对刘、张两犯量刑的意见，地委在家的8个委员一致意见是处以死刑。参加讨论的绝大多数地区党员干部都同意判处死刑。

1952年2月3日，华北局常委会研究布置公审刘青山、张子善的事宜。时任华北局书记薄一波回忆：公审大会之前，刘、张的老领导时任天津市委书记黄敬等顾念他们在战争年代出生入死，有过功劳，提出向毛泽东呈请是否可以不枪毙，给他们一个改造的机会。薄一波向毛泽东陈情，毛泽东态度鲜明地说："正因为他们两人的地位高、功劳大、影响大，所以才要下决心处决他们。只有处决他们，才可能挽救二十个，二百个，二千个，二万个犯有各种不同程度错误的干部。"

经最高人民法院核准，刘青山、张子善公审后被执行死刑。时任河北省人民检察署检察长，也是刘青山、张子善案办案组组长的孙光瑞回忆，公审前张子善追悔莫及："伤痛！万分伤痛！现在已经来不及说别的了，只有接受这血的教训！"刘青山则留下了"拿我做个典型吧"这句遗言。

邓小平后来曾说："1952年杀了两个人，一个刘青山，一个张子善，起了很大的作用。"共和国反腐第一枪震动全国，两声枪响，起到了振聋发聩、扶正祛邪的良好效果；两颗子弹，宣示了党中央反腐肃贪的坚定决心。

参考文献

中共中央文献研究室编：《安子文＜关于结束"三反"＞运动和处理遗留问题的报告》，《新中国成立以来重要文献选编》第3册，中央文献出版社2011年版。

谢忱编著：《中华人民共和国50年回顾与思考》，新华出版社1999年版。

李颖编著：《共和国历史的细节》，人民出版社2009年版。

1953年
过渡时期的总路线——
"照耀我们各项工作的灯塔"

新中国成立后短短三年时间,就实现了政治、经济、社会的稳定。1953年元旦,《人民日报》发表社论——《迎接一九五三年的伟大任务》,提出了1953年的"三项伟大任务",号召全国各阶层各民族人民团结一致,为新的更伟大的胜利而奋斗。按照"三年准备,十年计划经济建设"的构想,党中央决定从1953年起执行发展国民经济的第一个五年计划,并提出向社会主义过渡的总路线。

毛泽东的"过桥"之喻

新中国成立以后,党的历史任务就是领导全国人民实现两个转变,一是稳步地由农业国转变为工业国,二是由新民主主义国家转变为社会主义国家。中国走上社会主义道路是历史发展的必然趋势,也是亿万人民在党的领导下长期艰苦奋斗作出的必然选择。

新中国成立前,毛泽东就在《中国革命与中国共产党》《新民主主义论》《论联合政府》中,比较详细地阐述了中国民主革命向社会主义革命转变的正确方向。新中国成立时，中国人民政治协商会议制定的《共同纲领》，并没有把社会主义写进去。刘少奇在这次会议上所作的《加强全国人民的革命大团结》的讲话中指出："无疑问，中国将来的前途，是要走到社会主义和共产主义去的，"但是，"要在中国采取相当严重的社会主义步骤，还是相当长久的将来的事情。"会议期间，曾有党外人士询问毛泽东，要多长时间过渡到社会主义去，毛泽东说：大概二三十年吧。

毛泽东、刘少奇、周恩来在新中国成立前后一些场合都说过，到底什么时候搞社会主义，估计至少 10 年，多则 15 或 20 年。从那时领导人的讲话中，大致可以看出党中央的设想，是经过这样一段"相当长久"的时间，待工业发展了，国营经济壮大了，就可以采取"严重的社会主义步骤"，实行资本主义工商业的国有化和个体农业的集体化。

1952 年下半年，随着形势的发展和经验的积累，党中央对原来准备在完成国家工业化之后再实行农业集体化和资本主义工商业国有化的构想作了重要改变，即从原来的"先建设后改造"改变为改造和建设同时并举，由原来采取"严重的步骤""一举进入"改变为逐步改造。这时，过渡时期的总路线已经在中央领导人的头脑中酝酿。

1952 年 9 月，毛泽东在中央书记处一次会议上指出：10 年到 15 年基本上完成向社会主义过渡，不是 10 年以后才开始向社会主义过渡。1953 年 2 月 27 日，毛泽东出京调研后回到北京，召开政治局会议，谈到在湖北视察时同孝感地委负责人谈话的内容。他说：什么叫作过渡时期？过渡时期的步骤是走向社会主义。我给他们用扳指头的办法解释，类似过桥，走一步算是过渡了一年，两步两年，三步三年……十到十五年走完了。走十到十五年或者还多一些的时间内，基本上完成国家工业化，对农业、手工业和资本主义工商业的社会主义改造。要防止急躁情绪。

6 月 15 日，毛泽东主持中央政治局会议，讨论资本主义工商业改造问题，他拟的讲话提纲开篇写道:"总路线是照耀一切工作的灯塔。"毛泽东在这次会议上正式提出过渡时期总路线,并做了系统阐释。他在讲话中批评"左"、右两种倾向时说:"党在过渡时期的总路线是照耀我们各项工作的灯塔。不要脱离这条总路线,脱离了就要发生'左'倾或右倾的错误。"

1953年12月,中宣部拟定的《为动员一切力量把我国建设成为一个伟大的社会主义国家而奋斗——关于党在过渡时期总路线的学习和宣传提纲》对总路线作出了详细、完整的表述:"从中华人民共和国成立,到社会主义改造基本完成,这是一个过渡时期。党在这个过渡时期的总路线和总任务,是要在相当长的时期内,逐步实现国家的社会主义工业化,并逐步实现国家对农业、手工业和对资本主义工商业的社会主义改造。这条总路线是照耀我们各项工作的灯塔,各项工作离开它,就要犯右倾或'左'倾的错误。"这就是简称"一化三改"的总路线。1954年2月,七届四中全会正式批准这条总路线。

"风又平,浪又静,平平安安到达黄鹤楼"

经过1953年夏召开的全国财经会议和数次中央政治局会议,党在过渡时期的总路线确定了,关于对资本主义工商业改造的方向也已明确。但真正实施起来,并不是敲锣打鼓就能办到的事情。

为了在党内外思想上取得一致,周恩来在全国政协和中央人民政府有关会议上作关于过渡时期总路线的报告,阐述改造方针、步骤,以及工商界的前途问题。

9月7日,毛泽东约请民主党派和工商界人士陈叔通、黄炎培、李济深等十人谈话,听取他们的意见。毛泽东首先肯定国家资本主义是改造资本主义工商业的"必经之路"。他说:"有了三年经验,已经可以肯定:经过国家资本主义完成对私营工商业的社会主义改造,是较为健全的方针和办法。"他还告诉大家:

"将全国私营工商业基本上引上国家资本主义轨道，至少需要三年至五年的时间，因此不应该发生震动和不安。"

总路线和资本主义改造方针传开以后，在广大工商业者中间引起波动。一部分人严重抵触，说"上了贼船"；有的大资本家为了保持住资本主义阵地，宁愿拿出一个企业抵债，而不愿实行合营，说"宁砍一指，勿伤九指"；还有少数人以"三停（停工、停伙、停薪）"、抽逃资金、破坏生产等手段抗拒改造。

针对这种情况，根据党中央的指示，中华全国工商业联合会第一次会员代表大会于1953年10月至11月召开。

1953年10月23日，中华全国工商业联合会第一次会员代表大会在北京举行。会议通过了《中华全国工商业联合会章程》，正式成立全国工商业联合会。（新华社发）

陈叔通致开幕词,号召全国工商界人士要为实行总路线、正确地发挥私营工商业的积极作用而奋斗。李维汉在讲话中阐述了过渡时期总路线和对资本主义工商业利用、限制、改造政策的内容、意义和步骤。

经过学习和讨论,大多数人受到教育,不同程度地接受了总路线和国家资本主义改造的方针。许多人感到"社会主义是大势所趋,不走也得走";有的提出"积极经营,争取利用,不犯五毒,接受限制、加强学习、欢迎改造"。黄炎培在大会发言中说:在过渡时期,资产阶级只要接受改造,将是"风又平,浪又静,平平安安到达黄鹤楼","到社会主义都有一份工作,有饭吃"。他的发言博得许多代表的赞同。

对于个人前途问题,工商界人士开始认识到,只要遵循国家的总路线,将来可稳步进入社会主义,可以"过文昭关","像剃头一样,只要不乱动,不会流血"。许多人的情绪由原来的疑惧、怕挨整转变为比较开朗。会议闭幕时,李烛尘致闭幕词,欢呼"毛主席万岁!",会场情绪高涨。经过这次会议和后续的宣传学习,资产阶级中涌现出一批拥护总路线的进步骨干,并在以后的几年中逐渐增多,成为协助党顺利推进国家资本主义改造的一支重要力量。

经过深入广泛的学习、宣传和教育,过渡时期总路线在全党获得统一认识,也得到全国人民的拥护,成为团结和动员全国人民共同为建设一个伟大的社会主义国家而奋斗的新纲领。

参考文献

中共中央文献研究室编:《毛泽东传(三)》《毛泽东年谱(2)》,中央文献出版社 2013 年版。

林蕴晖:《共和国年轮 1953》,河北人民出版社 2001 年版。

1954 年
登上国际舞台

朝鲜战争结束后，亚洲的紧张局势有所缓和，中国人民争取与维护世界和平的信心大大增加。毛泽东提出："形势是很好的，应该派一些同志去做外交工作，做外交就是做建设工作。"党中央要求在外交方面开展积极的活动和斗争，为新中国刚刚开始的大规模经济建设争取一个更加有利的国际和平环境。正是在这种背景下，周恩来率中国代表团先后参加了两个重要的国际会议——日内瓦会议和在万隆举行的亚非会议，开始了新中国登上国际舞台的成功实践。

第一次唱"正规戏"

1954 年 4 月，在苏联的推动下，由美、苏、英、法、中及有关国家外长参加的讨论朝鲜问题和印度支那问题的会议在瑞士日内瓦召开。日内瓦会议是新中国成立后第一次以大国身份参加的重要国际性会议。会议讨论的两个问题都与中国密切相关，党中央非常重视，中国代表团作了系统认真的准备。临行前，周恩来向代表团成员做了仔细的叮嘱：尽管我们过去在国内谈判有经验，跟美国

1954年，新中国首次以五大国之一的身份出席了举世瞩目的日内瓦会议。图为日内瓦会议开幕时会场一角。第三排右起第三人为周恩来。（新华社发）

吵架有经验，但那是野台子戏。中国是一个大国，到日内瓦是参加一个正式的国际会议，我们是登国际舞台了，因此要唱文戏，文戏中有武戏，但总归是一个正规戏、舞台戏。

4月26日，日内瓦会议开幕，参加讨论朝鲜问题的国家，除了中、苏、美、英、法及朝鲜南北两方外，还有参加过朝鲜战争的澳、比、加等12国代表。从4月27日到6月15日，会议重点讨论朝鲜问题。在长达近2个月的时间里，由于美国的阻挠，会议陷入僵局。

6月15日，是讨论朝鲜问题的最后一次全体会议，气氛尤为紧张。面对美国等国想把在日内瓦会上继续讨论朝鲜问题的大门完全关死的风险，周恩来挺身而立，舌战群雄，他以特有的政治敏感和折冲樽俎的斗争艺术，敏锐地意识到有些国家希望达成一个"不能达成协议"的协议，以结束会议。周恩来在关键时刻提议："日内瓦会议与会国家达成协议，它们将继续努力以期在建立统一、独立、民主的朝鲜国家的基础上达成和平解决问题的决议。关于恢复适当谈判的时间和地点问题，将由有关国家另行商定。"他还补充强调："如果这样一个建议都被联合国军有关国家所拒绝，那么，这种拒绝协商和和解的精神，将为国际会议留下一个极不良的影响。"

周恩来提出的"最低限度、最具和解性的建议"，获得很多国家代表的理解、同情和支持。即便在无人反对的情况下，美国代表依然声称"不准备在未向美国政府请示的情况下同意这个建议"。

虽然日内瓦会议上历时51天的关于朝鲜问题的讨论，在美国的阻挠下没有达成任何协议而结束。但它让中国察觉到"美国在表面上很凶，但背后却很虚弱，""朝鲜问题虽然没有达成任何协议，但问题已看得很清楚，再打起来的可能性是很小了"。

在日内瓦会议讨论恢复印度支那和平时，以周恩来为首的中国代表团抓住机遇，在英、法及苏、越等国代表之间进行了卓越的外交斡旋，最终促使会议达成了《日内瓦会议最后宣言》。会场外，周恩来利用一切机会同各代表团和各方面人士接触，包括居住在瑞士的著名电影表演艺术家卓别林等。他还邀请许多国家的朋友观看新中国的第一部彩色电影《梁山伯与祝英台》。在接触中，周恩来真诚、坦率、机智和潇洒的个人魅力，给人们特别是没有和新中国接触过、原来心存疑虑的人，留下了深刻难忘的印象。因此，有人称新中国的外交为"周恩来的外交"。

日内瓦会议休会期间，周恩来访问了印度和缅甸，分别与两国总理发表联合声明，共同倡导和平共处五项原则。和平共处五项原则逐渐成为处理国际关系的普遍准则。

1954年7月18日，周恩来在日内瓦宴请居住在瑞士的著名电影表演艺术家卓别林（左二）及夫人。（新华社资料照片）

日内瓦会议基本达到了中国预定的目标，显示了刚刚登上国际舞台的新中国坚持正义、维护世界和平的形象，在解决国际争端中发挥了举足轻重的作用。

"求同存异"促成共识

1954年4月，印度尼西亚、印度、巴基斯坦、缅甸、锡兰五国总理在锡兰首都科伦坡举行会议，倡议召开亚非会议，讨论亚非地区各国共同关心的问题。12月底，五国总理再次在印尼茂物举行会议，决定正式邀请包括中国在内的29个亚非国家，于1955年4月的最后一周在印尼万隆举行亚非会议。

1955年4月18日，29个国家的340名代表齐聚万隆，会议隆重开幕。

万隆会议是由亚非国家发起和出席、没有西方国家参加的第一次大型国际会议。它反映了亚非人民反对殖民统治、维护民族独立和世界和平、促进亚非各国友好合作的共同愿望和要求。中国是亚非地区最大的国家，本着为"争取扩大世界和平统一战线，促进民族独立运动，并为建立和加强我国同若干亚非国家的事物和外交关系创造条件"的原则，应邀参加会议。

尽管中国代表团出师不顺，美蒋反动势力制造了"克什米尔公主号"事件。但这种卑劣的行径并不能阻挡中国人民谋求和平与合作的脚步。在严峻的形势下，周恩来置个人安危于不顾，坚定地说"文仗如武仗，不能无危险"，依然率团出席会议。

会议过程形势复杂、波折颇多。美国极力阻挠、破坏会议，挑拨亚非国家与中国的关系，而且与会国家的社会制度、意识形态、宗教信仰又互不相同，对重大问题的看法很不一致。

在会议第一阶段，即各国代表发言阶段，就出现了一波反华风潮。开幕日下午，伊拉克代表发言称共产主义是独裁，是新殖民主义，要反对共产主义。一些国家附和，对中国表示了不同程度的不信任，甚至攻击共产主义。19日，菲律宾、泰国、土耳其等国代表纷纷指责共产主义、社会主义，怀疑中国对邻国实行"颠覆"活动。一时大会气氛紧张，与会代表都关注会议的发展情况。

面对复杂局面，周恩来以他卓越的外交才干和出色的斗争艺术将会议从可能走上歧途的方向扭转。

19日上午，周恩来临时决定将原来的发言稿改为书面发言分发，并在下午的会议上作补充发言。据时任中国驻印尼使馆外交官的黄书海回忆：周总理第一句话是"中国代表团是来求团结的，不是来吵架的"，第二句话是"中国代表团是来求同的而不是来立异的"。简洁直白而又振聋发聩的开场白，吸引了与会代表的注意。

周恩来从容不迫地接着说："我们共产党人从不讳言我们相信共产主义和认为社会主义制度是好的，但是，这个会议上用不着来宣传个人的思想意识和各国的政治制度，虽然这种不同在我们中间显然是存在的。"他强调"中国代表团是来求同而不是来立异的"，并且阐述亚非各国遭受殖民主义痛苦和灾难的共同基础，彼此可以互相了解和尊重、互相同情和支持，而不是互相疑虑和恐惧、互相排斥和对立。

图为周恩来总理 1955 年 4 月 19 日在亚非会议全体会议上作补充发言。这 18 分钟"求同存异"的补充发言征服了全场,树立了新中国真诚友好的形象。(新华社记者钱嗣杰摄)

周恩来还回答和解释了亚非国家中不同的思想意识与社会制度问题，所谓中国没有宗教信仰自由问题，以及所谓中国支持颠覆活动问题。周恩来最后呼吁："全世界愿意和平的国家和人民期待着我们的会议能为扩大和平区域和建立集体和平有所贡献。让我们亚非国家团结起来，为亚非会议的成功努力吧！"

周恩来的发言诚恳，尤其是"求同存异"的提法使与会者感到合理而且亲切，赢得了广泛赞许，改变了会议气氛。后来会议主席、印尼总理阿里·沙斯特罗阿米佐约对周总理表示："您的讲话太好了，将整个会议气氛扭转过来。"

针对会议讨论的殖民主义问题和和平共处五项原则提法的问题，周恩来以坚定的原则性和高超的灵活性将问题一一化解。"周恩来利用了他个人的巨大魅力和外交机敏逐渐减弱了那些怀疑中国，或怀疑共产主义的领导人的敌对情绪。"4月24日，全体会议通过了《亚非会议最后公报》，吸收了中国代表团的建议。亚非会议后，中国独立自主的和平外交又取得新的进展。

从日内瓦会议到万隆亚非会议，新中国在国际上的地位日益提高，并逐步走出"一边倒"的外交格局，在世界舞台上扮演着越来越重要的角色。

参考文献

中共中央文献研究室编：《周恩来年谱（1898—1976）》，中央文献出版社1997年版。

中共中央党史研究室：《中国共产党历史》第二卷（上册），中共党史出版社2011年版。

当代中国研究所：《中华人民共和国史稿》第二卷，人民出版社、当代中国出版社2012年版。

1955年
新中国首次实行军衔制

为了加强军队的现代化、正规化建设,中国人民解放军执行全国军事系统党的高级干部会议确立的军队建设总方针和总任务要求,先后实行薪金制、军衔制和义务兵役制三大制度,部队的面貌发生了深刻变化。1955年9月,中国人民解放军开始实行军衔制度。

"我这个大元帅就不要了"

新中国成立后,中央人民政府人民革命军事委员会总干部管理部成立时,设置了"军衔处",开始研究军衔制问题。1955年1月23日,中央军委发布《关于评定军衔工作的指示》。2月8日,一届全国人大常委会第六次会议通过《中国人民解放军军官服役条例》,并以中华人民共和国主席令形式予以发布。《条例》规定:从1955年9月开始实行军衔制度。

根据《关于军官和士兵评定军衔的指示》,军官军衔分五等十五级,士兵军衔分为二等五级。中华人民共和国大元帅军衔是第一等第一级,为最高军衔。按照拟定的初步方案,这一最高军衔要授予"对创建全国人民武装力量和领导全国人民武装力量进行革命战争，立有卓越功勋的最高统帅"，当然人选就是中共中央主席、中华人民共和国主席、中央军委主席的毛泽东。按照《军官服役条例》的标准衡量，只有毛泽东一人能够享受中华人民共和国大元帅军衔这项殊荣，当然也是众望所归。

在讨论元帅军衔时，毛泽东坚持不要大元帅军衔，也不要勋章。聂荣臻等向他讲述斯大林被授予大元帅衔的情况，毛泽东说："苏联有的，我们不一定非要照搬"。

为了让毛泽东接受大元帅军衔，全国人大常委会开会进行了热烈讨论。据时任总干部部第一副部长宋任穷回忆：与会人员包括许多民主人士在内的常委会委员们认为，毛泽东功劳最大，应该授予大元帅，并授三个一级勋章。主持会议的委员长刘少奇知道毛泽东不要大元帅、不要勋章的态度，说他个人对此"不能作结论"。有民主人士提出，"只要人大常委会作出决定，毛主席个人也不好不遵从决议"。刘少奇说，人大的决定还需要他下命令才行，他不下命令又怎么办？

几天后，国防部长彭德怀、总政治部主任罗荣桓和总干部部副部长宋任穷、赖传珠，到中南海向毛泽东汇报授衔授勋工作。毛泽东听完汇报后说："你们搞评衔，是很大的工作，也是很不好搞的工作。根据国际国内的经验，我这个大元帅就不要了，让我穿上大元帅的制服，多不舒服嘛！到群众中去讲话、活动也不方便。依我看呀，现在在地方工作的同志，都不评军衔好！"毛泽东当即询问在场的刘少奇、周恩来："你们的军衔还要不要评啊？"他们俩摆摆手："不要评了。"被列入大将名单的李先念、谭震林、邓子恢、张鼎丞也纷纷表态："不要评了。"由于以毛泽东为首的一批中央领导同志主动提出不授军衔，使得评衔工作中的许多矛盾得以顺利解决。

因为毛泽东坚持不接受大元帅军衔，"中华人民共和国大元帅"就这样成了我国历史上的一个空衔。

将星耀中华

实行薪金制、军衔制和对有功人员颁发勋章奖章,是国家对人民解放军在政治上的关心和生活上的照顾,有利于激发官兵报效和保卫祖国的荣誉感和责任感,有利于推进部队的正规化建设。

1955年9月27日下午5时,授予元帅军衔及勋章典礼在中南海怀仁堂举行。全国人大常委会副委员长兼秘书长彭真宣读了中华人民共和国主席授予中国人民解放军军官以中华人民共和国元帅军衔的命令,毛泽东亲自授予朱德、彭德怀、林彪、刘伯承、贺龙、陈毅、罗

1955年9月27日下午,中华人民共和国主席授衔授勋典礼在北京中南海怀仁堂隆重举行。图为在授衔授勋典礼上彭真(左一)宣读中华人民共和国主席授予中国人民解放军军官以中华人民共和国元帅军衔的命令。前排左起:刘少奇、毛泽东、周恩来。(新华社资料照片)

1955年
新中国首次实行军衔制

< 1955年9月27日下午,中华人民共和国主席授衔授勋典礼在北京中南海怀仁堂隆重举行。图为毛泽东主席将中华人民共和国元帅军衔的命令状和军功勋章授予朱德等10位开国元勋。(新华社发)

∨ 1955年9月27日下午,周恩来在国务院授予将官军衔和勋章的典礼上。(新华社资料照片)

荣桓、徐向前、聂荣臻、叶剑英元帅军衔。随后，毛泽东又将一级八一勋章、一级独立自由勋章、一级解放勋章，分别授予在人民革命战争各个时期的有功人员。

同日下午 2 时 30 分，中南海紫光阁，将官授衔仪式在这里举行，比元帅授衔提前了两个半小时。周恩来把授予大将、上将、中将、少将军衔的命令状分别颁发给在京的将官。粟裕、徐海东、黄克诚、陈赓、谭政、萧劲光、张云逸、罗瑞卿、王树声、许光达被授予大将军衔。

首次授衔，共授予元帅 10 名，大将 10 名，上将 57 名，中将 175 名，少将 800 名，校官 3.2 万余名，尉官 49.8 万余名，准尉 11.2 万余名。授勋典礼与授衔仪式同时进行。全军共有 131 人获一级八一勋章，117 人获一级独立自由勋章，570 余人获一级解放勋章。到 1957 年，共向人民解放军有功人员颁发勋章 10 万余枚，奖章 52 万余枚。

"授衔工程复杂而浩大"，当年协助罗荣桓开展授衔工作的开国上将宋任穷，生前接受记者采访时说，"数百万人的军队中，战将林立，个个战功显赫"。

"肩上灿烂的金星，使我感到江山一样厚重的责任。"回忆起 1955 年第一次授衔的一幕，开国少将向守志记忆犹新，"授衔、授勋使人民军队正规化、现代化建设迈出了新步伐，跃上了新高度"。

军衔制的实施不仅鼓励军官奋发向上，以实际的行动报答国家和人民给予的荣誉和关怀，还大大提高了中国人民解放军的形象。开国少将张文碧曾这样描绘授衔后的新感觉："换上笔挺的马裤呢军装，扛上金灿灿的肩章，不仅我们自己感到像换了个人似的，人民群众也有刮目相看的感觉。在授衔后的一段时间里，只要街头一出现着新式军装、佩戴军衔的指战员，马上会引来众人的目光。"群众也戏称那些年轻的尉官"一颗星太小，两颗星正好"，年轻军官很受追捧，成为姑娘们心目中的白马王子。

1955 年，中国人民解放军军衔制等三大制度的实行，激励了全体官兵积极发扬爱国主义和革命英雄主义精神，创造性地为人民解放军现代化、正规化建设努力工作，人民军队精神面貌为之焕然一新。1965 年 6 月 1 日，根据第三届全国人大常委会第九次会议通过的《关于取消中国人民解放军军衔制的决定》，中国人民解放军首次实行将近 10 年的军衔制被取消了。

参考文献

高化民:《共和国年轮 1955》，河北人民出版社 2001 年版。

梅世雄、黄超:《1955 年，第一次实行军衔制》，《解放军报》，2017 年 7 月 6 日。

1956 年
探索中国自己的建设社会主义道路的重大理论成果

1956 年，我国生产资料的社会主义改造基本完成，社会主义经济建设也有了几年实践经验，对苏联经济建设中的一些缺点和问题，逐步有所了解。毛泽东把注意力集中到经济建设和科学文化建设上来，开始了在中国如何建设社会主义的历史性探索。

谈话谈出来的《论十大关系》

1956 年 1 月中旬，毛泽东从杭州回到北京不久，从薄一波那里听说刘少奇正在听取国务院一些部委汇报工作，立刻引起了兴趣，就对薄一波说："这很好，我也想听听。你能不能替我也组织一些部门汇报？"

刘少奇召集国务院各部门汇报工作，是为起草八大政治报告做准备的，从 1955 年 12 月就开始了。毛泽东的调查，既是为八大做准备，同时又超出了这个范围，提出了一些对社会主义建设有长远指导意义的思想。

从 1956 年 2 月 14 日开始，到 4 月 24 日结束，毛泽东听取了国务院 34 个部门的工作汇报，以及国家计委关于第二个五年计划的汇报，实际听了 43 天。听汇报期间，毛泽东甚至不得不改变了长期养成的夜间工作的习惯，过上了"床上地下，地下床上"的生活。周恩来缺席了少数几次汇报，刘少奇、陈云、邓小平有时也来听听。各部门事先将汇报写成书面材料送给毛泽东，在听口头汇报时，毛泽东不断插话，提出问题，发表意见，进行评论。

汇报的氛围比较宽松和融洽。有一次，基本建设委员会和建筑工业部汇报。毛泽东开场就问万里是什么地方人。答曰：山东人。又问：有没有看过《水浒》和《金瓶梅》？万里说没有看过。毛泽东说：《水浒》是反映当时政治状况的，《金瓶梅》是反映当时经济状况的，是《红楼梦》老祖宗，不可不看。会场的气氛一下子活跃起来。

毛泽东还会指导汇报材料的撰写，要求不要只写"骨头"，要把"肉"也写上。讲一个问题，要讲例证，讲措施，然后讲结果；要发议论，有典型，有前后比较。就这样，经过难得又重要的43个日日夜夜，毛泽东逐渐形成了对社会主义建设问题的一些思考和见解，进而凝练成"十大关系"。

毛泽东后来回忆说："那个十大关系怎么出来的呢？我在北京经过一个半月，每天谈一个部，找了34个部的同志谈话，逐渐形成了那个十条。如果没有那些人谈话，那个十大关系怎么会形成呢？不可能形成。"

"调查就像'十月怀胎'，解决问题就像'一朝分娩'。"调查结束次日，毛泽东在中央政治局扩大会议上作《论十大关系》的讲话。他指出："我们一定要努力把党内外、国内外的一切积极因素，直接的、间接的积极因素，全部调动起来，把我国建设成为一个强大的社会主义国家。"这就是《论十大关系》的基本方针，也是毛泽东关于怎样建设社会主义的根本指导思想。

《论十大关系》的发表，标志着毛泽东对中国社会主义建设道路的探索开始形成一个初步的比较系统的思路。1975年，毛泽东《论十大关系》的讲话发表19年之后，邓小平评价说："这篇东西太重要了。对当前和以后，都有很大的针对性和理论指导意义。"

百花齐放与百家争鸣

1956年4月,毛泽东在发表《论十大关系》讲话的同时,提出要把"百花齐放,百家争鸣"作为繁荣和发展社会主义科学文化事业的指导方针。

"百花齐放"、"百家争鸣"这两个成语早已流传于民间,而赋予它们特定的含义,作为我国发展科学文化事业的方针始于20世纪50年代初期。

1951年4月,毛泽东为中国戏曲研究院成立题词:"百花齐放,推陈出新。"1953年8月5日,党中央批准设立中国历史问题研究、中国文字改革研究和中国语文教学研究3个委员会。负责中国历史问题研究委员会的陈伯达向毛泽东请示工作方针,毛泽东讲了四个字:"百家争鸣。"

1956年2月,在一次毛泽东主持召开的会议上,中宣部部长陆定一汇报了当时学术界的情况,谈到在学术研究中存在抬高某个学派、压制另一学派的现象。这次会议决定在科学工作中实行"百家争鸣"的方针。

1956年4月25日至28日,也就是毛泽东密集同国务院各部委负责同志谈话结束之后,中央召开政治局扩大会议,毛泽东作了《论十大关系》的报告。在讨论报告时,陆定一发言说:"对于学术性质、艺术性质、技术性质的问题,要让他自由,要把政治思想问题同学术性质、艺术性质、技术性质的问题分开来。""把资本主义和封建主义的帽子套到自然科学上去,是错误的。"陈伯达在发言中说:毛主席给文学艺术界提出的"百花齐放"这个口号,现在看起来起了很大的作用。在文化、科学上,恐怕基本上要提出这样两个口号贯彻,就是"百花齐放"、"百家争鸣",一个在艺术上,一个在科学上。

毛泽东在这次会上作总结讲话时明确提出:"艺术问题上的百花齐放,学术问题上的百家争鸣,我看应该成为我们的方针。'百花齐放'是群众中间提出来的,不晓得是谁提出来的。人们要我题词,我就写了'百花齐放,推陈出新'。'百家争鸣',这是两千年前就有的事,春秋战国时代,百家争鸣。讲学术,这

1956年5月2日,毛泽东在最高国务会议上作《论十大关系》的讲话。(新华社资料照片)

种学术也可以讲，那种学术也可以讲，不要拿一种学术压倒一切。你讲的如果有道理，信的人势必就会越来越多。"

1956年5月2日，毛泽东在最高国务会议上再次阐述十大关系问题。他在此次讲话中正式宣布了"百花齐放、百家争鸣"的方针。他强调指出："在艺术方面的百花齐放的方针，学术方面的百家争鸣的方针，是有必要的。"5月26日，陆定一受郭沫若之邀，向科学家和文艺家作题为《百花齐放，百家争鸣》的讲话，论述了"双百"方针提出的时代背景和重大意义，阐明了它的内涵，在学术界和文艺界引起了强烈反响。这个方针提出后，我国学术界和文艺界呈现出自由活跃、生机勃勃的景象。

《论十大关系》的发表，标志着党领导中国人民探索符合我国国情的社会主义道路的开端。《论十大关系》和"双百"方针的主旨，都是要把一切积极因素调动起来，为社会主义建设服务。党的十一届三中全会后，这些指导思想和方针在新的历史条件下得到进一步继承和发展。

参考文献

中共中央文献研究室编：《毛泽东年谱（1949—1976）》（全6卷），中央文献出版社2013年版。

中共中央文献研究室编：《毛泽东传（四）》，中央文献出版社2013年版。

1957年
关于正确处理人民内部矛盾的探索和实践

1957年2月27日，毛泽东在有1800多人参加的最高国务会议第十一次（扩大）会议上作《如何处理人民内部的矛盾》的讲话。这个讲话稿经过补充修改后，以《关于正确处理人民内部矛盾的问题》为题，发表在6月19日的《人民日报》上。这是毛泽东根据形势的发展和实践的要求，经过观察和思考，进行理论创新的又一重大成果。

对社会主义社会矛盾的思考

1956年是毛泽东称为"多事之秋"的一年。这一年，一些社会主义国家，暴露出一些严重的矛盾和问题。苏共二十大之后，东欧一些社会主义国家对苏联的大国沙文主义表示不满，弥漫着动荡不安的气氛。6月，波兰波兹南地区发生流血冲突。10月下旬至11月上旬，匈牙利布达佩斯等地发生20万人的示威游行，并演变成反政府的暴乱。波匈事件引发了党中央和毛泽东对社会主义社会的各种矛盾特别是人民内部矛盾的深入思考。

这一年，我国国内也不是风平浪静。由于社会改造的急促和变化的深刻，一些社会矛盾也表现得比较突出。从1956年9月到1957年3月，全国有一万多工人罢工，一万多学生罢课请愿。农村发生闹退社、闹缺粮的风潮。社会上特别是知识分子对党和政府的批评意见和不满言论也多了起来，还有一些错误的政治言论。针对新情况，党内许多干部还用老办法解决新问题，造成矛盾激化。

面对新情况新问题，如何吸取苏联和波匈事件的教训，积极面对和解决我国社会不断出现的新矛盾，是摆在党中央和毛泽东面前的新课题。

对我国社会主义改造完成后出现的这些新问题，毛泽东运用矛盾学说来进行分析和解释。波匈事件发生后，中央政治局连续召开十多次会议讨论，其间，毛泽东明确提出：根据波匈事件的教训，好好总结一下社会主义究竟如何搞法。矛盾总是有的，如何处理这些矛盾，就成为我们需要认真研究的问题。紧接着，在1956年11月召开的八届二中全会上，刘少奇在通报中苏两党关于波匈问题商谈经过时，提出如何在社会主义国家避免产生"站在人民头上，脱离人民"的特殊阶层问题。毛泽东分析说："世界充满着矛盾。民主革命解决了同帝国主义、封建主义、官僚资本主义这一套矛盾。现在，在所有制方面同民族资本主义和小生产的矛盾也基本上解决了，别的方面的矛盾又突出出来了，新的矛盾又发生了。"

经过一段时间的观察和思考，在总结近一年来国际国内发生的重要事件经验教训的基础上，毛泽东关于人民内部矛盾的理论逐渐成熟。在他看来，这是在新的历史条件下，指导全局工作，解决国内政治的、经济的、思想文化等领域一切问题的总方针。

毛泽东选择在最高国务会议上正式发表他的意见，宣传他的主张。1957年2月27日至3月1日，最高国务会议第十一次（扩大）会议在中南海怀仁堂召开，毛泽东作题为"如何处理人民内部的矛盾"的讲话。他从下午3点讲到晚上将近7点。党和国家主要领导人，除刘少奇在外考察外，都出席了这次会议。毛泽东在会前写了一个讲话提纲，列了"两类矛盾：敌我阶级之间，人民内部之

1957年2月27日,毛泽东在最高国务会议第十一次扩大会议上发表《关于正确处理人民内部矛盾的问题》的重要讲话。(新华社资料照片)

间""肃反""社会主义改造——合作化"等十二个问题。

这篇讲话,是毛泽东对几个月来形成的一系列重要思想的比较系统阐发,他非常重视这篇讲话。会后几天,他建议召开全国宣传工作会议,传达贯彻讲话精神,研究思想动向和意识形态方面的问题。3月17日至20日,他南下途经天津、济南、南京、上海等地作讲话,都谈到了正确处理人民内部矛盾的问题。从4月20日到6月17日,毛泽东主持对2月27日讲话稿的修改,先后经历十三稿修订,"最后定稿"于6月19日在《人民日报》发表,全国其他主要报纸

1957年6月19日,北京大学学生在校园内购买刊有毛泽东《关于正确处理人民内部矛盾的问题》一文的《人民日报》。(新华社资料照片)

全文转载。同日,苏联《真理报》全文刊载了这篇文章。

这篇文章在西方国家也引起强烈反响。美国《纽约时报》全文刊载并发表社论。美国、欧洲、亚洲等其他许多国家的重要报纸都刊载了这篇文章的消息或内容摘要。

《关于正确处理人民内部矛盾的问题》是毛泽东社会主义时期重要的理论著作。他在社会主义发展历程中,第一个深入研究社会主义社会的矛盾问题,形成了系统的关于社会主义社会矛盾的学说，大大丰富和发展了马克思主义的科学社会主义理论。

从"和风细雨"到"急风暴雨"

《关于正确处理人民内部矛盾的问题》发表以后，党中央开始将这一理论探索成果付诸实践。根据党的八大精神和国内外、党内外现实问题，党中央决定从整顿党的作风入手，克服官僚主义、宗派主义和主观主义，正确处理人民内部矛盾。在党的八届二中全会上，毛泽东宣布在 1957 年开展全党整风。

为了进一步传达贯彻毛泽东在 2 月 27 日最高国务会议上的讲话，3 月 6 日，党中央召开有 160 多名党外文化人士参加的全国宣传工作会议。毛泽东在讲话中提出：共产党正在准备整风，党外人士自愿参加。要和风细雨，治病救人，反对一棍子打死的办法。毛泽东还明确宣布"百花齐放、百家争鸣"，是一个基本性的也是长期性的方针；领导我们的国家应该采取"放"的方针，使人们敢于说话，敢于批评，敢于争论。毛泽东的这两次讲话在广大干部、知识分子中进行传达、学习和讨论，引起了强烈反响，为全党整风作了思想发动。

4 月 27 日，党中央发布《关于整风运动的指示》。《指示》强调：这次整风运动，应该是一次既严肃认真又和风细雨的思想教育运动，应该是一次恰如其分的批评和自我批评的运动，应该采取谈心或座谈会的方式，一般不要开批斗大会或斗争大会。这次整风，以正确处理人民内部矛盾为主题，采取"开门"的形式，既在党内开展批评与自我批评，也欢迎党外人士对党和政府以及干部中的缺点和错误提出批评。党中央希望通过整风，"造成一个又有集中又有民主，又有纪律又有自由，又有统一意志、又有个人心情舒畅、生动活泼，那样一种政治局面"。

5 月初到 6 月初，中共中央统战部、国务院第八办公室分别召开座谈会，共计 38 次。广大干部群众和许多党外人士提出了大量批评和建议，有的很尖锐，但比较中肯，也富有建设性。党衷心欢迎这些善意的批评和建议。

5月中旬以后,各种批评意见急剧升温,出现了复杂的情况。有极少数人乘机向党和新生的社会主义制度发动进攻,他们攻击党在政治生活中的领导为"党天下",要求"轮流坐庄",妄图取代共产党的领导,污蔑肯定党领导取得的成绩为"歌德派"。他们的言论在社会上引起了很大的思想混乱。这种情况引起了党的警惕。

5月15日,毛泽东开始写《走向反面》一文,后将题目改为《事情正在起变化》,标志着党中央的指导思想开始发生变化。党中央加强了对鸣放工作的指导,一面继续鸣放,一面准备反击右派的进攻。

5月底6月初出现了高等院校跨地区串联、准备上街的迹象,还有人公开提出"根本的办法是改变社会制度",局势急剧变化。6月8日,毛泽东起草《关于组织力量准备反击右派分子进攻的指示》,同日《人民日报》发表《这是为什么?》的社论。社论的发表和中共中央指示的下达,标志着反右派斗争正式开始。全国规模的急风暴雨式的反右派斗争猛烈地开展起来。到1958年夏季整个运动结束时,被划为右派分子的有55万人之多。反右派斗争扩大化,造成了不幸的后果。大批正直的包括有才能的知识分子和优秀的党员干部,蒙受了不白之冤,受到长期的委屈、压制和不幸,给国家政治社会带来了严重的消极影响,是整个国家和党的事业的损失,教训令人痛心。

从1959年起,党中央开始逐步为"右派分子"摘掉帽子。党的十一届三中全会以后,经过全面拨乱反正,被错划的"右派分子"都得到了改正。

参考文献

中共中央文献研究室编:《毛泽东传(四)》,中央文献出版社2013年版。

中共中央党史研究室编:《共和国的足迹》,新华出版社2009年版。

1958年
炮击金门与探索两岸和平统一

1958年8月23日下午5点30分,猛烈的炮火震动金门,也震动了世界。近3万发炮弹从福建前线飞向金门国民党军阵地,全世界关注的焦点,转向台湾海峡。炮击金门,是毛泽东经过长时间的考虑、酝酿和斟酌做出的决策。

"金门炮战,意在击美"

新中国成立后,党和政府始终把解决台湾问题、完成祖国统一大业作为神圣职责,在捍卫国家主权和领土完整的斗争中,形成了"一个中国"原则。中国政府主张和坚持世界上只有一个中国,台湾是中国的一部分,中华人民共和国政府是代表全中国的唯一合法政府。与此同时,国民党当局也坚持台湾是中国的一部分、只有一个中国的立场。1955年,蒋介石在回答记者提问时说:"在四千余年的中国历史上,虽有分裂之事,但中华民族不久终归于一统。"这表明,两岸虽然处于暂时分裂状态,但两岸中国人在"一个中国"的根本问题上是具有共识的。

在1955年4月亚非会议上,周恩来提出:"中国人民解放台湾有两种可能的方式,即战争的方式与和平的方式。中国人民愿意在可能的条件下,争取用和平的方式解放台湾。"这是中国政府第一次向全世界公开提出"和平解放台湾"的方针。此后，毛泽东、周恩来又提出"用和平谈判的方式，使台湾重新回到祖国的怀抱，而避免使用武力"，"和为贵""爱国一家""爱国不分先后"等政策主张，还尝试"准备进行第三次国共合作"。但党和政府的努力遭到美国的干扰和阻挠，且因其他种种因素制约，这些主张未能付诸实践。

为了惩罚国民党军队的挑衅和骚扰，保护沿海人民的生命财产安全，更重要的是"侦查美国人的决心，考验美国人的决心"，1958年8月23日下午五点半，人民解放军福建前线部队开始向占据金门岛的国民党军队实施炮击，大规模的炮击持续了两个多小时，击毙击伤国民党军中将以下官兵600余人，两名美军顾问也在炮击中丧生。岛上的大批军事设施被摧毁，通信系统被严重破坏。随后几天的炮击，基本上实现了对金门的封锁。

炮击金门的斗争看起来是对蒋，实质上是朝鲜战争以来同美国之间的一场包含军事、政治、外交等内容的较量。在7月份决策酝酿中，毛泽东主持会议研究局势时就指明：金门炮战，意在击美。在我方持续炮击和内外压力下，美国对国民党当局表示，如果放弃沿海岛屿不会对"保卫台湾"产生不利影响，企图"脱身"。毛泽东很快觉察到美国"以金马换台澎"，企图制造"一中一台"的阴谋，作出了暂不收复金、马的决策。这是毛泽东从反美斗争策略与解放台湾的全局利益考虑作出的重大决策，即著名的"绞索政策"。他说："金门、马祖是套在蒋介石脖子上的绞索，而更重要的也是套在美帝国主义脖子上的绞索。"10月6日，毛泽东起草以彭德怀的名义发表《告台湾同胞书》，指出"美帝国主义是我们共同的敌人"，建议双方举行谈判，和平解决问题，并提出没有美国护航为条件停止炮击7天。25日，毛泽东又拟《再告台湾同胞书》，着重揭露美国政府搞"两个中国"的企图，提出"中国人的事只能由我们中国人自己解决"，奉劝台湾同胞们"当心一点儿"，"不要过于依人篱下，让人家把一切权柄都拿了去"。《再告台湾同胞书》重申："世界上只有一个中国，没有两个中国。美国人强迫制造两个中国的伎俩，全中国人民，包括你们和海外侨胞在内，是绝对不容许实现的。"此后，解放军对国民党军四种军事目标实行隔日炮击的做法。其用意，一方面，使金门继续成为美国的绞索；另一方面，使蒋介石有充分的理由拒绝从金马等外岛撤军，以利于反对美国搞"两个中国"的阴谋。

"一纲四目"与探索和平解决台湾问题

在炮击金门的过程中，毛泽东审时度势，果断作出继续将金门、马祖留在蒋介石集团手上，台澎金马最终一起解决的决策，利用美蒋矛盾，挫败了美国企图搞"一中一台"或"两个中国"的阴谋。在这个过程中，毛泽东逐步形成了后来被周恩来概括为"一纲四目"的祖国统一构想，对海峡两岸关系以及后来"一国两制"构想的形成产生了深远而重大的影响。

解放战争后期，党中央和毛泽东的战略思想是武装解放台湾，不仅作了周密的军事计划，而且作了细致的准备。朝鲜战争爆发后，形势发生重大变化，党中央决定推迟实施对台作战计划。朝鲜战争结束后，国际紧张局势有所缓和，美国对中国侵略和包围、封锁、遏制政策屡遭失败，海峡两岸紧张局势也有所缓和。在这种背景下，党中央开始思考和平解放台湾的设想。

1956年7月13、16、19日，周恩来三次接见台湾方面派来的"密使"、著名学者和报人曹聚仁，谈论台海两岸实现"第三次国共合作"的可能。周恩来说："我们对台湾决不是招降，而是要彼此商谈，只要政权统一，其他都可以坐下来共同商量安排的。"10月3日，毛泽东同曹聚仁长谈时指出："台湾只要同美国断绝关系归还祖国，其他一切都好办。现在台湾的连理枝是接在美国的，只要改接到大陆来，可派代表参加人民代表大会和政协全国委员会，台湾一切可照旧。"

1958年局势紧张，大陆"万炮轰金门"，其目的是"直接对蒋，间接对美"。用炮火维持与台澎金马的"联系"，击碎美蒋"划峡而治"的图谋。虽然海峡两岸在军事上交火，但党中央并没有放弃争取和平解放台湾的种种努力。10月13日，毛泽东再次会见曹聚仁，告诉他："只要蒋氏父子能抵制美国，我们可以同他合作。我们赞成蒋介石保住金、马的方针，如蒋介石撤退金、马，大势已去，人心动摇，很可能垮。只要不同美国搞在一起，台、澎、金、马都可由蒋管，可管多少年，但要让通航，不要来大陆搞特务活动。台、澎、金、马要整个回来"。毛泽东还说："他的军队可以保存，我们不压迫他裁兵，不要他简政，让他搞三民主义。"毛泽东还允诺：台湾人民可以照他们自己的生活方式生活。

毛泽东这次谈话，是对和平解决台湾问题基本方针的重要补充。后来被周恩来概括为"一纲四目"，于1963年初通过张治中致陈诚的信转达给台湾当局。用张治中信中的话来说，"一纲"是"只要台湾归回祖国，其他一切问题悉尊重总裁（指蒋介石）与兄（指陈诚）意见妥善处理"；"四目"包括"台湾归回祖国后，除外交必须统一于中央外，所有军政大权、人事安排等悉由总裁与兄全权处理；所有军政及建设费用，不足之数，悉由中央拨付；台湾之社会改革，可以从缓，必俟条件成熟，并尊重总裁与兄意见协商决定，然后进行；双方互约不派人进行破坏对方团结之事"。

"一纲四目"是毛泽东、周恩来用和平方式解决台湾问题构想的具体化，它坚持"一个中国"原则，强调以和平方式解决台湾问题，为解决台湾问题、实现祖国统一指明了方向，为"和平统一、一国两制"方针的确立奠定了基础。

参考文献

中共中央文献研究室编：《毛泽东传（四）》，中央文献出版社2013年版。

中共中央党史研究室编：《共和国的足迹》，新华出版社2009年版。

1959 年
翻身农奴把歌唱

2019 年是西藏民主改革 60 周年。60 年前的 1959 年 3 月 28 日，周恩来总理签署《中华人民共和国国务院命令》，宣布："解散西藏地方政府，由西藏自治区筹备委员会行使西藏地方政府职权"。西藏迎来了改天换地的新时代，百万农奴翻身得解放，成为国家和社会的主人。

平定武装叛乱

西藏百万农奴的新生之歌还要从西藏和平解放和平定武装叛乱讲起。

西藏自古以来就是我国领土不可分割的一部分。新中国成立后，中央政府确定了和平解放西藏的方针。1951 年 5 月 23 日，中央人民政府和西藏地方政府正式签署《关于和平解放西藏办法的协议》(又称《十七条协议》)。西藏摆脱了帝国主义侵略势力的羁绊，实现和平解放，为西藏与全国一起实现共同进步与发展创造了基本前提。

《十七条协议》得到西藏各族人民的赞成和拥护。10 月 24 日，十四世达赖喇嘛致电毛主席，表示拥护和平解放西藏的协议。1954 年十四世达赖、十世班禅联袂赴京参加第一届全国人民代表大会,并分别当选全国人大常委会副委员长和全国人大常委会委员。1956年4月,西藏自治区筹备委员会成立,十四世达赖任主任委员,他在成立大会致辞中肯定《十七条协议》使西藏人民"充分享受到民族平等的一切权利,开始走上了自由幸福的光明大道"。

改革社会制度是《十七条协议》明文规定的内容。西藏和平解放后,广大人民要求改革呼声日益高涨,许多上层人士也极力主张及早改革。担任过旧西藏地方政府噶伦的阿沛·阿旺晋美曾深刻地指出:"大家均认为照老样子下去,用不了多久,农奴死光了,贵族也活不成,整个社会就得毁灭。"

考虑到西藏历史和现实的特殊情况,中央人民政府对西藏社会制度改革采取了十分谨慎和宽容的政策。按照《十七条协议》,藏军要改编,农奴制要按照人民的意愿加以变革。由于上层反动分子的阻挠,改革过程缓慢且不顺。中央人民政府以极大的耐心等待反动分子觉悟,但是西藏上层统治集团却长期坚持分裂祖国和维护农奴制的反动立场,并暗中勾结国内外势力,进行反对中央、压迫人民、分裂国家的活动。

1959年3月10日,在国外反华势力的支持下,西藏上层反动集团在拉萨挑起全面武装叛乱。3月20日凌晨,叛乱分子向驻拉萨的党政军机关发动全面进攻。同日上午,人民解放军在无可忍让的情况下进行反击。在西藏人民的支持下,用了两天就平息了拉萨的叛乱。之后,又迅速平息了西藏其他地区的叛乱活动。

3月22日,党中央作出《关于在西藏平息叛乱中实现民主改革的若干政策问题的指示》,指出:"西藏地方政府已经撕毁了十七条协议,背叛祖国,发动西藏的全面叛乱。中央原来决定的六年不改的政策,自然不能再继续执行下去。""在这次平息叛乱的战争中,必须同时坚决地放手发动群众,实行民主改革,以便彻底解放藏族人民群众,引导西藏地区走上社会主义道路,从根本上消除叛国分裂活动的根源。"

3月28日,鉴于西藏上层反动统治集团已经完全走上背叛国家和人民的道路，周恩来总理发布国务院命令，决定解散西藏地方政府，由西藏自治区筹备委员会行使地方政府职权，由十世班禅代理主任委员职务。同时，中央人民政府提出"边平叛边改革"的方针，百万农奴在党的领导下开展了轰轰烈烈的民主改革，废除了维护封建农奴阶级利益的政治、经济、文化和社会制度，打碎了人剥削人、人压迫人、人奴役人的重重枷锁，"会说话的工具"彻底获得了翻身解放，实现了梦寐以求的当家做主权利。因此，3月28日后来被确定为"西藏百万农奴解放纪念日"。

伟大的跨越：民主改革

实行民主改革，既是西藏各族人民的共同愿望，也是西藏社会进步和发展的必然趋势。《十七条协议》明确规定在西藏地区要进行民主改革，改革的范围则涉及"政治、经济、文化、宗教等项固有制度的改革以及风俗习惯的改革"。平叛的胜利，为西藏进行民主改革创造了条件。

民主改革前的西藏社会有农奴主和农奴两个根本对立的阶级。西藏农村中，占人口不到2%的农奴主占有几乎全部的土地和农奴、奴隶，占人口不到3%的农奴主代理人，代表农奴主直接统治农奴；占人口90%以上的农奴，没有土地所有权，人身依附于农奴主，劳动收入的一半、甚至70%以上被农奴主剥削去；占人口5%左右的奴隶，人身完全为农奴主所占有。农奴主倚仗封建特权私设公堂、监狱，随意对农奴施行鞭打、挖眼、抽筋、断肢等酷刑。在党和政府的领导下，经过"三反"（反叛乱、反乌拉差役、反奴役）、"双减"（减租、减息）和分配土地，百万农奴打碎了封建枷锁，成了掌握自己命运的主人。

到1960年底，西藏民主改革基本完成，彻底摧毁了政教合一的封建农奴制度，废除了旧西藏严重的封建等级制度、人身依附关系和各种野蛮刑罚，百万农奴和奴隶获得翻身解放。中华人民共和国这块土地上最后残留的封建制度归于消灭。

西藏民主改革是西藏发展史上最广泛、最深刻、最伟大的社会变革，是西藏社会发展进步划时代的重大历史性事件。全国政协委员、西藏大学图登克珠教授说："民主改革是西藏发展的分水岭。民主改革前的西藏暗无天日，一无所有；民主改革后的新西藏，百业待兴，农奴当家做主。可以说，民主改革是广大西藏儿女幸福生活的起点，是我区踏上繁荣发展征程上的重要一步。""正是有了民主改革，才有了西藏社会制度的伟大跨越，才有了西藏与时俱进的发展，才有了西藏各族人民权利的充分保障和幸福美好的新生活。民主改革是真正造福西藏各族人民的伟大壮举！"

60年来，在中国共产党的坚强领导下，西藏社会实现了由封建农奴制度向社会主义制度的历史性飞跃，西藏发展实现了由贫穷落后向文明进步的伟大跨越。党的十八大以来，党中央提出了"依法治藏、富民兴藏、长期建藏、凝聚人心、夯实基础"的西藏工作重要原则，西藏经济社会发展进入新时代，西藏各族人民正与全国人民一道，为实现中华民族伟大复兴的中国梦阔步前进。

参考文献

当代中国研究所：《中华人民共和国史稿》第二卷，人民出版社、当代中国出版社2012年版。

国务院新闻办公室：《伟大的跨越：西藏民主改革60年》白皮书，新华网2019年3月27日。

张云：《民主改革：西藏近现代历史上一座高耸的丰碑》，《光明日报》2019年3月29日。

1960 年
勇攀最高峰

1960 年 5 月 28 日,《人民日报》头版醒目位置登载了一条重磅消息——《人类第一次战胜珠穆朗玛峰北坡天险,我登山队登上世界最高峰》。报道援引新华社珠穆朗玛 27 日电:"年轻的中国登山队的三名队员——王富洲、贡布(藏族)、屈银华,5 月 25 日清晨北京时间四时二十分集体安全地登上了世界最高峰——珠穆朗玛峰,从而完成了人类历史上从珠穆朗玛峰北路攀上它的顶峰的创举。"这一壮举,在新中国体育史上掀开了光辉的一页。

"人家不来了,我们单独登!"

新中国成立之初,中苏关系密切,两国间的体育交流也十分频繁。1955 年,苏联登山运动员计划攀登境内的扎埃莱山的团结峰和十月峰,邀请中国派运动员参加。4 名运动员组成的中国临时登山队同苏联运动员一起登上了团结峰和十月峰,为国家争得了荣誉,也创造了中国登山运动史上第一个登高纪录。毛泽东知道后十分高兴,鼓励登山运动员说:中国人就是要勇攀高峰。1956 年 3 月,

1960年6月7日,人们在拉萨用鲜花欢迎登顶凯旋的王富洲(右)、贡布(中)和屈银华。(新华社发)

国家登山运动队正式成立。

1957年9月,苏联100名运动员联名写信给苏共中央和中共中央,提出两国联合组建中苏联合探险队,于1959年向珠穆朗玛峰挑战。苏方提出,物资主要由苏联方面提供,攀登珠峰也以苏联运动员为主。苏联提出与中国运动员联合登山还有一个秘密:那就是他们不相信中国运动员具有从珠峰北坡登顶的能力,以他们的运动员为主攀登珠峰可以创造人类首次从北坡登顶的历史。主管体育工作的国务院副总理贺龙认为,攀登中国境内的珠峰,中国运动员要起到主要作用,不能跟着苏联运动员。

为了发展登山运动,并且有组织有步骤地准备好以中国人为主攀登珠峰,1958年春,中国登山协会成立,国家体委的登山处和国家登山队一并归入协会。贺龙在登山协会成立大会上说:"中国这么大,高山这么多,山多宝多,解放的中国人民要踏上祖国的第一座高山,要给每座山峰作出结论,这是光荣的职责。"

1959年中苏关系恶化,联合攀登的计划被搁置。此时西藏也发生了叛乱。西藏叛乱平息后,中方函邀苏方派员商议1960年共同登山事宜。苏方人员来华赴兰州考察准备工作之后透露，由于两国关系恶化，已无意再与中国合作登山。联合登山协议被撕毁，已经拉到兰州的器材全部撤回。这项登山活动也像当时中苏合作的其他项目一样，陷于瘫痪。

面对这种情况，贺龙考虑中国人自己独立攀登珠峰。他征求登山队长史占春的意见："人家不来了，我们单独登，行不行？""能行！"血气方刚的史占春干脆利落地回答。贺老总斩钉截铁地说："好！人家不来了，我们单独登！"

为了1960年春季攀登珠峰的准备更加细致周密，贺龙先征得邓小平的同意，然后约他一起去见周恩来，汇报中国登山队近几年的成绩和攀登珠峰成功的有利条件。邓小平说："要登珠峰的计划国外已经知道，我们现在要是不登，让外国登上去，就会失去创造世界纪录的机会。"周恩来慎重考虑，同意了中国队单独登山的计划。呈送给刘少奇的报告也获得批复，采购登山装备物资方面得到大力支持。

1960年向珠峰艰苦卓绝的大进军，被这些憋足了气的中国勇士拉开了序幕！

中国人第一次站上地球之巅

珠穆朗玛峰是世界第一高峰，被称作地球的"第三极"。19世纪，两极大陆冰川上已陆续有人类活动的足迹，而20世纪50年代以前，珠峰仍是地球上人类无法接近的"禁区"。特别是珠穆朗玛峰的北坡，极度的严寒，特大的高空风，巨大的冰崩、雪崩和峥嵘的岩壁，对登山家们都是极大的威胁。外国的登山队从1921年到1938年的18年中，曾经从珠峰北坡攀登了7次，都遭到了失败。在中国人抵达以前，虽有两名经验丰富的英国登山探险家马洛里和伊尔文从北坡发起过对珠峰的数次冲击，但他们于1924年失败再没有回来。

1960年3月19日，中国登山队抵达珠峰脚下，在海拔5120米的谷地上建起了大本营，升起了鲜艳的五星红旗。3月25日，队长史占春向整装待发的队员发布命令：现在，中国登山队开始向世界第一高峰挺进！英雄的登山队员们冒

1960年5月,中国登山队队员们向珠穆朗玛峰进发。(新华社发)

着漫天的风雪,踏过陡滑的冰川地带,穿过危险的冰崩和雪崩区域,翻过尖削突兀的岩石峭壁,经过三次高山适应性行军,先后在海拔5400米、5900米、6400米、7007米、7600米、8100米和8300米的高度建立起营地。

5月4日,三次适应性攀登完成。但参加过这三次攀登的主力队员却大都垮了下来,病的病,伤的伤。到达过8600米高度的只有队长史占春和队员王凤桐,他们则在下山后因伤去疗养。在人员严重伤病甚至付出牺牲的情形之下,登顶计划难以为继。失败、沮丧、绝望的气氛逐渐开始在大本营弥漫。

转眼进入5月中旬,雨季即将到来,不能再有迟疑。正在这时,贺龙发来电报鼓舞士气,并要求不惜任何代价

∧
1960年5月，中国登山队队员在海拔7150米的冰雪坡上行进。（新华社发）

<
1960年5月，中国登山队队员向珠穆朗玛峰顶峰进发。（新华社发）

重新组织攀登,一定要攀上峰顶。

为夺取最后的胜利,5月17日,"顶峰突击队"队员们背着鲜艳的五星红旗和一座白色的毛主席半身像,"开始了第四次行军夺取主峰的战斗"。经过一周的艰苦行军,队员们抵达海拔8500米的高度,建立了最后一个营地——"突击营地"。这时有多人在途中冻伤,体力也不支了,到24日冲顶时,只有刘连满、王富洲、贡布、屈银华4人尚可继续前进。他们攻克了被外国探险家称为不可逾越的天堑——"第二台阶",凭着坚强的意志和执着的信念战胜难以想象的困难,一寸一寸地向胜利挺进。攀至8700米的高度,刘连满身体不支,只得留下,其他3人继续登顶。伟大的一刻诞生在25日凌晨4时20分,王富洲、贡布、屈银华胜利地站上了珠峰之巅。这是中国人第一次也是人类第一次从北坡登上了珠峰——这是中国人的伟大胜利,也是人类的伟大胜利。

1917年,一位以"二十八画生"*为笔名的年轻人,在《新青年》杂志上发表了《体育之研究》。文中说:"国力苶弱,武风不振,民族之体质,日趋轻细,此甚可忧之现象也",表达了对体育与民族强盛之关系的独到见解。体育事业的发展成为中国迈向现代化的重要标志。中国登山队首次从北坡登顶珠峰的壮举,将永远激励中国人民在前进的道路上克服困难,勇攀高峰!

参考文献

"人类第一次战胜珠穆朗玛峰北坡天险,我登山队登上世界最高峰",《人民日报》1960年5月28日。

刘秉荣:《新中国成立后的贺龙》,当代中国出版社2007年版。

孟红:《揭秘:1959年中苏联合攀登珠峰行动为何突然中止》,《福建党史月刊》2011年15期。

---

*　作者注:毛泽东。

1961年
沉重的思考　艰难的调整

1961年，一场新中国成立以来最严重的经济困难向年轻的人民共和国袭来。国民经济和人民生活严重困难的教训，使全党逐步清醒过来。当年1月，党的八届九中全会正式决定对国民经济实行"调整、巩固、充实、提高"的方针。党的指导方针开始发生重要转变。

"八字方针"的提出

1958年以来，在"左"倾指导思想的影响下，以高指标、瞎指挥、浮夸风、强迫命令、"共产风"为标志的"五风"严重泛滥，再加上自然灾害，造成了1959年至1961年国民经济的严重困难。1960年粮、棉、油等主要农产品产量跌落到新中国刚成立时的水平，这是新中国成立10年来从未有过的情况。粮食极度缺乏，严重危害人民群众的健康和生命，全国一部分农村地区出现了人口非正常死亡的现象。国民经济农、轻、重的比例严重失调，工业的过快发展严重挤压了农业的发展，也严重影响了轻工业的发展。由于片面强调"以钢为纲"，盲目追求不可能实现的钢产量指标，造成了重工业内部、工业和交通运输业之间的比例失调，积累和消费比例失调，通货膨胀，物价上涨，市场供应紧张，人民生活困难。

造成这次严重困难的原因主要有三个方面：一是1958年以来，党的工作方针出现了很大失误，"大跃进"、人民公社化运动和"反右倾"扩大化斗争的进行，使得"左"的错误严重泛滥开来；二是连续三年自然灾害，农业生产受到冲击，农产品产量大幅度下降；三是苏联单方面撕毁数百个协定和合同，撤走全部在华专家，使一大批在建项目被迫停工，破坏了国民经济计划，加重了经济困难。

国民经济陷入严重困难时，农业和农村首当其冲。1960年夏季的时候，党中央和毛泽东意识到国民经济严重困难的形势，并对三年"大跃进"运动进行反思。6月14日至18日，毛泽东在上海举行的中央政治局扩大会议上所作的讲话以及《十年总结》一文中说，对于社会主义建设还有很大的盲目性，指出"大跃进"中指标过高和人民公社化运动中不能正确认识公社内部所有制的教训。10月底，"信阳事件"*引起中央震惊和严重关注。为应对迫在眉睫的危机，党中央发出了《关于农村人民公社当前政策问题的紧急指示信》，要求全党用最大的努力来坚决纠正"共产风"。1961年1月，党的八届九中全会召开，听取和讨论了国务院副总理李富春关于《1960年国民经济计划执行情况和1961年国民经济计划指标的报告》。这次全会还通过了《1961年国民经济计划的意见》，并在会议公报中正式向全党和全国人民宣布：从1961年起对国民经济实行"调整、巩固、充实、提高"的八字方针。这是一个关系全局的战略转变。此后，我国国民经济建设由"大跃进"转入调整时期。

---

* 作者注：指从1959年冬到1960年春发生在河南省信阳专区的大面积饥荒、大批农民饿死的事件。

"黄猫、黑猫,只要能捉住老鼠就是好猫"

为了调动遭受严重挫伤的农民生产的积极性,度过面临的经济困难,各省、市、自治区几乎都有一些地方实行了包产到户的生产责任制或类似的做法,具有较大影响的是安徽实行的责任田,湖南、河南和甘肃的"借地",以及浙江、江苏、四川、广西等地的包产到户。

安徽省实行的责任田办法试行于1960年下半年,形成于1961年春。当时,为了遏制农业生产滑坡,安徽省委派工作组在合肥市蜀山公社南新庄小队进行

1961年1月,毛泽东在北京举行的中共八届九中全会上讲话,要求全党大兴调查研究之风,1961年要搞个实事求是年。(新华社发)

"按劳动底分分包耕地,按实产粮记工分"的联产到户的试点。这一做法得到群众的普遍拥护,而且效果比较明显。试点小队的粮食包产指标由原来的8.7万斤增至10.7万斤,增产23%。在宿县,有一位70多岁的农民,儿子因病无法劳动,也不愿当"五保户",向公社提出上山开荒种地。结果,父子俩开荒16亩,产粮3300斤,上交粮食1800斤、现金60元。因此,他建议把地包给社员种,可以搞好生产。根据试点经验,省委制定了《关于定产到田责任到人问题》的文件,即"包工包产责任制加奖励"办法,简称"责任田"。

但是,这种受欢迎的责任制形式,中央和华东局的态度不明确。对这一新事物，一时众说纷纭，褒贬不一。有的人认为"责任田"不符合社会主义原则，是在发展"资本主义"。这一做法，毛泽东未明确表态，但得到了刘少奇、邓小平、陈云以及李富春等人的支持。在所有支持责任制的观点中，邓小平的"能逮住老鼠就是好猫"的观点最具代表性。

1962年6月，中央书记处听取华东局农村办公室汇报，华东局认为安徽搞"责任田"就是单干，是方向性错误。会上，赞成和反对的意见各占一半。这时，邓小平强调，"责任田"是新生事物，可以试试看。1962年7月7日，邓小平在接见出席共青团三届七中全会全体同志时，发表了《怎样恢复农业生产》的讲话，主张使包产到户合法化。他说："生产关系究竟以什么形式为最好，恐怕要采取这样一种态度，就是哪种形式在哪个地方能够比较容易比较快地恢复和发展农业生产，就采取哪种形式；群众愿意采取哪种形式，就应该采取哪种形式，不合法的使它合法起来……黄猫、黑猫，只要能捉住老鼠就是好猫。"邓小平主张针对农村出现"责任田"的新情况，要"百家争鸣"，让大家发表不同的意见。他高屋建瓴地指出：农业本身的问题，就是要调动农民的积极性。

农业生产责任制等探索没有得到中央的正式认可。党的八届十中全会前后，许多省市区党委陆续做出决议，对包产到户加以制止。这样，对农业生产方式的探索刚刚有一个良好的开端，就夭折了。但包产到户并未彻底消失，它的探索为改革开放之后农村改革最先取得突破作了必要准备。

参考文献

中共中央党史研究室：《中国共产党的九十年（社会主义革命和建设时期）》，中共党史出版社、党建读物出版社2016年版。

聂皖辉：《邓小平与安徽农村改革》，《党史纵览》2007年第2期。

1962年
史无前例的"出气会"

1962年1月11日至2月7日，党中央召开扩大的中央工作会议，参加会议的有中央和各省、地、县四级主要负责人以及重要厂矿和军队的负责干部7118人，通常称为"七千人大会"。会议原定1月底结束，由于与会者意犹未尽，有话要说，毛泽东建议延长会期，请大家在北京过春节，留下了"白天'出气'，晚上看戏，两干一稀，大家满意"的名言。

从"两干一稀"看七千人大会召开的原因

召开七千人大会是党中央在1961年11月就作出部署和安排的。1961年11月16日，中央发出《关于召开扩大的中央工作会议的通知》。通知指出：1958年以来，在中央和地方的工作中间，发生了一些缺点和错误，并且产生了一些不正确的观点和作风，妨碍克服困难，必须召开一次较大规模的会议来统一思想认识。

其实，召开这次会议还有一个非常现实的缘由。由于1958年开始的"大跃进"运动和连续三年的严重自然灾害，造成全国粮食全面紧张，粮食征购计划无法完成。为解决这个从未遇到过的困难，11月上旬，中央专门召集六个中央局第一书记开会，讨论1962年粮食上调方案。中南局书记陶铸提出，解决粮食问题光找省委书记还不够，省委书记也需要地委书记做工作，干脆把全国的地委书记找到北京来开一次会，中央直接和他们讲粮食问题的严峻形势和调粮的重要性，以"打通思想"。刘少奇、邓小平当即表示赞成。

毛泽东在听取中央局第一书记会议的情况汇报时，提出把县委书记们也请来开会。毛泽东还说，前一段反"右倾"，很多人挨了批，气不顺，咱们开个"出气会"，大家气顺了，思想通了，问题就好解决了。

1962年1月11日，七千人大会召开了，毛泽东亲自主持。他开宗明义地说，这次扩大的中央工作会一个县来两个人，地委来三个人，省委来四个人，中央局也来四五个人，要把这次会当作一次小整风。他还说，这次会议中央给大家准备了好、中、差三种饭，现在国家困难，许多人连肚子都吃不饱，让大家吃好饭对不起全国人民。而同志们在下边工作又很辛苦，吃差饭又觉得对不住大家，我看就吃中等餐吧！

据参加会议的时任山西省长治县代县长刘新起回忆：会议期间吃饭10人一桌，都是大锅菜，服务员要收齐了10张饭票这桌才开饭，坐不满不行，饭票丢了也不行。中央领导人去小组听取意见，就餐时也要拿出自己那张饭票，不因这桌有领导人就特殊。每次吃饭，不论主食还是副食，桌上都是光光的，一点都不剩。每桌两个肉菜，盘底剩一点带荤腥的菜汤，有人觉得可惜，用馒头蘸着吃了。这一情况既说明当时粮食形势的严峻程度，也说明全党上下同甘共苦，艰苦朴素，共克时艰。

在一定程度上说，解决粮食困难，推动粮食征购是中央召开这次规模空前大会的直接起因。在普遍吃不饱肚子的情况下，"两干一稀"也成为对与会者一种特殊的"优待"。

心气顺了，劲头足了

参加七千人大会的人员，在物质上有"两干一稀"的待遇，在精神上，还有"晚上看戏"的享受，但更为关键的是会议第二阶段的"出气"。

关于召开会议的目的，按照刘少奇代表中央政治局向大会作的书面报告所说的，"中央召集这次会议的主要目的，是要总结经验，统一认识，加强团结，加强纪律，加强民主集中制，加强集中统一，鼓足干劲，做好工作，战胜困难"。邓小平在会前也说："这次七千人大会搞什么？中央发了通知，主要的就是 8 个字：鼓足干劲，统一思想。"

会议的第一阶段主要是讨论刘少奇代表中央作的书面报告，并提出修改意见。1 月 27 日，刘少奇在全体大会上讲话，对书面报告作说明。他在讲话中向全党尖锐地提出了"七分成绩，三分缺点和错误"，以及"三分天灾，七分人祸"等问题。刘少奇的讲话受到热烈欢迎。

刘少奇口头报告后，毛泽东对会期作了安排，"31 号无论如何要搞完，31 号晚上就可以离开北京"。但几天以来的小组讨论情况表明，一些地方的同志，主要是县、地两级负责人，对省委有意见而不敢讲，不能畅所欲言。这种情况为毛泽东所察觉，他在 29 日的全体会议上宣布，要大家出气，畅所欲言，把话说完，趁热打铁。他说："现在，要解决的一个中心问题是：有些同志的一些话没有讲出来，觉得不大好讲。这就不那么好了。要让人家讲话，要给人家机会批评自己。你自己不批评自己，也可以，得让人家批评你。"也就是在这次讲话中，毛泽东直截了当地提出："我相信能解决上下通气的问题。我建议让人家出气。不出气统一不起来。没有民主，就不可能有集中。因为气都没有出嘛，积极性怎么能调动起来？到中央开会，还不敢讲话，回到地方就更不敢讲话了。我们常委几个同志商量了一下，希望解决出气的问题。有什么气出什么气，有多少气出多少气。不管是正确之气、错误之气，都不记账，不打击，不报复。"

1962年2月,毛泽东（右二）、刘少奇（右三）、周恩来（左二）、朱德（左一）、陈云（左三）、邓小平（右一）在北京举行的扩大的中共中央工作会议上。（新华社发）

毛泽东的讲话和延长会期的决定，获得全场极为热烈的鼓掌。这样，从1月29日到2月7日，会议便以"出气"、"顺气"为主。1月30日下午，毛泽东在全体大会上发表讲话，着重讲民主集中制问题，并做了自我批评。他说："凡是中央犯的错误，直接的归我负责，间接的我也有份，因为我是中央主席"，"第一个负责的应当是我"。毛泽东的讲话受到与会者的热烈拥护，把整个会议推向了高潮。接下来的几天，各小组会放手让大家提意见，号召大家打消顾虑，趁热打铁，把"气"出完，重点是对省、市、自治区党委的工作提出批评，真正发挥了"出气大会"的作用。

会议的民主作风活跃了气氛，大家的心气顺了，认识也就统一了。2月7日，在与会人员心情舒畅的氛围中，七千人大会胜利闭幕。这次大会对待缺点和错误比较实事求是的态度，以及发扬民主和进行自我批评的精神，给全党以鼓舞，增强了党的凝聚力，在动员全党团结奋斗战胜困难起到了积极作用。薄一波在《若干重大决策与事件的回顾》一书中说："七千人大会，总的来说，是开得好的、成功的，基本上达到了总结经验、统一认识的目的，在我们党的历史上，是一次影响深远的重要会议。"

参考文献

中共中央文献研究室编：《毛泽东传（四）》，中央文献出版社 2013 年版。

陈晋：《"七千人大会"启示录》，《秘书工作》2011年第 1 期。

1963 年
"向雷锋同志学习"

1963年3月5日,《人民日报》头版刊发了毛泽东的题词:"向雷锋同志学习。"自此,"雷锋"这个平凡的名字家喻户晓,成为亿万中国人的光辉榜样。几十年过去了,群众性的学习热潮一直延续至今,雷锋同志依然是中国人民心中的精神偶像。

"伟大的普通一兵"

雷锋的一生是短暂的一生,也是平凡而伟大的一生。1940年12月28日,他出生在湖南省望城县一个贫苦农民家庭,解放前生活在极端贫困和饥饿里,7岁沦为孤儿,在穷乡亲的拉扯下挣扎着活下来。解放后在党和人民政府的关怀下幸福成长,进小学读书,并加入了中国共产主义少年先锋队。1956年参加工作,他工作积极,埋头苦干,被县委机关评为"工作模范"。1957年2月,加入中国共产主义青年团。此后,他当过拖拉机手和推土机手,工作出色,多次被评为"红旗手""劳动模范""先进生产者"和"社会主义建设积极分子"。1960年1月,雷锋应征入伍,同年11月加入中国共产党,在党的教育培养下,他坚定地树立

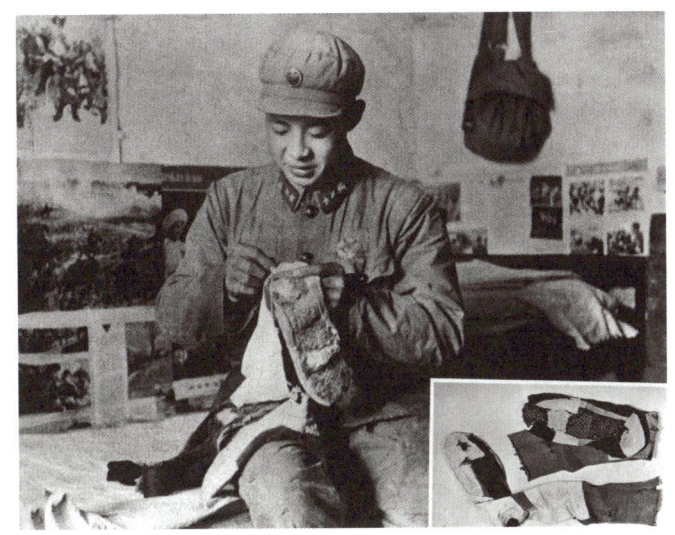

雷锋多次将自己的津贴费寄给灾区人民,而他个人生活却十分俭朴。图为他在缝补部队发的袜子。(新华社资料照片)

了全心全意为人民服务的思想和为共产主义奋斗终生的远大目标。1962年8月15日,雷锋在执行任务时不幸殉职。他在部队生活2年8个月,荣立二等功1次,三等功2次,受嘉奖多次,被评为"模范共青团员"、"节约标兵",并被选为抚顺市人大代表。

这位"伟大的普通一兵"用自己生命的全部历史,实践了自己"把有限的生命,投入到无限的为人民服务之中去"的铮铮誓言。他爱憎分明的阶级立场、言行一致的革命精神、公而忘私的共产主义风格、奋不顾身的无产阶级斗志、全心全意为人民服务的思想,广为人民传颂。

早在1960年10月,雷锋的事迹就被沈阳军区媒体注意到。1960年11月26日,沈阳军区《前进报》用两个版面的篇幅报道雷锋的事迹。1960年12月11日,《抚顺日报》用一个整版的篇幅登载介绍雷锋事迹的长篇通讯《毛主席的好战士》和《把青春献给祖国——雷锋同志日记摘抄》。《人民日报》《解放军报》《中国青年报》也相继发表了介绍雷锋事迹的文章,雷锋作为军地典型被广泛学习宣传,使他逐渐成为一名"公共明星"。

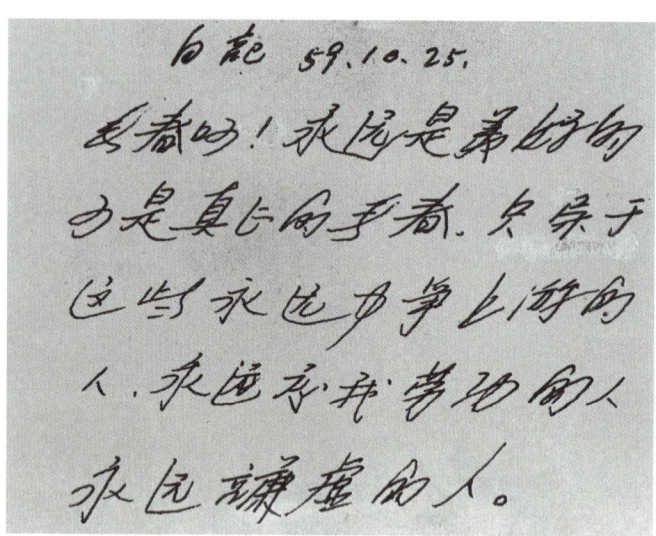

雷锋日记片段的影印照片。（新华社资料照片）

雷锋同志牺牲后，全军和全国上下迅速展开了宣传和学习雷锋模范事迹的活动。在此期间，全国一些著名诗人、作家、艺术家纷纷用艺术形式歌颂这位青年一代的楷模。学习雷锋好榜样的歌声响遍全国，雷锋的事迹、雷锋的精神，从东北传遍神州大地。

1963年3月5日，《人民日报》发表毛泽东的题词——"向雷锋同志学习"。随后，刘少奇、周恩来、邓小平等老一辈无产阶级革命家也都为雷锋题词，把全国人民学习雷锋活动的热潮推向了一个高峰。此后，每年的3月5日，定为学习雷锋纪念日。

雷锋精神代代传

新中国有很多典型，为什么雷锋成为永恒的道德丰碑？雷锋精神的诞生地抚顺人耿直地说：不管东南西北风，抚顺人就是学雷锋。

雷锋的一生并不长，只有不到22年，但雷锋精神却影响着一代又一代中国人。雷锋的典型事迹，让毛泽东看到了中国共产党人培育出来的、心怀祖国和人民、自强不息、敬业奉献的一代新人典范，这是中国人崭新的榜样。雷锋精神产生的时代，正当中国人民刚刚经过三年自然灾害，在纠正错误中恢复和发展国民经济的时期，战胜挫折和困难，需要树立雷锋那种处处以国家和集体利益为重的主人翁态度，需要营造助人为乐、诚实守信、和谐融洽的良好社会风尚，需要雷锋那种个人融入党和人民的事业之中去的螺丝钉精神。同时，雷锋精神也是当家做主的中国人民艰苦创业、积极进取、自强不息、奋力拼搏的典型和真实写照，是中国共产党人和中国人民共有的价值追求。

自1961年以来，在全国范围，群众性的学雷锋活动广泛开展。雷锋精神像一面旗帜，飘扬在人们心中，感染和教育亿万群众，一批批雷锋式先进人物不断涌现。雷锋精神是一种宝贵的财富、优秀的品质，它代表了中华民族的优秀品质和优良传统，不会因时代的变化而褪色。

2018年9月28日，习近平总书记在东北视察时，参观抚顺市雷锋纪念馆时指出："我们既要学习雷锋的精神，也要学习雷锋的做法，把崇高理想信念和道德品质追求转化为具体行动，体现在平凡的工作生活中，作出自己应有的贡献，把雷锋精神代代传承下去。"

参考文献

人民日报评论员：《伟大的普通一兵》，《人民日报》1963年2月7日。

甄为民、佟希文、雷润明：《毛主席的好战士——雷锋》，《人民日报》1963年2月7日。

曾伟、张琪昭：《纪念"3·5"特稿：习近平总书记为何八次提出传承"雷锋精神"》，人民网2017年3月5日。

1964年
描绘现代化宏图

实现现代化,是近代以来中国人民孜孜以求的目标。1964年12月21日至1965年1月4日,三届全国人大一次会议在北京召开。周恩来在《政府工作报告》中宣布:调整国民经济的任务已经基本完成,整个国民经济将进入新的发展时期。今后发展国民经济的主要任务,"就是要在不太长的历史时期内,把我国建设成为一个具有现代农业、现代工业、现代国防和现代科学技术的社会主义强国,赶上和超过世界先进水平"。这是中国共产党第一次正式和完整地向全国人民提出"四个现代化"的任务。

初绘"四个现代化"宏伟目标

近代以来,中国无数志士仁人为实现强国富民的现代化梦想,先后提出"工业救国"、"教育救国"等主张,进行了不懈努力,但都没能够实现。以毛泽东为代表的中国共产党人对实现现代化继续进行了艰辛的探索。

最初,党对现代化的认识是从实现社会主义工业化开始的。早在党的七大和

1964年12月21日,第三届全国人民代表大会第一次会议开幕,周恩来总理作政府工作报告。(新华社资料照片)

七届二中全会上,毛泽东就指出,革命胜利以后,要"使中国稳步地由农业国转变为工业国"。随着实践的发展和认识的深化,党对国家建设的战略目标逐渐清晰起来,内涵更为丰富。1954年9月15日,毛泽东在一届全国人大一次会议开幕词中说:准备在几个五年计划之内,将我国"建设成为一个工业化的具有高度现代文化程度的伟大的国家"。23日,周恩来在这次会上所作的《政府工作报告》中提出:"如果我们不建设起强大的现代化的工业、现代化的农业、现代化的交通运输业和现代化的国防,我们就不能摆脱落后和贫困,我们的革命就不能达到目的。"他提出

1964年
描绘现代化宏图

实现"四个现代化"是"摆脱落后和贫困"必须具备的条件和基础。这是新中国领导人第一次提出"四个现代化"的概念。

在提出现代化构想的同时，毛泽东、周恩来等领导人还提出了实现现代化的具体步骤。1956年，党的八大前夕，毛泽东提出中国社会主义现代化建设分两步走的构想：第一步，用三个五年计划的时间实现初步工业化。第二步，再用几十年的时间接近或赶上世界最发达的资本主义国家。在党的八大召开期间，毛泽东把实现第二步目标所用的"几十年的时间"明确为50年到100年。也是在党的八大上，"四个现代化"目标写进了《中国共产党章程》，提出要"使中国具有强大的现代化的工业、现代化的农业、现代化的交通运输业和现代化的国防"。

1957年二三月间，毛泽东在《关于正确处理人民内部矛盾的问题》和《在全国宣传工作会议上的讲话》中，提出："将我国建设成为一个具有现代工业、现代农业和现代科学文化的社会主义国家。"这种提法，将交通运输业归入工业，不再将其单列为现代化的一项内容，创新之处是将科学文化纳入现代化范畴，号召全党和全国人民"为尽快地把我国建设成为一个具有现代工业、现代农业和现代科学文化的伟大社会主义国家而奋斗"。科学文化和工业、农业并提，现代化的内涵更为丰富。这也表明，1956年知识分子问题会议召开之后，党中央提出"向现代科学进军"，重视知识分子和发展现代科技提到更加重要的位置上来。

1959年末至1960年初，毛泽东提议重新加上国防现代化。他说："建设社会主义，原来要求是工业现代化，农业现代化，科学文化现代化，现在要加上国防现代化。"周恩来建议将"科学文化现代化"修改为"科学技术现代化"。1963年9月，中央工作会议提出分"两步走"，实现"四个现代化"的发展战略：第一步，用15年时间，建立一个独立的、比较完整的工业体系和国民经济体系，使我国工业体系大体接近世界先进水平；第二步，用50年到100年时间，使我国工业走在世界前列，全面实现农业、工业、国防和科学技术的现代化，使我国经济走在世界前列。至此，"四个现代化"目标形成了完整的表述。1964年12月21日，周恩来在《政府工作报告》中把"四个现代化"的战略目标和分"两步走"的发展战略，正式向全党和全国人民提了出来。

周恩来重申"四个现代化"

在 1964 年底到 1965 年初召开的三届全国人大一次会议上，"四个现代化"正式确定为国家发展的总体战略目标，同时描绘了在 20 世纪内实现"四个现代化""两步走"的发展战略。从此，"四个现代化"成为激励全国各族人民共同奋斗的宏伟目标。这一宏伟目标和"两步走"的战略方针，原本准备从 1966 年起开始实施，但是"文化大革命"打断了这个进程。

长达 10 年之久的"文化大革命"，使党的工作重心转向了"以阶级斗争为纲"，"四个现代化"的战略目标和"两步走"的发展战略刚开始实施就被迫中断，国家经济建设遭到十分严重的破坏和损失。据统计资料，在 1967 年到 1969 年动乱最严重的三年中，我国经济建设已经陷于停顿和倒退。"文化大革命"后期，面对国民经济出现的严重局面，毛泽东和党的其他一些领导人把注意力转移到经济建设上来。1972 年 7 月，毛泽东在会见刚果国务委员会副主席拉乌尔时说："你们现在愁你们的经济，我们也愁怎样把经济搞上去，搞上去不是搞几个原子弹。" 1974 年 11 月，毛泽东作出"把国民经济搞上去"的指示。

1975 年 1 月 13 日晚 8 时，四届全国人大一次会议开幕式，77 岁的周恩来已经是重病缠身，抱病向大会作政府工作报告。因为身体极度虚弱，5000 余字的报告，周恩来已经没有气力读完，面对 2864 名代表的期待，他只念了头尾两段。当读到我国经济发展战略目标时，周恩来站了起来，用沉稳有力的声音重申："在本世纪内，全面实现农业、工业、国防和科学技术的现代化，使我国国民经济走在世界的前列。"时隔 10 年之后，再次听到"四个现代化"的宏伟目标，代表们无比激动，报以长时间雷鸣般的掌声。

1月17日，四届人大一次会议重提实现"四个现代化"的宏伟目标，再次唤起和鼓舞全国各族人民为把我国建设成为强大的社会主义国家而努力奋斗的信心和决心。然而，要把这一宏伟蓝图很好地付诸实践，那还得"文化大革命"结束、党的十一届三中全会召开以后。

> **参考文献**
>
> 逄先知、金冲及主编：《毛泽东传（1949—1976）》（上），中央文献出版社 2003 年版。

1975年1月13日，周恩来总理在第四届全国人民代表大会一次会议上作政府工作报告。（新华社资料照片）

1965 年

回到祖国怀抱——李宗仁归国

1965 年 7 月 18 日上午 7 时许,一架波音客机在广州白云机场缓缓降落。此刻,机上一位饱经风霜的老人,透过舷窗急切地向外张望,心里向祖国呼唤"我终于回来了!"这位老人就是前"国民党政府代总统"李宗仁。

一波三折归根路

1949 年国民党败退台湾后,李宗仁感觉自己难以在台湾立足,遂于 12 月飞往美国定居。岁月绵延,年龄渐大的李宗仁落叶归根之心日增,一心向往回到祖国,回到家乡。

李宗仁归国缘起于 1955 年。1955 年 8 月,李宗仁有感于周恩来在亚非会议上有关台湾问题的声明,在美国发表了自己对于台湾问题的主张与建议。李宗仁正义的声音引起了我党领导人的注意。1956 年 1 月,周恩来代表中央郑重宣布:欢迎在海外所有国民党军政人员回国观光、旅游、参观、探亲,也可参加工作,来去听便。

"五一"前夕,曾任李宗仁秘书的程思远受邀从香港密赴北京,参加庆祝活动,受到周恩来的接见。他们进行了三个小时的长谈,周恩来请程思远向海外国民党人士转达:"爱国一家,不分先后"。周恩来还高度评价李宗仁关于台湾问题的立场,邀请他方便时回来看看。程思远表示愿为此努力。这次谈话成为李宗仁回国的重要契机。

程思远返回香港后给李宗仁去信,讲述了回大陆的经历。此时,李宗仁正处于对新中国"敬仰之心和恐惧之心皆有"的复杂心理时期,对程思远"如此重大之举,事前非经商量擅自行事"表示不满。但李宗仁此时归心渐明,1958 年给在大陆的老友李济深写了一封长信,末尾言明"树高千尺,落叶归根",寄托欲归之意。

1959 年 10 月,程思远应邀参加新中国成立十周年大庆,周恩来于百忙之中接见程思远。程思远详细地向周恩来陈述了李宗仁几年来的思想经历与回国的愿望。周总理听后,对李宗仁回国表示欢迎,对他准备向国家捐献一批文物表示赞赏。但是,周恩来认为李宗仁回国的时机尚不成熟,希望程思远"赴欧洲与德邻先生(李宗仁)晤谈后再议"。

及至 1963 年,程思远赴瑞士与李宗仁会晤前,来北京向周恩来请示有关事宜,周恩来提出"四可",即:第一,可以回来祖国定居;第二,可以回来,也可以再去美国;第三,可以在欧洲暂时一个时期再定行止;第四,回来以后可以再出去,如果还愿意回来,可以再回来。总之,来去自由,不加拘束。

1963 年圣诞节前,李程二人如约在瑞士苏黎世会面。程思远向李宗仁转达了"四可"意见,李宗仁感慨地说:树高千尺,落叶归根,人到晚年,更思念家乡。我只要"一可",回到祖国定居,安度晚年。

1965 年,李宗仁归国之心愈切,再也不愿等下去。而此时,周恩来已经对李宗仁的归程做好了安排。7 月 13 日,李宗仁偕夫人乘机从苏黎世起飞,远渡关山重洋,有惊无险地避过阻挠,飞回祖国。同样期待回到祖国大陆的程思远同行。

7 月 18 日上午,飞机抵达广州白云机场,李宗仁终于踏上了他魂牵梦绕的故

1965年7月20日，曾任"国民政府代总统"的李宗仁和夫人郭德洁回到北京。李宗仁在机场宣读声明，表示要为完成祖国统一作出贡献。这是周恩来总理在机场与李宗仁先生握手。（新华社发）

土。稍事休息后，他便飞赴上海，再由上海飞北京。7月20日，李宗仁一行飞抵北京。在机场迎接他的是周恩来。李宗仁难掩激动之情，上前与周恩来拥抱。在机场，他宣读了一份声明，坦承自己为国家建设成就感到荣幸，尤为兴奋，誓言"从海外回到国内，期望追随我全国人民之后，参加社会主义建设，并致力于一切反帝爱国事业，今后自誓有生之日，即是报效祖国之年，耿耿此心，天日可表"。

李宗仁夫妇回国在海内外引起巨大反响，他的这一举动，使海内外华人对祖国和平统一增强了信心，也促使更多国民党人士回归祖国大陆。

"我走的这一条路是走对了的"

李宗仁归国受到党中央的高度重视,一些党内外领导人和知名人士、李宗仁部旧老友亲自迎接和款待,让他由衷感到欣慰和感动。

7月26日,毛泽东在中南海接见并宴请李宗仁夫妇和程思远。谈话气氛热烈,相当融洽。

毛泽东幽默地说:"德邻先生,现在台湾、香港都在骂你们哪,这不要紧,他们骂我们'共匪',已经几十年了。你这次归国,也来当'匪',是误上'贼船'了……"毛泽东诙谐,李宗仁一时语塞。程思远连忙说:"我们荣幸地搭上这条船,已登彼岸。"

李宗仁对回国后几天来在北京参观访问,亲眼看到祖国社会主义建设的伟大成果,感触良深,表示"为祖国日益强大而感到十分高兴"。

此后,接连不断的宴会、茶会,使回到祖国的李宗仁被巨大的热情包裹,祖国和人民对他的欢迎和礼遇使他深为感动和亢奋。在北戴河休养十日之后,他前往东北三省作短暂访问,并为新中国的建设成就感慨不已。

9月26日,李宗仁在政协礼堂举行记者招待会,畅谈回国两个月来的观感,呼吁台湾国民党人士和海外各方人士,"认清民族大义和大势所趋,不要一误再误,毅然奋起,相率来归,为祖国最后统一作出贡献"。

1968年4月,李宗仁旧病复发,8月份查出罹患直肠癌,此后身体健康每况愈下。1969年1月30日午夜12时,医治无效,溘然长逝,享年78岁。

李宗仁临终前给毛泽东和周恩来写过一封信表达了对党和政府的感谢,表达了对祖国的强烈感情和对国家早日和平统一的无比期盼。他在信中写道:"我在1965年毅然从海外回到祖国所走的这条路是走对了的。""我们的祖国潜力是举世无比的,我们祖国的前途是无限光明的。""在这个伟大的时代,我深深感到能成为中国人民的一分子是一个无比的光荣。"他在生命的最后一刻还以在台湾和海外的国民党人士和爱国知识分子的前途为念,指出"他们目前只有一条路,就是同我一样回到祖国的怀抱……"

周恩来高度评价李宗仁的这封遗书,称其为"一个历史文件"。同时,评价李宗仁为人民做了两件好事:一件是台儿庄,一件是归来。

1938年4月6日,中国军队取得山东台儿庄战役大捷。这次战役中国军队在第五战区司令长官李宗仁的指挥下,以优势兵力包围进攻台儿庄的日军,歼灭日军精锐部队矶谷、坂垣两个师团主力1万余人,是抗战以来中国军队在正面战场取得的重大胜利,极大振奋了中国人民的抗战信心。图为李宗仁在被夺回的台儿庄火车站留影。(新华社发)

参考文献

申晓云、李静之:《李宗仁的一生》,河南人民出版社1992年版。

李宗仁口述,唐德刚撰:《李宗仁回忆录》,华中师范大学出版社1995年版。

李涛:《毛泽东眼中的国民党高级将领》,中国文史出版社2017年版。

1966 年
县委书记的榜样——焦裕禄

1966 年 2 月 7 日清晨。北京。

中央人民广播电台录音室里,气氛异常。长篇通讯《县委书记的榜样——焦裕禄》上午就要播出,可是录音制作却遇到了前所未有的"障碍"。稿子还没念到一半,中央人民广播电台的"头牌"播音员齐越就已经哽咽难言,泣不成声。

如今,当我们重温齐越的这段广播录音时,依然能从字里行间清晰地感受到他当时内心难以抑制的悲恸情绪,他是带着浓厚的感情读每一句话的,令听者无不为之动容。

兰考人民的好书记

1962 年冬,焦裕禄受党的委派来到兰考。当时,兰考的风沙、内涝、盐碱等自然灾害很严重,农业产量很低,群众生活很苦。面对严重困难,焦裕禄却

焦裕禄在泡桐树前留影。（新华社资料照片）

图为焦裕禄住室的一角（1966年2月22日资料照片）。焦裕禄生前用的被褥上有很多补丁。（新华社发）

斗志昂扬。在给上级领导的信中，焦裕禄这样写道："感谢党把我派到最困难的地方，越是困难的地方，越能锻炼人。请组织上放心，不改变兰考的面貌，我决不离开这里"。

为了防治为害兰考的涝、沙、碱"三害"，他亲自带队逐个大队调查走访。在短短一年多时间里，他马不停蹄地跑遍了全县149个大队中的120多个。当时，焦裕禄的肝病已经相当严重。许多同志劝他不要下去，在家里等着听汇报就行了。他却说："吃别人嚼过的馍没味道。"当时没有先进的仪器设备，他就亲自用舌头辨别土壤的含碱量。就这样，焦裕禄最终摸清了兰考"三害"的底细，总结出了一套治理"三害"行之有效的方法措施。

焦裕禄的心里始终装着百姓。有一年冬天，大雪下了一夜，一大早，焦裕禄就把县委几个主要领导找来，说："在这大雪拥门的时候，我们不能坐在办公室里烤火，应该到群众中间去。"说罢，就领着大家顶风冒雪出发了。当天，焦裕禄冒着风雪，忍着剧烈的肝痛，一连走访了9个村子，访问了几十户群众。在社员梁俊才的家里，老大爷卧床不起，老大娘双目失明。老大爷问："你是谁呀？大雪天来干啥？"焦裕禄说："我是您的儿子，毛主席叫我来看望您老人家的。"老大爷感动得热泪盈眶，说："解放前，大雪封门，地主逼租，撵得我躲人家的房檐，住人家的牛屋。还是党好，社会主义好！"

为了尽快改变兰考贫穷落后的面貌，焦裕禄废寝忘食，鞠躬尽瘁。由于过度劳累，本来就身患肝病的他，健康状况每况愈下，但他仍一心扑在工作上。有时疼得实在忍不住了就找个硬东西一头顶住肝部，一头顶在椅子上，时间长了，他坐的藤椅右边被顶出了一个大窟窿。后来，焦裕禄的病越来越严重，最后疼得连笔也拿不动了。经医院检查，他的病已经是肝癌晚期，再好的医生也无力回天了。

1964年5月14日，焦裕禄同志病逝了。在追悼会上，一位农民泣不成声地说出了兰考人民的心里话："俺的好书记，你是为俺兰考人民活活累死的呀！"

去世两年后，焦裕禄的事迹传遍全国

1965年秋，根据新华社副社长穆青的指示，新华社河南分社安排记者周原到豫东灾区物色采访线索，寻找宣传报道典型。

周原在兰考县听说了焦裕禄的感人事迹，他被深深地打动了。回到郑州后，周原马上把了解到的情况向穆青作了汇报。穆青感到这是一个十分难得的好典型，应该继续深入挖掘。12月17日上午，穆青、周原一行人来到了兰考。

穆青等人在兰考座谈考察了三天三夜，天天以泪洗面。他们听到的全是焦裕禄忘我工作、全心全意为人民服务的感人事迹。

虽然报纸之前对焦裕禄的事迹做过报道，但穆青感觉分量远远不够，他决定

要重新组织报道。穆青安排周原负责写报道初稿。经过一天一夜奋笔疾书,一万多字的初稿,周原挥泪一气呵成。

穆青带着初稿回到北京,首先向新华社社长兼《人民日报》总编辑吴冷西汇报,得到了吴冷西的充分肯定和支持。后来报道几经修改,终于定稿。最终,经中央书记处书记彭真批准同意,1966年2月7日,《人民日报》在头版头条发表了长篇通讯《县委书记的榜样——焦裕禄》,并配发社论《向毛主席的好学生——焦裕禄学习》。很快,焦裕禄的事迹传遍全国,全国人民都被深深地感动了。他成为全国人民学习的好榜样。

"百姓谁不爱好官?把泪焦桐成雨"

左图为焦裕禄资料照片;右图为焦裕禄家人合影。日夜操劳的焦裕禄,至死未与家人照过一张合影。(新华社发)

焦裕禄临终前曾痛惜地对兰考县县长说,"我死后只

在河南省兰考县焦裕禄干部学院门口，游客从焦桐下走过（2017年8月9日摄）。斯人已逝，泡桐长绿。当年，焦裕禄亲手种下的一株小麻秆，如今已是华盖如云。历经半个多世纪的风雨沧桑，这棵树始终矗立在那里，带给人们一片绿荫，也活在百姓心中，大家亲切地称它"焦桐"。（新华社记者冯大鹏摄）

有一个要求，要求组织把我运回兰考，埋在沙滩上，活着我没有治好沙丘，死了也要看着你们把沙丘治好。"

如今，焦裕禄已经去世55年了。55年来，兰考的面貌发生了翻天覆地的变化。昔日漫天黄沙，寸草不生，贫穷落后的景象不见了，取而代之的是遍地的泡桐树林，一排排整齐明亮的砖瓦房，以及一片片绿油油的农田，百姓的生活也越来越好。今天兰考县的每一位党员干部都可以自豪地站在焦裕禄的坟前，骄傲地对他们的好书记说，今天的兰考人民在党和政府的领导下，不但治好了沙丘，而且还正式摘下"贫困帽"，即将踏上全面小康的幸福道路。

焦裕禄的精神鼓舞和感染了一代又一代人。1990年7月15日，时任福州市委书记的习近平深夜挥笔写下了《念奴娇·追思焦裕禄》。其中"百姓谁不爱好官？把泪焦桐成雨""为官一任，造福一方，遂了平生意"等铿锵词句，真切表达了习近平对焦裕禄精神的深情赞颂和自己爱民为民、责任担当的感人情怀。

2015年1月12日，在中央党校县委书记研修班学员座谈会上，习近平总书记再次强调：焦裕禄同志以自己的实际行动塑造了一个优秀共产党员和优秀县委书记的光辉形象。做县委书记就要做焦裕禄式的县委书记，始终做到心中有党、心中有民、心中有责、心中有戒。

今天，提到兰考，人们会自然而然地想起焦裕禄，他已经成为兰考不可分割的一部分。焦裕禄已经不再是一个普通的名字，它已经成为一种精神符号，永远活在亿万人民的心中。

参考文献

中共中央文献研究室编：《十八大以来重要文献选编》（中），中央文献出版社2016年版。

穆青、冯健、周原：《县委书记的榜样——焦裕禄》，载《人民日报》1966年2月7日第1版。

1967 年
坦赞铁路——中非友谊的丰碑

"中华人民共和国回到联合国，是被非洲兄弟抬进去的"，这是一句大家耳熟能详的话。非洲国家为何与中国关系这么好？说到这里就不能不提坦赞铁路。坦赞铁路是一条贯通东非和中南非的交通大动脉，东起坦桑尼亚的达累斯萨拉姆，西至赞比亚中部的卡皮里姆波希，全长 1860.5 公里。这条铁路是在中国自身十分困难的情况下援建的，是中非间传统友谊最著名的"代表作"，为非洲的繁荣和发展做出了巨大贡献。

"我们宁可自己不修铁路，也要帮你们修建这条铁路"

20 世纪 60 年代初，南非白人政府实行种族歧视政策，对坦桑尼亚和赞比亚两国进行封锁，导致两国的物资无法通过南非对外出口，严重制约两国经济发展。为此，修建一条连通南部非洲到东非海岸的交通大动脉成为坦赞两国的迫切需求。两国最初寄希望于经济比较发达的苏联和西方国家，但由于苏联的拒绝和西方国家的消极态度，两国希望破灭，于是坦桑尼亚想到了求助中国。

1965年，坦桑尼亚政府商业合作部长巴布访华时，透露了坦赞两国有意兴建坦赞铁路的计划，并透露该国总统尼雷尔在稍后正式访华时可能会向中国提出援助请求，巴布希望中国当局能提前研究一下。

对此，外交部经过研究，提出了帮助兴建坦赞铁路的建议。在研究讨论外交部建议时周恩来说："坦赞铁路对坦桑尼亚和赞比亚来说，不仅具有经济上的意义，更重要的是还具有军事上和政治上的意义。这两个姐妹国家还被帝国主义、殖民主义、种族主义及其追随者包围着，他们共同认识到没有周围国家的独立解放，就不会有他们自己的真正的独立解放。而这条把他们连接起来的钢铁运输线，却可以使他们摆脱帝国主义、殖民主义、种族主义的控制、讹诈，还可以使他们把世界反帝、反殖国家为支援非洲民族解放事业所提供的生活物资和军事物资运送到非洲南部、中部和西部谋求解放的自由战士手中。坦赞这条铁路必须修建，这是毫无疑义的……"

这条铁路全长1800多公里，并且线路所经之处满是密林沟壑，修筑难度大、费用高昂。当时的中国经济困难也很多。在征询了相关部门的意见并经过慎重考虑之后，周恩来在外交部的请示报告上批示："为援助非洲新独立的国家和支持非洲民族解放斗争，如果尼雷尔总统访华时提出援建坦赞铁路问题，我意应同意。"随后，毛泽东、刘少奇均圈阅表示同意。

1965年2月，尼雷尔访华，正式向中方提出了援建铁路的请求。毛泽东说："你们有困难，我们也有困难，但是你们的困难和我们的不同，我们宁可自己不修铁路，也要帮你们修建这条铁路。"

1967年9月5日，中国政府和坦桑尼亚、赞比亚政府签署援建坦赞铁路的协议。根据援建协议，中国政府提供9.88亿元人民币不带任何附加条件的无息贷款用于修建坦赞铁路，这相当拿出我国当时GDP总额的5%用于修建这条铁路。这批贷款按我国2019年GDP总量折算，相当于4.95万亿人民币。仅从这一点，就足见中国政府的魄力与诚意。

在中国的大力支持下，坦赞铁路于 1970 年 10 月开始动工兴建，1975 年 6 月，坦赞铁路全线铺通。

亲历者难以忘怀的记忆

坦赞铁路穿越东非大裂谷，铁路线所过之处满是密林沟壑、高山峡谷，自然条件恶劣，建设难度极大。为了建设坦赞铁路，中国先后派出工程和技术人员 5.6 万人，高峰期有 1.6 万人在现场施工，有 64 名中国人为坦赞铁路献出了宝贵的生命。如今，回想起那段艰苦的岁月，当年参加援建，如今已是古稀之年的铁路建设者们依旧心潮澎湃。

"我见证了坦赞铁路铺设最后一根钢轨的情景，我们在那里竖了一个里程碑，用英语写上'坦赞铁路终点，1860 公里'。"前铁道部副部长、中国工程院院士孙永福回忆说。

1973 年 7 月，孙永福被选派加入中国援建坦赞铁路工作组，负责收集工程信息和调查研究。当时野外气温高达 40 多摄氏度，热浪逼人，肉眼从仪器里观看景物十分模糊。"如果只吊一根白色线坠，从远处很难看到，黑人兄弟就把白色的吊线放在自己胸前，我们在经纬仪里从颜色反差中可以很快定位。"孙永福说。

在谈到中方为当地培训技术人员时，孙永福说："在坦赞铁路建设期间，我们同坦桑尼亚和赞比亚的官员、技术人员以及工人相处都很融洽，真诚相待，密切合作。我们一边抓施工，一边抓培训，对坦、赞两国人员进行技术培训，毫无保留地传授技术。""我回国前夕，有位赞比亚工人前来送别，激动地说，他在英国殖民者那里工作过，人家根本不把黑人当人看，只有中国人尊重他们。"

谈到坦赞铁路工程量最集中、难度最大、工期最长的控制工程段姆马段，原援建坦赞铁路工作组副总工程师陆大同有些激动，他介绍说："坦赞铁路是中国

赞比亚鲁西瓦西湖畔的少年儿童欢迎坦赞铁路的列车通到他们的家乡(1976年摄)。(新华社发)

中、坦、赞三国工人一起劳动。（新华社资料照片）

成套援外大型工程之一，需要的工程机械设备数量非常大。中国为坦赞铁路工程人员配备了齐全的办公设备，甚至连垃圾桶、票夹子都配了，仅给坦赞铁路局配的办公家具就接近1万件。设计图纸装满了整整两节火车行李车厢，有几吨重。坦赞铁路标准与国内标准不一样，援建的机车等设施和装备得重新设计、试制、试用、修改和投产，一切从零开始。"

在姆马段选线过程中，一段经历让陆大同深受感动。一个当地年轻人跟着勘测队做辅助工作。有一次过河，他主动蹲下来要背陆大同过河，陆大同没有同意。年轻人说，他的爷爷在这个地方背过白人过河，当年白人手里拿根鞭子，一边抽烟一边让他爷爷背过河。他的父辈告诉他，凡是外国人来，就要主动背他们过去。年轻人见陆大同不让背，就跑过去砍树，想把树砍倒横在河面上搭成桥，让陆大同他们过去。年轻人的举动让陆大同深受触动，善良质朴的当地人给他留下了深刻的印象。

正是在与恶劣自然环境作斗争的过程中，中非人民艰苦奋斗，同甘共苦，结下了深厚友谊，播下了中非友好的"种子"。"这是对当时非洲大陆风起云涌的民族解放运动的支持"，曾任非洲统一组织秘书长和坦桑尼亚总理的萨利姆·艾哈迈德·萨利姆对中国援建坦赞铁路给予高度评价。

坦赞铁路是当时中国政府在非洲大陆最大的援助项目，它极大地改善了坦、赞两国的交通运输状况，成为坦赞两国经济发展的命脉，树立了中非友谊的丰碑。一位西方工程师在参观过坦赞铁路后，感叹地说："只有修建过万里长城的民族，才能修建出如此高质量、高标准的铁路"。

参考文献

中共中央文献研究室编：《周恩来年谱（1898—1976）》，中央文献出版社1997年版。

中共中央文献研究室编：《共和国重大决策和事件述实》，人民出版社2005年版。

中共中央文献研究室编：《毛泽东年谱（1949—1976）》（全6卷），中央文献出版社2013年版。

胡锦山：《非洲的中国形象》，人民出版社2010年版。

《坦赞铁路，中非关系的丰碑》，载《人民日报》2015年7月24日第3版。

1968年
天堑变通途

在古都南京，有一座横跨长江的大桥，这就是由我国自主设计建造的首座双层双线公路、铁路两用桥——南京长江大桥。这座桥曾于1985年获得国家科学技术进步特等奖，还曾以最长的公路铁路两用桥被载入吉尼斯世界纪录。南京长江大桥承载着中国人的希望和梦想，是中国人自力更生艰苦奋斗的典范。

中国人的"争气桥"

"这是在别人卡我们脖子的时候，我们自主设计建造的大桥。"说起南京长江大桥的历史，导游常常会这样介绍，可见当年建设这座桥是多么不易。

南京地处长江中下游，水流湍急，地质复杂，建桥难度极大。1930年，国民政府曾重金聘请外国桥梁专家，对在南京江段建桥进行可行性论证，最终得出结论："水深流急，不宜建桥。"

1957年，在苏联援助下，我国建成了万里长江第一桥——武汉长江大桥。鉴于南京所处地理位置的特殊性及长江下游地区经济发展的需要，还在武汉长江

图为南京长江大桥钢梁即将合龙时的情形。(新华社资料照片)

大桥建设期间,国家就开始考虑在南京建设一座长江大桥。1958年,大桥顺利开工。

在南京长江大桥建设初期,恰遇我国经济发生严重困难,雪上加霜的是,1960年7月,苏联突然宣布撤走所有援华专家,撕毁合同,停止对中国的援助。但是,中国人并没有被困难吓倒。"建设南京长江大桥,我们是憋了一股子劲的。当武汉长江大桥建成通车后不久,苏联政府背信弃义,撕毁合同,撤走了专家,想在技术上卡我们。面对这种情况,我们没有被吓倒,反而激励我们走自力更生、奋发图强的道路。"曾参与大桥建设的王殁在回忆时讲到。

在极度困难的情况下,南京长江大桥的建设得到了全国各地的大力支持。

1961年，苏联向中国提供了1.4万吨不合格建桥用钢材，为了确保大桥质量，只好报废不用。国家决定，南京长江大桥建设所有钢梁改用国产钢，并把研制新型钢材的任务交给了鞍钢。在时间紧、攻关难度大、生产条件有限的情况下，鞍钢硬是靠自身力量，突破了技术难关，按时完成了建桥所需特种钢材的生产任务，解决了大桥建造所需核心材料的国产化难题。

1964年秋，大桥建设遭遇重大险情，固定桥墩沉井的定位缆绳因洪水绷断，两个巨大的沉井在急流中大幅摆动，随时可能倾覆。险情发生后，长江航运连夜派出两艘拖轮帮助稳定沉井。工地需要大量大规格的钢缆，铁道部派专车从大连运来，沿途一路"绿灯"，用了最短的时间把钢缆运到工地。工地急需锚链，浦东造船厂连夜赶制，上海铁路局领导亲自安排专车运送。最终，技术人员经过反复研究找到了解决问题的办法，及时化解了险情。

在全国人民的大力支援下，经过桥梁建设者们9年的艰苦奋斗，这座"争气桥"终于胜利建成，举国为之振奋。1968年12月29日，南京长江大桥举行通车仪式，南京市五万多军民欢聚在江边桥头，冒雨隆重举行大会，庆祝大桥的提前全面建成。大江南北，桥上桥下，车内车外，一片欢腾。

大桥整修，旧貌换新颜

历经50年的风雨变迁，如今，南京长江大桥依旧巍然屹立在滚滚长江之上，但常年的超负荷的运转已使大桥不堪重负。南京长江大桥最初设计流量为日均1万辆，但现在每天车流量超过7万辆，通过大桥的超重车辆占总数40%以上。常年超负荷运转，加上风雨侵蚀和材料老化，导致大桥旧疤新伤不断，安全隐患越来越大。

2016年10月21日，南京市交通局召开新闻发布会，宣布南京长江大桥于10月28日起封闭，进行为期27个月的维修改造。这是大桥建成后的首次"放假"。

20世纪70年代拍摄的南京长江大桥。(新华社资料照片)

为了不影响长江航运及过江列车通行,施工单位科学规划,充分利用没有列车经过、接触网等设备停电的"天窗点",在有限的时间内,抓紧施工,搭建好了施工防护棚。

南京长江大桥本身既是历史文物,也是南京市的城市地标,必须修旧如旧。维修团队从建筑材料到施工工艺都精益求精,不放过每一个细节,力求保持大桥原始风貌。值得一提的是此次维修还利用3D打印技术,还原了此前因遭撞击遗失的一块铸铁护栏浮雕，使这块遗失了 27 年的浮雕重新回到人们的视野。

在维修过程中，一个细节使人们不禁对大桥的建设者们肃然起敬。工人们发现，虽然经历了 50 年的风吹雨打，但建造大桥时用的 155 万颗铆钉绝大部分仍完好无损，需要更换的只有 6000 多颗。正是大桥建设者们的这种精益求精的"工匠"精神，才使大桥经受住了岁月的考验。

2018 年 12 月 29 日，在建成开通整整 50 年后，整修一新的南京长江大桥再次对外开放。"飞跨的桥身，锃亮的骨架，沥青的路面。平静的外表下，大桥经历了一场脱胎换骨的改造"，这座承载着光荣与梦想的大桥，以崭新的面貌呈现在世人面前，为实现中华民族伟大复兴的中国梦，继续贡献力量。

南京长江大桥的建成，打通了中国南方与北方的交通动脉，开启了中国桥梁建设的新时代，是中国桥梁建设的重要里程碑。这是中国自主设计、自主建造的第一座长江大桥，是在极度困难的条件下建成的，彰显了中国人百折不挠、自强不息的民族精神和聪明才智，是新中国社会主义建设史上的一座丰碑。

参考文献

南京市政协文史资料委员会编：《跨越天堑——南京长江大桥建设纪实》，东南大学出版社 1996 年版。

姚雪青：《南京长江大桥展现靓丽风采》，《人民日报》2018 年 12 月 29 日。

1969 年
中苏冰点以下的较量

1969 年 3 月 2 日至 17 日，中苏在中国黑龙江省虎林县境内的珍宝岛地区爆发了武装冲突。在冲突中，中国边防部队指战员，被迫对入侵珍宝岛的苏联边防军进行自卫反击作战，捍卫了国家尊严和领土主权。此次冲突中苏各有伤亡。冷战后，苏方公布苏联方面亡 58 人，伤 94 人。中方公布中国边防部队亡 29 人，伤 62 人，失踪 1 人。

由边境纠纷引发的军事冲突

斯大林去世后，中苏关系开始逐渐恶化。在赫鲁晓夫执政时期，中苏之间先后发生了"长波电台"、"联合舰队"等事件，严重损害了中苏之间的战略互信与合作，其后果是双方在军事安全领域的矛盾进一步扩大化，苏联边防军开始在双方边境领土争议地区挑起事端。当时中国虽然在政治上"反修"，却不愿因边界问题进一步恶化中苏国家关系。在中国倡议下，1964 年 2 月，中苏两国在北京举行边界谈判。谈判中，双方在界河归属问题上出现严重分歧。谈判一直持续到 8 月，未能达成协议，为后来的珍宝岛事件埋下了"种子"。

勃列日涅夫上台以后，在中苏边界问题上采取了比赫鲁晓夫时期更激进的政策。从 1964 年 10 月 15 日至 1969 年 3 月 15 日，苏联挑起边界事件 4189 起，比赫鲁晓夫时期增加了 1.5 倍，事件形式、规模上也有了变化，起初是言语攻击、推搡、棍棒式武斗，后来发展到苏联边防军出动坦克、装甲车轧死中国边民，及苏联边防军向中国巡逻队射击这样严重的事件。苏联开始在边境地区部署重兵，双方冲突愈演愈烈，不断升级。

面对苏方咄咄逼人之势，1968 年周恩来指示，在中苏边界斗争上要有理、有利、有节，不斗则已，斗则必胜。根据周恩来的指示，中国在边境地区进行了相应的兵力调整，做好了军事斗争准备。最终，苏联方面无止境的挑衅，导致了珍宝岛事件的发生。

冰点下的战斗

1969 年 3 月 2 日早 8 时许，中国边防部队派出巡逻分队登上珍宝岛执行巡逻任务。苏军发现后，立即出动 70 多人，分乘 2 辆装甲车、1 辆军用卡车和 1 辆指挥车，从苏联境内分路向珍宝岛急进。接近珍宝岛后，苏军迅速列开战斗队形向中国边防巡逻分队进逼，并以一部分兵力向中国边防巡逻分队的一个小组侧后穿插。入侵苏军不顾中国边防巡逻分队发出的警告，突然开枪射击，打死打伤中国边防巡逻人员 6 人。震惊中外的珍宝岛事件爆发。

面对苏军的攻击，中国边防军人被迫进行自卫还击。经过 1 个多小时的激战，中国边防部队成功驱逐了入侵珍宝岛的苏军。随后，中苏双方分别于 3 月 15 日和 3 月 17 日，在珍宝岛发生了多次较大规模武装冲突。在冲突中苏军动用了坦克、装甲车和大炮，双方各有伤亡。面对装备精良、占有绝对优势的入侵者，中国边防军人毫不畏惧，奋勇作战，运用灵活多变的战术战胜了入侵者，用鲜血和生命保卫了祖国的领土。

对于这次战斗，时任沈阳军区司令员的陈锡联后来回忆说："这次珍宝岛自卫反击战确实是经过中央批准，早有准备的。当时正准备开九大，大军区首长均已来到北京，因此，中央军委专门在京西宾馆开设了一个房间，架设了专线，由我负责直接与前线联系，外交部副部长乔冠华负责掌握国际方面的情报，随时向周恩来汇报，并由周恩来下最后决心。为了最初的战斗，我们准备了两三个月的时间，从三个军抽调了三个侦察连，一个连二三百人，由有作战经验的参谋人员带队，进行了专门的训练和配备，打得干脆利落。"

珍宝岛冲突爆发后，苏联领导层反应十分强烈。以苏联国防部长格列奇、部长助理崔可夫等人为代表的军方强硬派主张"一劳永逸地消除中国威胁"，准备动用核武器，对中国的重要军事基地，以及北京、长春、鞍山等重要城市实施"外科手术式核打击"。

苏联的这一主张遭到了美国的坚决反对。美国从自身利益出发，认为支持中国符合美国当时的战略利益。

与此同时，中国方面也做了战争动员和准备。1969年4月28日，毛泽东在九届一中全会上提出"要准备打仗"。之后，全国掀起了针对苏联的战备高潮，一大批人防工程相继建成，在京党和国家重要领导人也分别疏散到全国各地，对军队部署也进行了调整，做好了应对战争的各项准备。

在多重因素影响下，中苏边境冲突没有进一步升级。1969年10月20日，中苏边界谈判在北京举行，由珍宝岛事件引发的紧张对峙局势开始走向缓和。

珍宝岛的枪声为打开中美关系大门提供了有利契机

1969年3月发生的中苏珍宝岛军事冲突，引起世界各国的广泛关注。通过对当时国际政治形势的准确判断，毛泽东预言："中苏发生交战了，给美国人出了个题目，好做文章了！"

事实果如毛泽东所料。珍宝岛事件后，尼克松认为这是改善同中国关系的天赐良机，他立即开始行动，请法国向中国转达美国欲改善中美关系的愿望。1969年7月，美国又宣布放宽对华贸易和到中国旅行的限制。8月初，尼克松利用出访的机会，请巴基斯坦总统叶海亚·汗和罗马尼亚总统齐奥塞斯库向中国领导人转达："美国不同意苏联建立亚洲集体安全体系的建议，不参加孤立中国的安排，希望同中国对话。"9月，美国副国务卿理查森在一次讲话中说，美国对苏联威胁中国安全表示关注。10月，美国通过巴基斯坦转告中国，美国将撤走在台湾海峡巡逻的驱逐舰。12月，在华沙举办的南斯拉夫时装展览会上，美国驻波兰大使向中国表示愿意同中国驻波兰代办会晤。

对于美国的种种表态和试探，中国方面及时做出了回应，1970年10月1日，在国庆典礼上，人们惊讶地发现毛泽东旁边站着一个外国人，这个人就是著名的美国记者埃德加·斯诺。只不过"粗心"的美国人，当时并未理解毛泽东释放的这一含蓄又有深意的信号。

中苏交恶使中国明显感到，相对美国而言，苏联已成为对中国安全的主要威胁，中国必须积极寻找对策。面对当时复杂的国际形势，1969年2月19日，毛泽东指示陈毅、徐向前、聂荣臻、叶剑英四位老帅定期开会"研究一下国际问题"，为中央提供决策参考。珍宝岛事件后，四位老帅多次专门开会讨论珍宝岛形势及其影响，并先后起草了《从世界森林看一棵珍宝树》和《对战争形势的初步估计》两份研究报告。报告就中国、美国、苏联三国之间的关系，战略意图，力量对比等进行了全面分析，认为中苏矛盾大于中美矛盾，美苏矛盾又大于中苏矛盾，针对中国的大战一时不会轻易发生。因此报告建议，尽快同美国恢复谈判，争取打通中美关系，以勾画国际战略新格局。上述报告得到毛泽东和党中央的高度重视，为党中央决策提供了重要参考。

以珍宝岛事件为契机，中美两国积极调整外交战略，逐渐从对抗转向对话，共同一步步打开了中美关系的大门。

珍宝岛事件是中苏关系恶化的一个缩影,是双方矛盾激化到一定程度后的集中爆发,对整个国际政治格局产生了深远影响。此后,中美苏三国逐步建立起一个相互制约、相互影响的微妙三角关系,为推动世界多极化发展和建立国际政治经济新秩序奠定了基础。

图为2016年9月28日,位于乌苏里江中游虎林县境内、面积仅0.74平方公里的珍宝岛。(新华社记者王建威摄)

参考文献

中共中央文献研究室编:《毛泽东年谱(1949—1976)》(全6卷),中央文献出版社2013年版。

萧心力:《毛泽东与共和国重大历史事件》,人民出版社2001年版。

周均伦:《聂荣臻的非常之路》,人民出版社2004年版。

周晓沛:《大使札记——外交官是怎样炼成的》,人民出版社2014年版。

1970 年
人类筑路史上的一座丰碑

在祖国大西南的崇山峻岭之间，蜿蜒着一条钢铁巨龙，它就是成昆铁路。它曾被联合国誉为"二十世纪人类征服自然的三大奇迹"之一。它是中国最美的铁路线之一，也是一座精神的丰碑。自建成至今50余年，它仍像民族的血脉一般深深烙印在中国人的精神世界里。

选线之争

新中国成立后，党中央本着发展民族经济、改善人民生活的意愿，决心大力发展西南地区。因此，20世纪50年代初，在西南地区修建一条铁路干线就被纳入国家发展规划。尤其是在1952年成渝铁路建成通车后，修筑一条贯穿整个大西南地区的铁路干线的任务就显得更加紧迫。为此铁道部组织各方面专家，开始酝酿修筑从成都到昆明的铁路。

铁路最初的设计线路有3条：东线、中线和西线。在这三条线路中，东线和中线的长度较短，地势相对平缓，地质构造也比较简单，建设成本低，而西线的自然条件十分复杂，修筑难度极大，但沿线70%是少数民族地区，修建铁路

\>
2017年2月25日，航拍穿行在大凉山腹地的5633次列车。开行在四川大凉山腹地的5633/4次、5619/20次列车自1970年7月成昆铁路开通后，已运营近半个世纪。列车通行的地方是四川彝族群众的主要聚居地，这里交通相对落后，公路难通，火车成为当地群众出行的主要交通工具，为沿线经济社会发展和民生改善提供了可靠的保障。（新华社记者江宏景摄）

∨
2019年1月26日，一名小朋友乘坐5633次列车出行。这趟列车通行的地方是四川大凉山彝族群众的主要聚居地，其大运量、低票价的服务，成为当地百姓探亲访友、务工赶集的首选。（新华社记者薛玉斌摄）

1970年

人类筑路史上的一座丰碑

对这些地区的发展将起到极大的促进作用。

1953年3月,铁道部西南设计分局布克局长和史晓昭副局长,陪同苏联线路专家基夫卡罗和地质专家到西昌审查评审方案。

会上,各勘测队分别对成昆铁路东线、中线、西线3个草测方案进行介绍。

苏联专家在听完大家的介绍后认为:东线方案仅作了部分草测,未能拉通,其余地段用旧的军事地图拼接定线,资料不全,不能列为比较方案。

在对比中线和西线方案时,中线草测队队长郭彝认为,西线方案虽然长,而且地质条件复杂,但通过少数民族地区,对发展少数民族地区经济具有重要意义,建议采用西线方案。

苏联专家立即斥责他说,"发展民族经济和政治作用是领导上考虑的问题,你是一位老工程师,选线不从技术标准的优越和营运条件的好坏着想,你没有做工程师的资格!中线方案金沙江河床平缓,线路可选用千分之三的限制坡度,线路短,全线起伏又小,运营条件优越,中线方案是最好的方案"。

迫于苏联专家的压力,中方选择了中线,并随即将全部勘测力量投入中线初测,经过一年多时间完成了初步设计文件。但是,西线始终是很多中方技术人员内心的最理想选择。

1954年6月,南京大学地质系师生在川滇交界进行找矿实习时,发现攀枝花附近地层内蕴含惊人储量的矿产资源。这一发现使西线方案的战略价值更加凸显,因为不解决交通问题,攀枝花这座巨大的资源宝库就很难发挥作用。

1957年国庆前夕,最终审定成昆铁路方案的会议在北京举行。周恩来召集各部门反复研究后,认为从发展民族经济,建设战略后方考虑,苏联专家的方案与修建龚嘴、铜街子水电站以及攀枝花钢铁基地的规划有冲突,不能使铁路发挥最大的经济效益,故予以否定。

周恩来立足现实国情,从国家发展战略的高度着眼,最终拍板决定,选西线方案。成昆铁路的选线之争终于尘埃落定。

"为有牺牲多壮志，敢教日月换新天"

当一些外国人得知中国要在青藏高原边沿破碎的板块冲突带上修建铁路时，毫不掩饰地嘲笑道："中国人疯了。"有的专家甚至断言："即使建成，狂暴的大自然也必使它变成一堆废铁。"

然而，勤劳勇敢的中国人民破除万难，创造了奇迹，用铁的事实给持怀疑意见者上了生动的一课。

1958年7月，在"大跃进"的高潮中，成昆铁路开始局部施工。不久，由于国家遭遇经济困难，一批重点建设工程被迫停工，成昆铁路也受到严重影响，到1964年夏天，仅完成投资1.4亿元，铺设路轨61.5公里。

60年代中后期，国际形势风云突变，毛泽东告诫全国，"要准备打仗，准备大打，准备打常规战争，也要准备打核战争！"。在这种情况下，国家把工作重心从发展经济转到军事斗争准备上来，拉开了轰轰烈烈的"三线建设"帷幕。"三线建设"的重点是"两基一线"，其中"一线"指的就是成昆铁路干线。

1964年8月，毛泽东发出"成昆铁路要快修"的战斗号令。来自祖国四面八方的30万筑路大军，浩浩荡荡地开进了千里铁路工地，开始了筑路大会战。

从某种意义上说，成昆铁路不止是一条铁路，它更是一座精神的丰碑。成昆铁路沿线山高谷深、川大流急，地质结构复杂，气候多变。铁路线跨越了大渡河、牛日河、安宁河、雅砻江、金沙江和龙川江，有三分之二的路线位于川西高原和滇北山地，有三分之一的路线分布在7级以上地震区。铁路线所过之处有气温高达50摄氏度的深沟，也有10级大风劲吹的峡谷，还有数不清的深洞、暗河、断层、流沙、泥石流、淤泥软土。全线桥梁和隧道总长达400多公里，占线路总长度的36%。其中，桥梁1000多座，总长达92.7公里。隧道及明洞427座，总长达341公里。在这样的地质条件下施工难度可想而知。

然而，凭借"逢山开路，遇水架桥"的勇气和"开路先锋"精神的指引，筑

1970年

人类筑路史上的一座丰碑

图为列车通过成昆铁路饮马大桥的情形。饮马大桥桥墩高 52 米,长 800 多公尺,大桥和隧道相连。(新华社资料照片)

成昆铁路沿线地势险峻,桥隧相连。(新华社资料照片)

路大军硬是完成了这个看似不可能完成的任务，开创了人类筑路史上的奇迹。由于工程任务异常艰巨，设备落后，施工条件艰苦，很多铁道兵为修路献出了生命，没有机会亲眼见到铁路建成通车。

如今，参加过修筑这条铁路的建设者大多已到古稀之年，回忆起那段艰苦的岁月，他们说："现在的人也许不理解，但是这段岁月代表了一代年轻人的梦想"。"我们一不怕苦二不怕死，这就是我们那个时代年轻人的信仰和精神力量。"

1970 年 7 月 1 日，成昆铁路建成通车，很大程度上改变了我国西南部地区的交通运输状况。成昆铁路是在新中国成立早期一穷二白的时候，几十万人历时 12 年，付出了上千人牺牲的代价修成的。它为人类在险峻复杂的地理环境中建设高标准的铁路创造了成功的范例，书写了人类筑路史上最悲壮、最辉煌的篇章。

参考文献

《万水千山只等闲：记成昆铁路的胜利建成》，四川人民出版社 1974 年版。

王春才：《三线建筑丰碑》，四川人民出版社 1999 年版。

王瑞璞等：《共和国经济大决策》第二卷，中国经济出版社 1999 年版。

1971年
重返联合国

1971年10月25日,第26届联合国大会以76票赞成,35票反对,17票弃权或缺席的压倒性多数,通过关于恢复中国在联合国的一切合法权利的决议,这就是著名的联合国第2758号决议。决议明确:"恢复中华人民共和国的一切权利,承认它的政府的代表为中国在联合国组织的唯一合法代表并立即把蒋介石的代表从它在联合国组织及其所属一切机构中所非法占据的席位上驱逐出去。"经过22年的等待,中华人民共和国终于重返联合国。

历史潮流不可抗拒

新中国在成立之初,就把恢复在联合国的合法席位提上了日程。周恩来曾多次向联合国提出:将国民党代表从联合国一切机构及其会议中驱逐出去,并接纳中华人民共和国中央人民政府的代表到联合国的一切机构及其会议中来。但是,美国基于其全球战略考虑,在对华问题上采取扶植台湾国民党政权,拒不承认中华人民共和国的政策,并利用其在国际上的影响力,对恢复中国在联合国的合法席位问题设置重重障碍，横加阻挠。

对于重返联合国，中方是做好了长期斗争准备的。毛泽东曾这样说，"我们也不急于进联合国，就同我们不急于跟美国建交一样。我们采取这个方针，是为了尽量剥夺美国的政治资本，使它处于没有道理和孤立的地位。"

20世纪50年代末60年代初，中苏关系恶化，中国逐渐走上了同时与美苏两个大国对抗的道路。中国外交战略也从"一边倒"转向争取"两个中间地带"，开创了新的外交局面。一方面，中国积极支持亚非拉地区的反帝反殖民主义斗争，在国际上赢得了一批真心实意的朋友。另一方面，中国积极发展与欧洲国家的关系，并于1964年实现中法建交，震动了世界。

随着世界范围的民族独立运动风起云涌，越来越多新独立的国家加入联合国，联合国中支持中国与反对中国的力量对比逐渐发生了改变。美国试图通过控制投票，阻碍中国重返联合国变得越来越困难。1970年，在关于恢复中国在联合国合法席位议题的投票中，支持票首次超过半数。

后来，尼克松在回忆录中谈到，"反对接纳北京的传统投票集团已无可挽回地瓦解了，以前支持我们的几个国家已经决定在下次表决时转向支持北京"。他还在一份口述给基辛格的备忘录中无奈地说："我认为，我们没有足够的票数去阻挡，接纳的时刻比我们预料的要来得快。"

尼克松上台以后，为了制衡苏联，开始积极谋求与中国建立联系，打开中美关系的大门。但台湾问题始终是美国牵制中国的战略选择，它不会轻易放弃。于是，在意识到难以阻挡中国重返联合国后，美国又抛出了"双重代表权提案"。

1971年7月，基辛格在首次秘密访华时表示，尼克松已经决定，美国将支持中华人民共和国取得联合国和安全理事会的席位，但不同意从联合国驱逐台湾。美国的这一方案立即遭到了中国的坚决反对。毛泽东得知后，掷地有声地说："我们绝不上'两个中国'的'贼船'，不进联合国，中国照样生存，照样发展。我们下定决心，不管是喜鹊叫还是乌鸦叫，今年不进联合国"。美国低估了中国维护国家主权和领土完整的决心。

美国对华政策转向动摇了西方国家追随美国，反对中国恢复联合国席位的决心。1971年7月，中国和美国同时发表声明，宣布尼克松将应邀访华。这一震惊世界的消息使联合国中的反华势力迅速土崩瓦解。

终于，1971年10月25日晚，在第26届联合国大会上，由阿尔巴尼亚和阿尔及利亚等23个国家联合提出的恢复中华人民共和国在联合国组织中的合法权利问题的"两阿提案"，以压倒性多数获得通过，中国在联合国代表权的问题得到了永久、彻底的解决。

美国合众社评论称，"这是美国自联合国成立以来遭到的最惨重的失败"。"如果一个超过10亿人口的国家在联合国没有代表，那讨论联合国的普适性就成了一个笑话。中国的加入，对中国和联合国双方都具有重要意义。同时也是正义的体现。在此之后，国际上的孤立主义政策、中国和联合国自身都发生了巨大变化。"前非洲统一组织秘书长萨利姆说。

1971年10月28日，《人民日报》发表题为"历史潮流不可抗拒"的社论，社论指出，中国恢复在联合国的合法席位"是联合国内一切维护正义的国家的胜利，是全世界人民的胜利"。"这次联大表决的结果，反映了各国人民要求同中国人民友好是大势所趋，人心所向，任何势力也阻挡不了这一历史潮流。"

中国外交的胜利

对于中国在联合国的"意外"胜利，毛泽东也没有料到。在得知这个好消息后他高兴地说："今年有两大胜利，一个是林彪倒台，一个是联合国恢复我国的席位。这两大胜利，我都没有想到。"

由于之前毛泽东曾说过"不管是喜鹊叫还是乌鸦叫，今年不进联合国"。对于是否应邀派团赴联合国，周恩来请示毛泽东。毛泽东笑着说："那是老皇历

1971年11月15日,出席大会的中国外交部副部长乔冠华(左)和中国常驻联合国代表黄华无比欣喜。(新华社发)

喽,不作数喽。"随后他指示,"联合国秘书长不是来电报了吗?我们就派代表团去。让乔老爷当团长,熊向晖当代表。"根据毛泽东的意见,外交部很快就确定了代表团人选,做好了前往联合国的准备。

由于对联合国的情况不熟悉,受命出任中国赴联合国代表团团长,乔冠华感觉心里没底。周恩来鼓励他不要怕,说临事而惧就不会掉以轻心,不懂的可以学,要有"不入虎穴,焉得虎子"的英雄气魄。

1971年11月9日,中国代表团起程赴美,周恩来亲自率领叶剑英等党和国家领导人到机场送行,代表团承载着全国人民的殷切期望奔赴联合国。

在纽约,世界各国也正期盼着中国代表团的到来。11月15日,中国代表团在乔冠华的带领下,昂首走进联合国的会场,大厅里立刻爆发出经久不息的掌声。

一名记者抓住机会,采访了刚刚落座的乔冠华,询问他此时的感受,乔冠华豪迈地仰头大笑,这经典的一幕被记者抓拍后,成为次日美国各大媒体的头条。这张被称为"乔的笑"的经典照片,后来获得美国普利策新闻奖,成为了历史永恒的见证,它既是乔冠华鲜明个性的体现,又是中国人民扬眉吐气,"天翻地覆慨而慷"的真实写照。

1971年
重返联合国

1971年11月15日,中国代表团首次出席第26届联大全体会议,乔冠华团长代表中国政府在会上发表了重要讲话。(新华社发)

在当天的发言中，乔冠华郑重向全世界阐明了中国的外交政策，他提出了反对帝国主义、殖民主义、霸权主义和种族主义的主张，以及和平共处五项原则。并强调，联合国的事情应由世界各国共同来管。"我们主张，任何一个国家的事，要由这个国家的人民自己来管。不允许超级大国操纵和垄断，超级大国就是要超人一等，骑在别人头上称王称霸。中国现在不做，将来也不做侵略、颠覆、控制、干涉和欺负别人的超级大国。"中国首次正式在联合国发声就赢得了世界的尊重。

中国回归联合国，是世界力量对比的一个分水岭，标志着联合国不再是美国操纵的工具，而是广大第三世界国家争取自身权益的平台。这是中国外交史上具有里程碑意义的重大胜利，不仅对中国，对整个世界而言，都意义重大。

参考文献

《毛泽东文集》第七卷，人民出版社 1999 年版。

中共中央文献研究室编：《毛泽东年谱（1949—1976）》（全 6 卷），中央文献出版社 2013 年版。

陈一然：《亲历共和国 60 年——历史进程中的重大事件与决策》，人民出版社 2009 年版。

丁晨：《亲历中国共产党的 90 年》，人民出版社 2011 年版。

1972 年
开启中美关系的大门

1972 年尼克松访华是 20 世纪世界外交史上最重大的事件之一，它标志着中美两国外交政策转向，从对抗转向和解，改变了整个世界的政治格局。尼克松是第一位访问中国的美国总统，尼克松访华为中美建交奠定了基础，堪称"破冰之旅"。

"如果尼克松愿意来，我愿意跟他谈"

20 世纪 70 年代，世界局势风云激荡，复杂多变，美国从自身利益出发，逐渐改变了过去孤立和遏制中国的外交战略。尼克松上台以后，美国的这一政策转变进一步加快了。

在中美关系这个重大问题上，毛泽东以其特有的睿智和战略眼光，始终牢牢把控大局，运筹帷幄。1970 年 12 月 18 日，毛泽东会见斯诺时表示："如果尼克松愿意来，我愿意和他谈，谈得成也行，谈不成也行，吵架也行，不吵架也行，当作旅行者来谈也行，当作总统来谈也行。总而言之，都行。""中美两国总要建交的"。这些话，貌似只是毛泽东与老朋友斯诺之间的私人谈话，其实是讲给

1972年2月21日,美利坚合众国总统理查德·尼克松到达北京。图为周恩来总理和尼克松总统在机场握手。(新华社发)

美国政府听的。

  1970年12月25日,在圣诞节这一天的《人民日报》头版头条发表了毛泽东会见斯诺的消息,并刊登了毛泽东邀请斯诺在天安门城楼一起观看国庆庆典的大幅照片,这其实是中国向美国释放的又一个积极信号。

  遗憾的是,中国政府释放的这两个信号并未引起美国方面的足够重视。事后基辛格在他的回忆录中谈道:"毛

1972年

开启中美关系的大门

泽东和周恩来对我们敏锐地观察事物的能力估计过高,他们传过来的信息是那么转弯抹角,以致使我们这些粗心大意的西方人完全不了解其中的真意。"

虽然错过了这两次机会,但中美两国并未错失历史的大机遇。

1971年4月30日,美国《生活》杂志发表斯诺的文章,透露了毛泽东曾对斯诺讲过的那句话:"如果尼克松访问中国,无论是以旅游者的身份还是以总统的身份都会受到欢迎。"这一次,通过斯诺,尼克松终于获得了中国最高领导人对中美关系立场和态度方面的信息,而此时,中美双方已经另辟蹊径,通过"乒乓外交"开启了中美关系正常化的大门。

1972年2月21日,美国总统尼克松抵达北京,开始他对中国的首次访问。遗憾的是,就在他访华的前一周,斯诺在瑞士日内瓦因病去世,这位中国人民的老朋友未能亲眼见证中美关系史上这重要的一幕,不能不说是一种莫大的遗憾。

毛泽东"突如其来"会见尼克松

尼克松首次访华,最令世界瞩目的莫过于两国元首间的会晤,但是直到尼克松踏上中国土地的那一刻,他仍然无法确定,能否有机会与毛泽东进行面对面的会谈,这主要是因为此时毛泽东健康状况不佳,中方对于毛泽东能否会见尼克松,一直没有给予美方明确答复。

根据双方事先商定的行程安排,2月21日中午,尼克松一行刚刚用完午餐,准备休息。突然周恩来亲自来到宾馆通知基辛格说,毛泽东要在半小时后会见尼克松。由于事发突然,未来得及事先通知,以致美国国务卿罗杰斯都毫不知情,未能参加会见。

当天下午,毛泽东在他中南海游泳池住所的书房里会见了尼克松一行。考虑到毛泽东的健康状况,这次会见原本计划只安排20分钟时间,但毛泽东那天精神状态很好,会谈延长到1个多小时。

双方的会见在寒暄中开始，基辛格提到自己在哈佛大学教书时曾指定学生研读毛泽东的著作，毛泽东谦虚地说："我写的这些东西算不了什么，没什么可学的。"尼克松说："主席先生的著作推动了一个民族，改变了整个世界。"毛泽东听到这里笑了，诙谐地说："我没有能够改变世界，只是改变了北京郊区的几个地方。"

会见中，毛泽东谈笑风生，尼克松也是妙语连珠，气氛十分热烈。尼克松后来回忆时称，"尽管毛说话有些困难，但他的思绪显然像闪电一样敏捷"。

当尼克松把话题拉到台湾问题、越南问题、亚洲及世界其他地区局势等时，毛泽东摆摆手说："这些问题我不感兴趣！"他指了指旁边的周恩来说："那是他跟你谈的事。"

对于中美关系，毛泽东说："来自美国方面的侵略，或者来自中国方面的侵略，这个问题比较小，也可以说不是大问题，因为现在不存在我们两个国家互相打仗的问题。你们想撤一部分兵回国，我们的兵也不出国。"尼克松说："主席先生，我知道，我多年来对人民共和国的立场是主席和总理所完全不同意的。我们现在走到一起来了，是因为我们承认存在着一个新的世界形势。我们承认重要的不是一个国家的对内政策和它的哲学，重要的是它对世界上其他国家的政策以及对于我们的政策。"毛泽东说："就是啰。"

在回顾了20多年中美关系的状况后，毛泽东特别谈到最近两年中美接触的过程和背景，肯定了尼克松、基辛格所起的重要作用。会谈结束后，毛泽东坚持亲自送尼克松到门口。

2月22日，《人民日报》头版发布了毛泽东会见尼克松的消息。报道内容很短，只有108个字，却是举世瞩目，意义重大。报道称毛泽东与尼克松"进行了认真、坦率的谈话"。

毛泽东十分看重尼克松为中美关系正常化所做的努力。"水门事件"之后，尼克松被迫辞职。1976年2月，为纪念《中华人民共和国和美利坚合众国联合公报》发表4周年,尼克松夫妇应邀再次访华,中国仍以国家元首的规格接待他,重病之中的毛泽东,坚持与尼克松进行了长达1小时40分钟的亲切会谈,令尼克松十分感动。在会见中,毛泽东以茶代酒,对尼克松说:"我们是几十年的隔海老冤家啦!不是冤家不聚头,不打不成交嘛!我们应该为冤家干一杯!我不会喝酒……"他耸耸肩,做出无可奈何的模样,"不过不要紧,中国有句老话'君子之交淡如水',没有酒有水,以水代酒——干杯!"两次与毛泽东会面,毛泽东的睿智与幽默给尼克松留下了极为深刻的印象。

尼克松访华是20世纪70年代震惊世界的重大事件,是"改变世界的一周",推动了整个世界政治格局发生重大变化,开启了中美关系正常化的大门,也为中美建交奠定了基础。中美两国领导人以超凡的智慧和勇气,开启了一个新的时代。

参考文献

《毛泽东外交文选》,中央文献出版社、世界知识出版社出版1994年版。

邓力群:《外交战略家毛泽东(下)》,中央民族大学出版2004年版。

顾保孜:《红镜头中的毛泽东》,贵州人民出版社2011年版。

1973 年
治理海河

1973 年 11 月 16 日，根治海河工地传来捷报，经过 10 年艰苦奋战，治理海河工程取得重大胜利，子牙河、大清河、永定河、北运河及南运河 5 大水系得到普遍治理。至此，曾经为患多年的海河终于被人民群众"治服"了。

毛泽东发出"一定要根治海河"的号召

1963 年 8 月上旬，一场百年不遇的特大暴雨袭击了河北省海河流域南部地区，位于暴雨中心的邢台市内邱县獐犹村 7 天降雨量达到 2050 毫米，相当于一周时间内集中降下了当地 4 年的雨量。这场暴雨强度大、范围广、持续时间长，引发了特大洪水，整个豫北、冀南、冀中平原洪水泛滥，一片汪洋，受灾人口 4079 万，淹没面积达 6.22 万平方公里。这是新中国成立以来全国经历的最惨重的一场暴雨灾害。

毛泽东对这次洪灾非常关注，灾后他先后 4 次到河北考察了解灾情，找省委和灾区地委的负责干部了解情况，询问救灾工作安排。毛泽东问得很详细，包括受灾面积有多大，哪些县受了灾，灾区群众情况如何，粮食安排得如何，烧的

1963年11月17日，毛泽东主席发出"一定要根治海河"的号召。从此，全面治理海河的工程开始。图为河北沧州地区的治河民工，正在紧张地开挖运河道。（新华社发）

怎么办，老百姓安定下来没有，外流的有多少，采取了哪些救灾措施，等等。

在考察受灾最严重的衡水地区时，毛泽东对地委书记赵树光动情地说："你那个地方的水灾情况，我从照片上看到了，只露着几间房顶，可惨呢……"接着，毛泽东问："衡水是历来遭灾的地方，你知道为什么叫衡水这名字吗？"看赵树光回答不上来，毛泽东解释道："衡水就是洪水横流患难于中国之意，这是禹王之事，史书上有载。"可见毛泽东深知这片土地灾祸频发，忧心如焚。

随后，毛泽东开始扳着指头计算解放以来河北的年景，算起来遭灾的年份超过了一半，想到这他眉头紧蹙，心情又沉重起来。他认真地看着桌上的河北省

水利工程规划图,不时地问一些他关心的问题。看了一会儿,他转过身来对河北省委第二书记刘子厚、书记处书记阎达开说:"你们都是河北人,你们就要把河北的灾救出来,要把水切实地治起来"。

毛泽东又问河北省委第一书记林铁、第二书记刘子厚和书记阎达开三人的年龄,之后语重心长地说:"你们有时间。你们10年能把水治好吧?我70岁了,不一定看得见了。你们这一辈子就把水治好吧!"毛泽东的话令听者为之动容。林铁等人感受到了毛泽东对他们的殷切期望,也感到肩上的担子沉甸甸的。林铁请求毛泽东把这个指示题写下来,以鼓励河北人民。毛泽东当即答应。

1973 年
治理海河

不久之后，1963年12月13日，河北省抗洪抢险斗争展览会在天津市新华体育场开幕，毛泽东、刘少奇、周恩来、邓小平等许多党和国家领导人为展览专门题词，毛泽东的题词是"一定要根治海河"！

毛泽东的题词为根治河北水患，保障天津市和京广、津浦铁路干线的安全确定了明确的方针。从此，河北以根治海河为中心的水利建设以更大的规模、更快的步伐，向着既定的目标前进，并取得了最终胜利。

共和国历史上最大规模的群众性治水行动

1963年的特大洪涝灾害促使党中央下定决心治理海河，在毛泽东发出"一定要根治海河"的号召后，河北省立即把治理海河作为头等大事来抓。一场以河北省为主体的大规模群众性治水行动在华北大地展开了，成为我国水利建设史上的一个重大事件。

根据中央指示，水利部、河北省等有关部门研究制订出一套从根本上解决海河水患的治水方案，那就是"上蓄、中疏、下排和以排为主"，随后，海河流域各地迅速行动起来。

从1964年起，河北省每年组织七八个地区，八九十个县市，三四十万民工，成立各级指挥部，大协作，大会战，采取集中力量打歼灭战的方法，一条河系一条河系地对海河进行治理。参与治河的民工主要是来自天津、保定、石家庄、邯郸、邢台、衡水、沧州、唐山等地区，绝大多数是年龄在18岁至50岁的农村男劳动力。

根治海河的高潮是1968年至1972年。期间，在各级指挥部的领导下，数十万民工高唱战歌，推着小车，扛着工具，带着被褥浩浩荡荡奔赴根治海河第一线。各路治河大军在指定位置安营扎寨，起早贪黑，清河道，筑河坝，向海河宣战。一时间，气壮山河的歌声响彻燕赵大地，各处工地红旗招展，喊声震天，一片生龙活虎的景象。工地上随处可见的"一定要根治海河"、"中华儿女多壮志,敢教日月换新天"等大字标语,迎风招展,格外醒目。

经过10年奋战,1973年根治海河取得重大胜利,子牙河、大清河、永定河、北运河及南运河5大水系得到普遍治理。到1980年,海河流域大规模治水工程基本完成,数十万民工靠勤劳的双手,在没有大型施工机械帮助的情况下,用16年时间"治服"了海河,完成了中国水利建设史上的壮举。

整个海河治理工程先后开挖疏浚了黑龙港河、子牙新河、滏阳新河、大清河、永定新河等53条骨干河道,总长达3641公里;修筑防洪堤3260公里;修建闸、涵、桥等建筑物3445座;在上游续建、扩建和新建大中型水库30多座,总投资17.25亿元,共使用土石方、混凝土13.35亿立方米。经过治理,海河流域各主要水系都有了单独的入海通道,排洪能力比治理前提高了4倍多,洪水危害得到了根本控制,创造了海河近40年的安澜局面,确保了华北地区人民生命财产安全。

参考文献

中央文献研究室:《缅怀毛泽东》,中央文献出版社1993年版。

文辉杭等:《开国省委书记、省长》(上),东方出版社2009年版。

李约翰等:《毛泽东和省委书记们》,中央文献出版社2000年版。

游和平:《毛泽东与水文化》,中共党史出版社2014年版。

1974 年
发现兵马俑

1974年3月，考古人员在陕西临潼发现一处秦代陶俑坑，这处陶俑坑规模宏大，出土文物众多，具有很高的艺术价值和文物价值。考古专家认为这是秦始皇陵的兵马俑从葬坑。这一发现成为当代最重要的考古发现之一。

农民打井意外发现惊世宝藏

位于陕西关中平原东部的临潼历史悠久，曾是京畿之地，文物资源丰富。

1974年3月29日，一个十分平常的日子，骊山脚下的陕西省西安市临潼县西杨村村民在春旱缺水的情况下，决定在自己世代居住的村子南边打井。这里原是墓冢累累、乱石堆积。在荒芜的柿林之上，生产队队长杨培彦带领杨志发等村民开始了抗旱打井的工程。

在打井过程中，杨志发在井底用镢头挖向西边的井壁，土块落地，井壁露出一个黑黑的瓦器。杨志发以为是个瓦罐，就继续挖，但最后出现在他们面前的是一个真人大小的陶制人头，灰蒙蒙的，形象有些恐怖。一起打井的农民发出惊呼："瓦神爷！"当时的人们怎么也想象不到，这是一个震惊世界的伟大考古发现。

随后，打井队又不断挖出身子、胳膊、腿、铜箭头……就这样，第一个兵马俑在地下沉睡2000多年之后，被西杨村的农民一镢头一镢头挖了出来。

后来，一位略懂文物知识的社员感觉此事非同小可，及时将这一消息报告了临潼县文化馆。此时，被挖出的文物已被弃置近1个月，一直无人问津。

1974年4月25日，时任临潼县文化馆文化专员的赵康民接到公社的电话："老赵，你快来，西杨村打井打出好多瓦人，头比真人还大，还有铜箭头、秦砖。"这个消息让赵康民惊喜万分，凭着铜簇、秦砖以及西杨村邻近秦始皇陵的特殊位置，他初步判断村民可能挖到了秦武士俑陪葬坑。

接到电话，赵康民和其他两位文化馆工作人员立即赶到打井现场。井周围横七竖八放着陶俑的残肢，井口南壁保存完整，东壁两行通缝砖仍存，明显就是一座陪葬坑。这时赵康民更加肯定了自己的判断。第二天，他带着村民清理现场，用三辆架子车把文物拉回文化馆。

赵康民对拉回的陶俑残件进行了初步修复，经过修复，两个威武的秦武士俑第一次展现在世人面前。

1974年5月，时任新华社对外部中新组记者蔺安稳回临潼探亲，了解到相关情况后，写了一篇题为"秦始皇陵出土一批秦代武士陶俑"的报道，刊登在人民日报《情况汇编》第2396期上。报道引起了李先念的注意和重视，他当即批示："建议请文物局与陕西省委一商，迅速采取措施，妥善保护好这一重点文物。"随后，在国家文物局和陕西省文物局的共同努力下，跨越千年，这个规模宏大的兵马俑军阵终于揭开了它的神秘面纱。

世界第八大奇迹

1978年9月，时任巴黎市市长的雅克·勒内·希拉克（后来成为法国总统）第一次来到西安，参观了刚刚对外开放的兵马俑博物馆，成为第一个参观兵马

1974年

发现兵马俑

俑的外国政要。当时他激动地说："世界上有七大奇迹，兵马俑的发现，可以说是第八大奇迹了。不看金字塔不算真正到过埃及，不看兵马俑不算真正到过中国。"

经过考古人员的充分探查和发掘，在兵马俑遗址一共发现4座陪葬坑，其中3座兵马俑坑，1座"空坑"。专家估计"空坑"可能是"未完成"的工程项目。一号坑是规模最大的，长230米、宽62米，埋葬有陶俑6000多件、木质战车40辆、陶马160匹。二号坑规模小一些，其中埋葬木质战车89辆、陶马472匹、陶俑939件。三号坑是规模最小的，面积仅有520平方米，出土陶马4匹、战车1辆、陶俑68件。此外，随同兵马俑一同出土的还有大量制作精美的青铜兵器，包括矛、戈、戟、箭等。

出土的兵马俑都具有很强的写实性，刻画精微细致。据测量，武士俑均高约1.8米，马俑均高约1.5米，同真人、真马几乎等高。数千件如此身材高大、数量众多的兵马俑以军阵的形式排列在一起，规模宏大，气势磅礴，给参观者以强烈的视觉冲击。

几千件兵马俑整齐排列，但并不显单调，主要原因是创作者力求完美再现秦代军队的风采，在细节上尽量模仿真人、真马，甚至连兵俑的性格特征也得到了活灵活现地刻画。另外，现在人们见到的兵马俑多为陶土本色，其实原来它们都经过上色彩绘，色彩鲜艳夺目，庄重大方，只是由于年代久远，颜料剥落才呈现今天所见的样子。

在兵马俑的发掘研究过程中，考古工作者发现了一些令人惊异的现象。

在发掘时，有一把青铜剑被压在一个倒伏的步兵俑身下，弯曲超过45度，当发掘者将重达300多公斤的兵俑移开后，弯曲的剑竟然自动慢慢地伸展，恢复了挺直。人们难以想象，在2000多年前冶炼技术尚处于"启蒙"的秦代，当时的人们是如何锻造如此柔韧的青铜剑的。

另外，秦兵马俑坑内，有一架精致的铜车马。马车结构简单，但车上花纹

1979年，在修建中的陕西秦始皇兵马俑博物馆，考古工作者精心发掘清理陶俑。（新华社发）

1974 年

发现兵马俑

<
2007年5月28日,位于陕西省临潼秦始皇兵马俑博物馆一号坑内出土的陶俑。秦始皇陵及兵马俑于1987年被列入世界遗产名录。(新华社记者王颂摄)

∨
2010年6月1日,陕西秦始皇兵马俑博物馆馆藏国宝级文物"秦陵一号铜车马"在上海世博会中国馆亮相。(新华社记者任珑摄)

繁复而细腻，厚薄部件搭配均匀。特别是那顶一次浇铸成形的超大超长超薄的车篷，其制造工艺之精巧，即便我们用当今的先进技术也难以复制，着实令人叹服。

更令人惊奇的是，兵马俑内各式兵俑佩带的兵器，刃部普遍都镀上了一层铬。众所周知，镀铬工艺是在1937年才由美国人发明的。2000多年前的人们如何制造出带镀铬工艺的青铜兵器，实在令人不可思议。

这些未解之谜，成为笼罩在兵马俑身上的一层层神秘光环，吸引着更多人去观赏，去探究。

1974年在临潼发掘出土的陶制兵马俑军阵，工艺精湛，规模宏大，形象再现了秦王朝军队的威武形象，是我国秦汉时期雕塑艺术的杰出代表。这一重大考古发现是20世纪最重大的考古发掘之一，1987年被联合国教科文组织列为世界文化遗产，它向世界展示了我国秦汉时期的文明发展水平，对于研究秦朝历史具有重要史学价值。

参考文献

何宏：《世界第八大奇迹—兵马俑》，西安出版社2007年版。

刘庆柱：《中国考古发展与研究（1949—2009）》，人民出版社2010年版。

蔡馨逸等：《记秦兵马俑发掘者赵康民：把生命交给了考古事业》，《人民日报·海外版》，2018年6月5日。

1975 年
改革开放的前奏

1975 年，重新复出的邓小平，在毛泽东、周恩来的支持下，在全国范围内开展了大刀阔斧的整顿，使历经"文化大革命"动乱的中国，呈现出十分难得的新气象、新势头。整顿涉及范围广，影响层面深，为后来的全面改革开放提供了宝贵经验，成为改革开放的前奏。

毛泽东的一系列指示改变了"文化大革命"的走向

1975 年前后，受"文化大革命"的影响，加上"四人帮"反革命集团的干扰破坏，我国的政治、经济和社会形势十分严峻。广大党员干部和人民群众盼望恢复秩序，扭转困局的愿望十分强烈。面对这种形势，毛泽东陆续做出了一系列新的指示。

一是要安定团结。1974 年 8 月，正在北京参加各大军队区司、政委会议的将军们，接到了从武汉传来的毛泽东最新指示："无产阶级文化大革命已经八年。现在，以安定为好。全党全军要团结。"这一指示被称为"八月指示"，使参加会议的将军们感受到了一丝不一样的气息。后来，中央在不同场合多次向全党传达了毛泽东关于"安定团结"的指示。这一系列指示传递出一个明确信号，那就是毛泽东希望尽快结束"文化大革命"以来的混乱局势，恢复秩序，发展国民经济。渐渐地，"文化大革命"开始转向。

二是要把国民经济搞上去。1974年11月6日，李先念陪同外宾到长沙拜晤毛泽东时，向毛泽东汇报了当时全国工交战线和国家财政方面的情况。毛泽东得知受"批林批孔"运动的影响，整个国民经济呈现下滑态势，全国财政收入比1973年同期下降，而财政支出却比1973年同期大大增加。他感到形势严峻，于是做出指示："要把国民经济搞上去"。

三是加强理论学习，反修防修。关于怎样认识社会主义，怎样反修防修、防止"和平演变"、防止资本主义复辟，这是从1956年苏共二十大以后，毛泽东一直在反复思考的问题。在"文化大革命"期间，毛泽东多次公开发表关于理论问题的谈话，这些谈话反映了他对有关问题认识的发展和变化，也表明他始终对资本主义和修正主义的威胁怀有深深的忧虑。1975年2月9日，《人民日报》头版发表了题为"学好无产阶级专政理论"社论。随后，一场"学习无产阶级专政理论，反修防修"的运动在全国迅速开展起来。

毛泽东做出上述三项重要指示，试图对"文化大革命"进行一些调整，结束长期的社会动乱，使国家逐步恢复正常秩序，实现社会稳定和经济发展。上述指示也成为邓小平1975年领导全面整顿，与"四人帮"进行斗争的重要武器。

邓小平领导全面整顿

虽然毛泽东有心扭转局势，但他此时的健康状况每况愈下，让他感到有心无力，而周恩来也病重难当此任。于是，毛泽东经过慎重考虑，决定重新起用邓小平。

1975年1月5日，中共中央发出一号文件，任命邓小平为中共中央军委副主席兼中国人民解放军总参谋长。1月8日，在中共十届二中全会上，邓小平被选为中共中央副主席、中央政治局常委。在1月13日至17日召开的四届人大一次会议上，邓小平被任命为国务院第一副总理。同时，经毛泽东批准，在周恩来生病期间，由邓小平代理主持国务院工作。这标志着"四人帮"长期以来，到处兴风作浪，处心积虑谋求夺取党和国家领导权的阴谋彻底失败，邓小平再次回归中国政治舞台的中心。

邓小平此时面临的首要任务，就是扭转混乱局面，实现毛泽东提出的"安定团结"、"把国民经济搞上去"的目标。于是，主持国务院工作后，邓小平立即开始了大刀阔斧的整顿。

邓小平首先以铁路为突破口。当时全国铁路运输严重堵塞，已危及了工业生产和一些城市的生活。1975年2月25日至3月8日，中央召开了中共省、市、自治区委员会主管工业的书记会议，会议做出了《关于加强铁路工作的决定》（即著名的中央9号文件）。

3月5日，邓小平出席会议，当与会代表争相与他握手时，他突然严肃地摆摆手说："不握手了，现在工业形势不好，等你们搞上去再握手吧。"邓小平的话让与会代表顿时感到了沉甸甸的压力。

会后，根据中央要求，时任铁道部部长的万里亲率工作组，先后到徐州、太原、郑州、长沙等地，对问题严重的路局进行了重点整顿。经过整顿，全国铁路系统很快恢复了生产秩序。到4月份，严重堵塞的铁路全部疏通，全国20个路局有19个超额完成了国家计划，全国铁路平均日装车数创造了历史最高水平，列车正点率大为提高。

铁路的整顿带动了全国工业生产，全国经济形势开始好转。

以此为基础，邓小平陆续推进了对军队、钢铁、农业、文艺、科技、教育等战线的大整顿。在整顿过程中，邓小平提出了以"三项指示为纲"的指导思想，坚持以"敢字当头""不怕打倒""寸步不让"的斗争精神，稳步推动整顿走向深

1975年7月1日，中国第一条电气化铁路——宝（鸡）成（都）铁路建成通车。宝成铁路全长676公里。图为中国自制的"韶山"型电力机车牵引着客车行驶在宝成铁路上。（新华社资料照片）

入，取得了显著成效。

后来，邓小平在回顾这段历史时说道，"说到改革，其实在1974年到1975年我们已经试验过一段。""那时的改革，用的名称是整顿，强调把经济搞上去，首先是恢复生产秩序。凡是这样做的地方都见效……1976年四五运动，人民怀念周总理，支持我的也不少。这证明，1974年到1975年的改革是很得人心的，反映了人民的愿望"。

然而，邓小平领导的整顿无疑深深地触动了"四人

1975年
改革开放的前奏

1975年，本溪钢铁公司炼钢厂工人在浇铸。铁路整顿带动了整个工业，首先是钢铁工业的整顿。中央于1975年5月召开钢铁工业座谈会，6月4日发出《关于努力完成今年钢铁生产计划的批示》。钢铁生产显著回升，扭转了前四个月严重欠产的形势，6月份钢的平均日产量达到7.24万吨，超过年计划平均日产水平，开始补还欠产。（新华社资料照片）

帮"的利益，客观上阻碍了他们以阶级斗争为名，打击异己、趁乱夺权的图谋。为此，"四人帮"一伙人上蹿下跳，罗织罪名，大肆攻击诋毁邓小平，并想方设法对邓小平领导的整顿进行干扰、破坏。毛泽东开始对整顿是支持的，但他与邓小平在如何评价"文化大革命"这一问题上存在根本分歧，他担心邓小平主导的整顿，最终发展成对"文化大革命"的全面否定，这是他无法接受的。最终，在一场"批邓、反击右倾翻案风"的政治风暴冲击下，邓小平被撤销一切职务，保留党籍，他所力推的整顿工作也被迫中止，刚刚稳定的局势再度陷入混乱。

1975年邓小平领导的整顿部分地纠正了"文化大革命"的错误，有力打击了以"四人帮"为代表的极"左"势力和极"左"思潮，它启发人们思考，引导人们逐步意识到"文化大革命"的错误，认清"四人帮"的本质，加速了中国结束"文化大革命"，走向改革的历史进程，为后来的改革开放做了理论和思想准备。

参考文献

张化：《邓小平与1975年的中国》，中共党史出版社2004年版。

李海文：《中共重大历史事件亲历记（1949—1980）》，四川人民出版社2006年版。

宫力等：《邓小平在重大历史关头》，九州出版社2013年版。

程中原等：《1975：邓小平主持整顿》，人民出版社2017年版。

1976 年

粉碎"四人帮"

1976 年是新中国历史上一个极不平凡的年份。这一年,周恩来、朱德、毛泽东等一批党和国家领导人相继去世,唐山地区史无前例的大地震造成重大人员伤亡和财产损失,邓小平再次被打倒,经过 1975 年整顿刚刚好起来的形势又急转直下。在这样的形势下,"四人帮"却倒行逆施,继续兴风作浪,加紧篡夺党和国家领导权的活动。在危急关头,以华国锋、叶剑英、李先念等为代表的中央政治局毅然采取果断措施,一举粉碎"四人帮"反革命集团,结束了"文化大革命"这场旷日持久的灾难。

"四人帮"最后的疯狂

随着邓小平被打倒,周恩来、毛泽东等党和国家重要领导人相继去世,"四人帮"感觉终于看到了登上权力顶峰的机会,于是开始了他们最后的疯狂。

1976 年 1 月 8 日,周恩来去世。在周恩来治丧期间,"四人帮"不顾民心所向,肆意践踏全国人民对周恩来的缅怀之情,不仅对席卷全国的悼念活动进行无

1976年4月5日,反对"四人帮"的"四五运动"爆发。图为当天在北京天安门广场拍摄的一个画面。(新华社资料照片)

1976 年

粉碎"四人帮"

理压制，甚至还丧心病狂地诋毁、攻击深受人民爱戴的周恩来。4月5日，北京发生了以"天安门事件"为中心的"四五运动"，这实际上是愤怒的人民群众以花圈和诗歌为武器，对"四人帮"进行的一场特殊战斗。此次事件被错误地定性为反革命事件，邓小平也受此影响被免去党内外所有职务，留党察看。"四人帮"借助此次事件，污蔑邓小平是"天安门广场事件的罪魁祸首"，是"党内资产阶级的挂帅人物"，要求深入批判邓小平。

"四人帮"把邓小平主持1975年整顿时形成的《论全党全国各项工作的总纲》、《关于科技工作的几个问题》和《关于加快工业发展的若干问题》诬蔑为"三株大毒草"。并组织在全国范围内印发了大量批判"三株大毒草"的材料。可笑的是，这些材料不仅没起到煽动人民群众反对邓小平的作用，反而弄巧成拙地使全国人民更加坚定地拥护和支持邓小平。批判"三株大毒草"进一步加速了"四人帮"的灭亡。

"四人帮"全然不顾毛泽东多次强调邓小平的问题是人民内部矛盾、要团结、让邓小平专管外事等指示，利用各种机会，千方百计地攻击邓小平。1976年3月，江青擅自召集12省、自治区的同志开会，诬陷、攻击邓小平是"谣言店的总经理""国际资本家的代理人""大汉奸""法西斯""反革命两面派""大阴谋家"，叫嚷着要"共同对敌，对着邓小平"。

"四人帮"为了夺权，罔顾全国人民渴望安定团结的强烈愿望，强行推进"批邓、反击右倾翻案风"，致使大批党政军干部受到批判，不少单位的党组织瘫痪，人心涣散，生产下降，而"四人帮"却把破坏生产的罪责强加到华国锋和其他负责同志头上。借此机会，"四人帮"在各个部门开展了排斥打击异己，安插党羽的篡权活动。

9月9日，毛泽东的去世进一步加剧了局势的动荡。"四人帮"自认为夺权时机已到，活动更加猖獗。还在8月下旬，毛泽东病重期间，"四人帮"就开始为夺权做军事准备，在上海突击发放武器，装备民兵，妄图使上海成为他们夺取最高权力的根据地。9月11日，王洪文在中南海擅自另设值班室，要求各省、市、自治区党委重大问题要及时向他请示报告，企图切断党中央同各地的联系。江青则千方百计想要控制毛泽东遗留下来的各种文件材料。"四人帮"还操纵清华大学、北京大学、新华社等单位的一些人给江青写"效忠信"、"劝进信"，公然提出要江青"担任中共中央主席和军委主席"，"挑起这副重担"。

"四人帮"肆无忌惮的活动激起了广大人民群众的强烈愤慨和激烈抗争，全国各地群众自发掀起了抗议"四人帮"的怒潮。"四人帮"在反党篡权的不归路上越走越远，也预示着他们的末日越来越近。

惊心动魄的35分钟

毛泽东去世后，"四人帮"的活动更加肆无忌惮，夺权之心昭然若揭。华国锋也深深警觉到这一集团对全党乃至对他个人的严重威胁，感到应该尽快将其解决。这一想法，与叶剑英等人不谋而合。在李先念的帮助下，华国锋很快与叶剑英就粉碎"四人帮"达成一致意见，并得到了汪东兴等人的支持。

粉碎"四人帮"是一场你死我活的斗争，为了确保稳妥，经过慎重考虑，叶剑英提议以召开会议的方式，召集他们到会，然后宣布对其实行隔离审查。华国锋对此表示赞同。1976年10月3日、4日，汪东兴分别向华国锋、叶剑英汇报了行动方案，得到了他们的同意。

10月6日上午8时，中央办公厅秘书局发出通知，要求中央政治局常委于当晚20时到中南海怀仁堂召开中央政治局常委会。接到通知的"四人帮"分子做梦也没有想到，北京城此时已布下天罗地网，等待他们的是一场精心布置的抓捕行动。

当晚19时55分，时任中共中央副主席的王洪文刚走进中南海怀仁堂的大门，几名警卫就向他走来。王洪文一看不妙，立刻说："我是来开会的，你们

要干什么?"话音未落,他就被制服,带进了正厅。华国锋当面向王洪文宣读了中央对其进行隔离审查的决定。王洪文未及作出反应,就被行动小组戴上手铐,扭离现场,拘押到隔离室内。粉碎"四人帮"的行动开始了。

19时58分,张春桥步入怀仁堂大门。当他迈进正厅后,预伏在小门两侧的突击队员迅速出击,将张春桥一举拿下,带到华国锋、叶剑英的面前。华国锋向他当面宣布了中共中央对其进行隔离审查的决定。

押送张春桥的车上路后,行动小组来到中南海春藕斋,执行拘押江青的任务。当时江青正坐在沙发上,行动小组迅即从左右两侧和沙发背后把江青围拢起来。江青意识到是来抓捕她后态度傲慢,情绪激动,却又无可奈何。江青被带到隔离室后,行动小组成员、时任中央警

1976年10月21日,首都150万群众举行盛大游行,热烈庆祝粉碎"四人帮"的伟大胜利。(新华社资料照片)

卫局副局长的武建华飞快地赶回怀仁堂,向华国锋、叶剑英、汪东兴报告:"江青已被顺利拘押。"汪东兴果断地说:"马上给姚文元打电话。"20时25分,姚文元来到怀仁堂东休息室。他一进门就被行动小组控制,押到了武建华面前。武建华面对姚文元宣读了华国锋的"手令":"中共中央决定,对姚文元实行隔离审查,立即执行。华国锋。"

从19时55分到20时30分,在惊心动魄的35分钟时间内,王洪文、张春桥、江青、姚文元陆续落网,被采取强制措施,隔离审查。至此,亲自指挥此次行动的华国锋、叶剑英和汪东兴长舒一口气,未费一枪一弹,"四人帮"主要成员被一网打尽,粉碎"四人帮"的行动取得重大胜利。历史翻开了新的一页。

粉碎"四人帮"的消息一经公开,全国各族人民欣喜若狂,举国上下一片欢腾。粉碎"四人帮"的胜利,结束了"文化大革命"这场灾难,从危难中挽救了党,挽救了国家,挽救了中国的社会主义事业,使我们的国家进入了新的历史发展时期。

参考文献

中共中央党史研究室:《中国共产党历史》第二卷,中共党史出版社2011年版。

程中原等:《1976:从四五运动到粉碎"四人帮"》,人民出版社2017年版。

1977年
恢复高考：
改革开放的第一声春雷

曾几何时，高考是许多人改变人生命运的"独木桥"，一考定终身，高考成为许多人人生命运的分水岭。然而，在"文化大革命"期间，受"左"倾错误思想影响，从1966年至1976年，高考中止了整整11年，许多人的命运，因此而改变。1977年，在邓小平的努力推动下，中央做出恢复高考的重大决策，仿佛改革开放的第一声春雷，给全国的知识青年带来了春天。

"今年就要下决心恢复从高中毕业生中直接招考学生，不再搞群众推荐"

1977年7月21日，中共十届三中全会结束，党中央决定正式恢复邓小平党内外一切职务。邓小平主动提出分管科学和教育。8月4日，邓小平主持召开了科学和教育工作座谈会，这是他复出后主持召开的第一个重要会议。座谈会请来了包括周培源、童第周、苏步青在内的40多位教育界和科技界人士参加。

此时，教育部全国高等院校招生工作会议刚刚结束，已经形成了1977年高

1977年，在北京参加高等学校入学考试的青年正在认真答卷。（新华社资料照片）

校招生方案，并于8月4日报送国务院。这个方案较以往略有突破，但招生的方式依然沿袭"文化大革命"期间"自愿报考，群众推荐，领导批准，学校复查"的原则。

8月6日，武汉大学化学系副教授查全性发言，他在发言中尖锐地指出了现行招生制度的四大弊端，并提出了改革招生制度的几条建议。他呼吁："一定要当机立断，只争朝夕，今年能办的事就不要拖到明年办！"查全性的发言引起与会者强烈共鸣。吴文俊、王大珩、邹承鲁、汪猷等纷纷发言，表示赞同，大家建议党中央、国务院当机立断，对现行招生制度进行大改革。

邓小平没有料到大家的意见如此集中，愿望如此强烈，很受震动。他问坐在身边的教育部部长刘西尧：今

1977年

恢复高考：改革开放的第一声春雷

1978年2月，恢复高考后的第一批大学生进入大学校门。图为清华大学1977级的学生在课堂上。（新华社资料照片）

年就恢复高考还来得及吗？刘西尧说，推迟半年招生，还来得及。"既然今年还有时间，那就坚决改嘛！把原来写的招生报告收回来，根据大家的意见重写。招生涉及下乡的几百万青年，要拿出一个办法来，既可以把优秀人才选拔上来，又不要引起波动。"邓小平当场做出决断。

8月8日，科学和教育工作座谈会结束。邓小平在总结发言中再次明确宣布："今年就要下决心恢复从高中毕业生中直接招考学生，不要再搞群众推荐。"

在邓小平的努力推动下，教育部召开了第二次全国高等学校招生工作会议，并研究通过了《关于1977年高

1978年春,北京大学迎来恢复高考后录取的第一批新生。(新华社资料照片)

等学校招生工作的意见》,决定从1977年开始恢复高校招生考试制度,采取自愿报名、统一考试、择优录取的办法。

10月12日,国务院批转了《关于1977年高等学校招生工作的意见》,文件对招生对象和条件、招生办法、考试和录取的流程及方式等都作出了规定。文件明确:凡是工人、农民、上山下乡和回城的知识青年、复员军人和应届毕业生,符合条件,均可报考。不再根据政治表现和家庭成分限定考生资格。

恢复高考的决策自此尘埃落定,这个消息很快传遍了全国各地,无数青年为之振奋。

知识改变命运

1977年高考从11月28日开始到12月25日结束,这是新中国历史上唯一一次冬季高考,虽然考试正值寒冬腊月,但对于许多知识青年来说,那年冬天的阳光特别温暖。

当获悉恢复高考的消息时,许多知识青年已被上山下乡的残酷现实磨掉了棱角,洗去了一身铅华。也有许多知识青年错过了美好的青春年华,或已娶妻生子,或已嫁为人妻。恢复高考给他们带来了一次改变人生命运的机会。得知这个消息,他们无不欢呼雀跃,奔走相告。

从得知恢复高考到考试只有短短不到两个月的时间,留给考生们的复习时间很有限。"经过几年的农村劳动,高中毕业时学习的内容恢复起来是有困难的。同时,很多考生白天还要完成各种工作或者参加劳动,只有晚上才能抽出时间看书。"南京大学医学院教授,77级的吴稚伟回忆道。

尽管学习环境很差,又缺少复习资料,但这场改变命运的考试,谁都不想错过。这时候,一套《数理化自学丛书》仿佛黑夜里的一盏明灯,点燃了青年们的希望,全国各大新华书店出现了彻夜排队购买复习资料的热潮。

决定命运的那一刻终于来临了。人们见到一种空前绝后的场景,参加考试的考生来自各行各业,经历五花八门,年龄差距悬殊。所有参加考试的人员都带着一种激动、兴奋和神圣的心情。当年吉林省监考的裴先生说:"当时没有一个打小抄的。考试结束后,也没有一个说话的,大家都带着神圣的表情离开考场。"

由于高考中断多年,积压了一大批想要继续深造的青年知识分子,以致1977年报名参加高考的考生人数达到了破纪录的570多万。由于报考人数众多,用于印刷考卷的纸张不够,党中央为此特批动用了准备印刷《毛泽东选集》第五卷的储备纸张,才顺利解决了考卷纸张不够的"燃眉之急"。当年全国共录取新生 27.3 万人，录取比例极低。但对于那些被录取的新生来说，他们无疑是幸运的，他们通过高考改变了自己的命运。

经历过那次难忘的考试，被录取的新生深知学习机会来之不易，倍感珍惜。他们如饥似渴地获取知识，争分夺秒地努力学习，迅速成长成材。随着十一届三中全会的召开，改革开放为他们提供了广阔的发展空间，他们很快就成长为各领域的中坚力量。

恢复高考是党中央国务院做出的一项重大决策，是改革开放的第一声春雷，具有划时代的伟大意义。它为改革开放储备了人才，为中国社会的前进发挥了不可估量的巨大推动作用。

> **参考文献**
>
> 《邓小平决策恢复高考讲话谈话批示集：1977 年 5 月至 12 月》，中央文献出版社 2007 年版。
>
> 《毛泽东、邓小平、江泽民论教育》，中央文献出版社 2002 年版。
>
> 刘仓：《邓小平对恢复高考的特殊贡献》，《当代中国史研究》2007 年第 6 期。

1978 年
忽如一夜春风来

1978 年的中国，大部分城市几乎见不到高楼大厦，人们的主要交通工具是自行车，人们穿着的衣服还是延续"文化大革命"时期以蓝色或绿色为主……但是，一些新的变化正在悄悄发生着，人们能够感受到一些不一样的新鲜气息，仿佛春意萌动，万物复苏。比如恢复高考让不同社会身份的年轻人回到了学校；新中国第一批公派留学生赴美学习；新华书店开始售卖外国著作的中译本；电影院开始上演解禁的文艺作品，等等。忽如一夜春风来，新中国迎来了思想解放的春天。

关于真理标准的大讨论

1978 年 5 月，经胡耀邦审定的《实践是检验真理的唯一标准》一文，在中央党校内部刊物《理论动态》和《光明日报》上先后发表。文章指出，检验真理的标准只能是社会实践，理论与实践的统一是马克思主义的一个最基本的原则，任何理论都要不断接受实践的检验。这是从理论上对"两个凡是"的彻底

上图：1979年《实践是检验真理的唯一标准》的初稿作者胡福明在南京大学哲学系讲课。下图：刊有《实践是检验真理的唯一标准》文章的《光明日报》和修改过的清样。（新华社发）

否定。这篇文章石破天惊，引发了关于真理标准的热烈讨论，许多党员干部支持和拥护这篇文章。但坚持"两个凡是"错误方针的一批人则对此加以非难和反对。

邓小平对这场讨论给予了及时有力的支持，并直接参与了对"两个凡是"的批判，甚至"到处点火"，争取各省市对真理标准讨论的支持，使这场讨论迅速发展为党内和社会各界广泛参与的一场思想解放运动。

与邓小平相反的是，华国锋始终未能完全跳出"文化大革命""左"的框框。1977年初，他号召："在新的一年里，抓住阶级斗争这个纲，努力作战，去夺取更大的胜利。"2月7日，经华国锋批准，"两报一刊"发表题为《学好文件抓住纲》的社论，正式提出"两个凡是"的思想，即"凡是毛主席作出的决策，我们都必须拥护，凡是毛主席的指示，我们要始终不渝地遵循"。

华国锋主张和坚持的"以阶级斗争为纲"和"两个凡是"思想，实际上是"文化大革命""左"的错误思想的继续，这与当时全国人民的愿望和呼声是背道而驰的，遭到了以邓小平为代表的很多人的反对。

1977年4月7日，邓小平在与汪东兴等人谈话时表示，"'两个凡是'不行；按照'两个凡是'，就说不通为我平反的问题，也说不通肯定1976年广大群众在天安门广场的活动'合乎情理'的问题。"为此，4月10日，邓小平给华国锋、叶剑英和党中央写信，提出"我们必须世世代代地用准确的完整的毛泽东思想来指导我们全党、全军和全国人民，把党和社会主义的事业，把国际共产主义运动的事业，胜利地推向前进"。

邓小平提出的"完整地准确地理解毛泽东思想"得到了很多人的支持和拥护，成为反击"两个凡是"有力思想武器。

在邓小平的支持和领导下，针对"两个凡是"的思想斗争取得了胜利，关于真理标准的讨论深入进行，极大地促进了全党、全军和全国人民的思想解放。

中央工作会议和十一届三中全会

1978年秋冬之交，随着真理标准讨论的深入，局势已有所好转。但尚待解决的问题还很多。因此，需要在党内高层召开一次会议，以求得一个合理的解决。

1978年9月13日至20日，邓小平率中国党政代表团访问朝鲜回国途中，到本溪、大庆、哈尔滨、长春、沈阳、鞍山、唐山、天津等地进行了视察，并发表了一系列重要谈话，就一些事关国家发展的重大问题发表了他的看法。这些谈话被称为"北方谈话","北方谈话"推动思想解放之火燃遍神州大地,为十一届三中全会的召开打下了良好的思想基础。

11月10日至12月15日,中共中央召开工作会议,各省、市、自治区和各大军区的主要负责人,以及中央党、政、军各部门和群众团体的主要负责人共200多人参加会议,会议历时36天。可以说,十一届三中全会的许多重大事项,都是在这次会议上讨论确定的,这次工作会议为十一届三中全会的顺利召开做好了充分准备。

此次会议最初的议题是:(一)进一步贯彻以农业为基础的方针,尽快把农业生产搞上去。(二)讨论1979年和1980年的国民经济计划安排。(三)讨论李先念在国务院务虚会上的讲话。对于"文化大革命"结束后,全党工作重心转移到经济建设上来,会上大部分人都是拥护的。但是,"文化大革命"之后,许多大是大非的问题没有厘清,成千上万的冤假错案尚未平反,关于真理标准的大讨论还在进行,这些政治上和思想上的问题不彻底解决,就难以真正把党的工作重心转移到经济建设上来。

在这重大的历史转折关头,以陈云等为代表的老一辈革命家挺身而出,仗义执言,扭转了会议方向。陈云在发言中尖锐地提出了关于"天安门事件"等6个重要历史遗留问题,引起了与会者的强烈共鸣。很多同志赞同会议先把一些重大历史问题搞清楚,并彻底解决。

中央工作会议期间出现的新情况表明,在历史转折的前夜,仍有许多思想认识问题需要澄清,需要引导和统一。在大家的强烈要求下,11月25日,华国锋在中央工作会议第三次全体会议上,代表中央政治局宣布对"天安门事件"、所谓"二月逆流"、薄一波等61人案件,以及彭德怀、陶铸、杨尚昆等应予平反的决定。

1978年12月13日,邓小平作了题为《解放思想,实事求是,团结一致向前看》的重要讲话。讲话高度评价了关于真理标准大讨论的重大意义,明确指

< 邓小平同志在十一届三中全会闭幕会上讲话。（新华社资料照片）

∨ 1978年12月18日，中国共产党十一届三中全会在北京召开。这次会议是1949年以来中国共产党历史上具有深远意义的重要转折。图为十一届三中全会通过会议公报。（新华社资料照片）

出这场讨论实际上也是要不要解放思想的争论。讲话回答了历史转折关头党面临的一系列根本性问题，受到与会同志的热烈拥护。邓小平的讲话颠覆了当时还很流行的"以阶级斗争为纲"的观念体系，推动整个党、整个国家毅然决然地翻开了新篇章。《邓小平时代》的作者傅高义说："这也许是邓小平一生中最重要的一次讲话。"经济学家于光远认为："十一届三中全会吹响的改革号角，就集中体现在这篇讲话中。"

不久，十一届三中全会召开，会议坚决批判了"两个凡是"思想，高度评价了关于真理标准的大讨论。决定停止使用"以阶级斗争为纲"这个口号，否定了"无产阶级专政下继续革命"以及"文化大革命"今后还要进行多次的观点。

1978年是新中国历史上极为重要的一个年份，这一年，关于真理标准的大讨论带来了一场影响深远的思想解放运动，十一届三中全会吹响了改革开放的号角，我们党终于实现了指导思想上的拨乱反正，并把全党的工作重心转移到经济建设上来。经历了十年"文化大革命"，百废待兴的新中国终于焕发了蓬勃生机，迎来了大繁荣、大发展的春天。

参考文献

中共中央文献研究室：《邓小平年谱（1975—1997）》（上），中央文献出版社2007年9月版。

伊文思著，武市红等译：《邓小平传》，上海人民出版社1996年12月版。

童青林：《回首1978——历史在这里转折》，人民出版社2008年版。

高晓林：《历史转折》第二卷，人民出版社2009年版。

1979 年
杀出一条血路来——
创办经济特区

"1979年,那是一个春天,有一位老人在中国的南海边画了一个圈。"曾经广为传唱的歌曲《春天的故事》里提到了一位老人,他就是邓小平,"在中国的南海边画了一个圈"指的就是创建"经济特区"。十一届三中全会之后,邓小平开创性地提出建设经济特区的设想,有力地推动了我国的经济发展和对外开放进程。

"杀出一条血路来"

十一届三中全会以后,全党的工作重心转移到经济建设上来。如何搞活经济,是当时摆在党中央面前的一个重大课题,邓小平也一直在思考。

1979年1月,邓小平同胡厥文等工商界领导人谈话时说:"现在搞建设,门路要多一点,可以利用外国的资金和技术,华侨、华裔也可以回来办工厂。吸收外资可以采取补偿贸易的方法,也可以搞合营,先选择资金周转快的行业做起。当然,利用外资一定要考虑偿还能力。"后来,当他从《内部情报摘报》上看到有香港厂商要求到广州开设工厂时,他觉得这个做法很好,值得鼓励和提倡，于是批示："这件事我看广东可以放手干"。

1979年4月，中央工作会议在北京召开。会议主要讨论调整国民经济等问题，提出了对国民经济实行"调整、改革、整顿、提高"的八字方针。时任广东省省长习仲勋在中南组发言说：广东邻近港澳，华侨众多，应充分利用这个有利条件，积极开展对外经济技术交流。这方面，希望中央给点权，让广东先走一步，放手干。会上，福建省也提出在厦门建立出口加工区的要求。会议同意了广东省和福建省的要求，决定在广东的深圳、珠海、汕头和福建的厦门试办出口特区，还决定派主管这方面工作的国务院副总理谷牧率领工作组前往广东、福建考察，和两省省委一起研究，共同起草实行特殊政策、灵活措施的文件。会议期间，邓小平与广东省委领导习仲勋、杨尚昆、王全国等同志谈话时指出："还是办特区好，过去陕甘宁就是特区。中央没有钱，你们自己去搞，杀出一条血路来"。

有了中央的指示，广东、福建两省迅速行动起来。在1979年5月的广东省委常委会议和省委四届三次常委扩大会议上，习仲勋传达了邓小平"要杀出一条血路来"的指示。经过考察，广东、福建两省决定在深圳、珠海、汕头、厦门各划出一定区域创办出口特区。两省省委分别提出了《关于发挥广东优越条件，扩大对外贸易，加快经济发展的报告》和《关于利用侨资、外资，发展对外贸易，加快福建社会主义建设的请示报告》。

1979年7月15日，中共中央、国务院批转广东省委、福建省委《关于对外经济活动实行特殊政策和灵活措施的两个报告》，并指出，对两省的对外经济活动实行特殊政策和灵活措施，给地方以更多的自主权，使之发挥优越条件，抓紧当前有利的国际形势，先走一步，把经济尽快搞上去，这是一项重大的改革。

1980年5月16日，中共中央、国务院批转《广东、福建两省会议纪要》，正式将"特区"定名为"经济特区"。

如今，细细品味邓小平"杀出一条血路来"这句话，我们可以体会其中蕴含着多重意味：一是特区一定要办好，要有决心，要有"背水一战"的精神；二是办好特区困难很多，需要有足够的勇气和智慧；三是这是一条前人没有走过的路，需要努力开拓，需要有闯劲，在没有人走过的地方蹚出一条新路来。

改革开放的"试验田"

1980年8月26日，第五届全国人大常委会第15次会议决定：在广东省的深圳、珠海、汕头、福建省的厦门四市分别划出一定区域，设置经济特区。这一决定标志着新中国历史上第一批经济特区的诞生。

中央设置经济特区的初衷是在一定区域内小范围先行先试，积累经验，目的是探索改革开放的实现路径和实现形式，为全国改革开放探路、开路。

1985年，邓小平指出：深圳是个试验，经济特区还是一个试验，"我们的整个开放政策也是一个试验，从世界的角度来讲，也是一个大试验"。

由于实行特殊的经济政策和特殊的经济管理体制，特区经济迅速活跃起来。中央的特区政策仿佛为这些地区的发展插上了腾飞的翅膀，极大地改变了这些地区的面貌。

1981年，深圳蛇口工业区门口矗立起一块醒目的标语——"时间就是金钱，效率就是生命"，震撼着世人。

作为第一批经济特区，与香港隔河相望的深圳，从正式宣告经济特区诞生之日起，就开始了风风火火、沸沸扬扬的日子。一支支建设大军从祖国四面八方开到深圳河畔，一群群年轻的打工仔、打工妹从全国各地涌来。深圳，这个沿海小镇，一下子沸腾起来了，到处是一片火热的建设景象，随处可见行色匆匆的人们，三天一层楼的"深圳速度"书写了"中国传奇"。随着"五通一平"的基础设施初具规模，外商投资纷至沓来，合资、独资企业与日俱增，这里的各项事业发展朝气蓬勃，城市面貌日新月异。经过几年建设，一座新兴的现代化城市几乎是"一夜之间"发展起来了。

上图:开发前的深圳蛇口老街(1979年5月23日摄)。下图:高楼林立的深圳蛇口工业区(2008年10月10日摄)。(新华社发)

1979年

杀出一条血路来——创办经济特区

2015年7月27日,广东自贸区深圳前海蛇口片区。(新华社记者梁旭摄)

在深圳莲花山公园，有一面石墙上镌刻着邓小平同志1984年视察深圳时的题词："深圳的发展和经验证明，我们建立经济特区的政策是正确的"。后来邓小平在《改革的步子要加快》的谈话中进一步明确指出："现在我可以放胆地说，我们建立经济特区的决定不仅是正确的，而且是成功的。所有的怀疑都可以消除了。"

参考文献

中共中央文献研究室编：《回忆邓小平》（下），中央文献出版社1998年版。

中国人民政治协商会议广东省委员会编：《敢为人先：改革开放广东一千个率先（政治卷）》，人民出版社2015年版。

1984年1月26日，邓小平（左前）在深圳蛇口"海上世界"旅游中心眺望蛇口工业区。（新华社发）

1980年
实行计划生育政策

1980年9月，中共中央发出《关于控制我国人口增长问题致全体共产党员、共青团员的公开信》，提倡一对夫妇只生育一个孩子。1982年，计划生育写入宪法。从此，计划生育作为一项基本国策长期坚持下来，对我国的经济和社会发展都产生了深远影响。

"中国人多也好也坏，中国的好处是人多，坏处也是人多。"

计划生育是指人口政策有计划的生育。我国最早提倡计划生育的是民主人士邵力子，他早在1950年就提出了节制生育，控制人口的主张。他说："中国的生产落后，而人口的发展太快，是一个突出的矛盾，如不防患于未然，采取计划措施，加以控制的话，则不仅影响建设，同时也影响民生，成为社会发展的阻力。"

真正对我国计划生育政策产生重大影响的是人口学家马寅初。他在1957年7月5日，发表了著名的《新人口论》，全面系统分析了当时我国的人口和经济社会发展状况，论述了实施计划生育的必要性。

毛泽东对邵力子和马寅初提出的人口控制理论十分支持。

1957年2月14日，在会见全国学联委员会时毛泽东讲道："中国人多也好也坏，中国的好处是人多，坏处也是人多。""北京现在有三百六十万人口，将来要是有三千六百万人口，北京市市长如何得了。你们将来当了市长怎么办？要安排工作，安排小孩子，解决交通运输问题，那时逛公园也要排队。"1957年3月，在最高国务会议第十一次（扩大）会议上，毛泽东明确提出，"人类要控制自己，有时候使他能够增加一点，有时候使他能够停顿一下，有时候减少一点，波浪式前进，实现有计划的生育。"毛泽东的讲话客观地论述了人口问题的正反两方面。应该说，从那时起，毛泽东就逐步形成了实施计划生育、控制人口规模的思想。

为控制人口规模，保持人口有序增长，加强宣传教育及管理，毛泽东还提出了设立专门计划生育管理机构的设想，这些设想对后来的计划生育工作具有重要的指导作用。

"提倡生一个是没有办法的办法。"

新中国成立以后，我国曾先后出现过3次生育高峰，20世纪60年代以后，全国人口与经济、社会、资源、环境之间的矛盾逐渐显露出来。从70年代初开始，党中央和国务院越来越深刻地认识到人口增长过快对经济、社会发展不利，决定在全国城乡推行计划生育。1973年，国务院成立了计划生育领导小组。在计划生育宣传教育上，提出了"晚、稀、少"的口号。1982年9月，党的十二大把计划生育确定为基本国策，同年12月写入宪法。实行计划生育，是在我国经济社会与人口增长矛盾越来越突出的情况下，不得不采取的一项特殊政策。

"对于提倡一对夫妇生育一个孩子的政策对不对？有赞成者，有反对者，有不置可否者。我是赞成者。但我向来不赞成'生育一个孩子就是好'的说法。那是没有办法的办法。"著名人口经济学专家，原中国社科院人口所所长田雪原说。

1990年，中央电视台春节联欢晚会上，宋丹丹和黄宏表演的小品《超生游击队》由于台词幽默，深刻反映社会现实，一夜之间便家喻户晓。小品反映的现象在当时并非个例，很多家庭由于生育孩子多，经济负担沉重，无力给子女提供良好的教育和生活条件，由此产生一系列社会问题。但即使是这样，受传宗接代传统思想的影响，在一些地区违反政策超生现象仍很普遍。很多家庭正如小品中所讲，"日子真是越过越穷，越穷越生"。

在这种情况下，国家计划生育部门不得不采取严厉措施加以整治。在整治过程中，特别是在计生工作开展初期，由于人们在思想上一时转不过弯，加上计划生育形势严峻，矛盾突出，不可避免地出现了一些矫枉过正的极端案例。事实上，随着我国法律制度的不断健全，以及人们生育观念的转变，计划生育工作中粗暴、极端的做法已经越来越少，工作开展也越来越规范了。

计划生育政策实施效果十分明显。中国的人口出生率由1970年的33.4‰下降到2012年的12.1‰，人口自然增长率由1970年的25.8‰大幅降至2012年的4.95‰。计划生育政策实施30多年来，我国总计减少出生人口4亿多，有效缓解了人口对环境和资源的压力，对提升人口素质起到了积极作用，也助推了国民经济发展。

从"一对夫妇只生育一个孩子"到"全面二孩"

如今，经过几十年的发展，我们国家的经济社会状况发生了翻天覆地的变化。在这个过程中，计划生育政策的一些弊端开始逐步显露出来，包括性别比例失调，人口老龄化，家庭生育意愿持续低迷，地区人口发展不平衡，以及由计生政策引发的社会问题越来越多等。针对这些情况，许多学者提出应改变我国的人口发展政策，逐步放开对家庭生育子女数量的管控。国家相关部门经过深

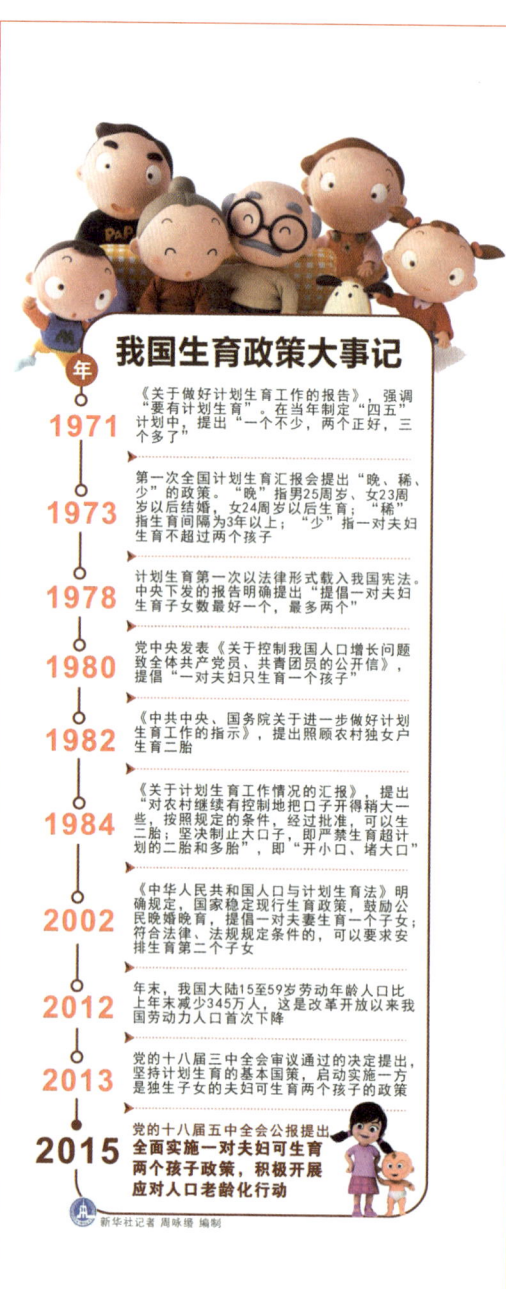

入调研,先后推出了"双独二孩"、"单独二孩"政策,鼓励生育的"口子"越开越大。

2015年10月30日,《人民日报》头版发布了党的十八届五中全会胜利召开的消息,报道中提到"全面实施一对夫妇可生育两个孩子政策",这项事关千百万家庭的重大政策调整引起全社会广泛关注。这表明中国的计划生育政策从"一对夫妇只生育一个孩子",经过多年逐步调整,已经进入"全面二孩"时代。

"全面二孩"政策推出后,预期效果并不明显,我国的人口出生率仍处于下行趋势。这主要是受育龄妇女减少、养育成本过高、无人看护等多方面因素的影响。专家呼吁,要高度重视人口低出生率对国家发展的影响,做好人口发展的长远规划,尽快出台一些有针对性的政策措施,进一步鼓励生育。

中国是世界人口第一大国，世界上没有一个国家能为我国的人口问题提供现成经验，世界上有许多国家结合本国实际，采取了或鼓励生育，或控制人口增长的人口发展战略。我国根据现实国情，实行计划生育政策，在很长一段时期内，对促进我国的经济社会发展发挥了重要作用。

2015年1月31日，江苏省洪泽县的杨斌夫妇和两个孩子。2014年6月23日，杨斌夫妇受益于"单独二孩"政策的落地，迎来了二女儿杨佳蕊的出生。（新华社发）

参考文献

《中国计划生育全书》编辑部编：《党和国家领导人关于人口与计划生育的论述》，中国人口出版社1997年版。

1981 年
统一思想，继续前进

1981年7月1日，《人民日报》头版发表了《关于建国以来党的若干历史问题的决议》（以下简称《决议》）。它与1945年中共六届七中全会通过的《关于若干历史问题的决议》一样，是我党历史上具有里程碑意义的一份重要文献。

"毛泽东思想这个旗帜丢不得"

毛泽东去世之后，中国共产党如何评价毛泽东？中国会不会乱？中国将往何处去？是世界各国关注的焦点。事实上如何评价毛泽东是这一系列问题的根本和重中之重。因为这个问题处理不好，难免要天下大乱。

1978年，经历十年"文化大革命""左倾"思想囚禁的思想界忽如一夜春风来。由邓小平、胡耀邦等老一辈革命家倡导支持的真理标准大讨论在全国展开。这是一场深刻地思想解放运动，对于纠正"左"的错误，打破思想僵化起到了十分关键的作用。随后，党的十一届三中全会坚决批判了"两个凡是"错误方针，高度评价了关于真理标准问题的讨论，确定了解放思想、开动脑筋、实事求是、团结一致向前看的指导方针，为后来客观准确评价毛泽东提供了思想指南。

1980年8月21日,邓小平会见意大利女记者法拉奇(左)。(新华社发)

1980年7月30日,在人民大会堂上悬挂多年的巨幅毛泽东画像被取下。与此同时,人民大会堂两侧长期悬挂的两块巨大标语牌也被拆除。很快,这个消息就传遍了全国,世界各大媒体也纷纷报道。有人猜测这样做是不是要否定毛泽东,一时间人们议论纷纷。

带着同样的疑问,1980年8月21日,意大利著名记者奥琳埃娜·法拉奇采访了邓小平,她尖锐地问道:"天安门城楼上毛泽东画像,是否要永远保留下去?"

邓小平肯定地说:"永远要保留下去。过去毛主席像挂得太多,到处都挂,并不是一件严肃的事情,也并不能表明对毛主席的尊重。尽管毛主席过去有段时间也犯了错误,但他终究是中国共产党、中华人民共和国的主要缔造者。拿他的功和过来说,错误毕竟是第二位的。他为中国人民做的事情是不能抹杀的。

1981年

统一思想,继续前进

从我们中国人民的感情来说，我们永远把他作为我们党和国家的缔造者来纪念。"

邓小平实事求是地评价了毛泽东，他的谈话向世界传递了一个重要信息，中国共产党不打算像赫鲁晓夫否定斯大林那样否定毛泽东。相反，中国要在破除个人崇拜、客观评价毛泽东的基础上，继续坚持和发展毛泽东思想。

关于如何评价毛泽东，邓小平经过了认真的思考。1978年11月，邓小平在一次讲话中提到了清华大学贴出的一份大字报："反周民必反，反毛国必乱"，他说："这个话水平很高。"

邓小平深刻汲取了赫鲁晓夫全面否定斯大林的教训，认为只有客观公正地评价毛泽东，实事求是的评价历史才能使人信服。他反复强调："毛泽东同志的事业和思想，都不只是他个人的事业和思想，同时是他的战友、是党、是人民的事业和思想，是半个多世纪中国人民革命斗争经验的结晶。""毛泽东思想这个旗帜丢不得。丢掉了这个旗帜，实际上就否定了我们党的光辉历史"。

邓小平对这些问题的思考和判断，表明了一个马克思主义者对重大理论问题的正确态度，为他后来指导《决议》起草工作奠定了思想基础。

《决议》的通过标志着指导思想拨乱反正的完成

"文化大革命"结束后，围绕"两个凡是"的思想斗争反映了当时党内的思想混乱状况和斗争的尖锐性。如何评价毛泽东？如何评价"文化大革命"？这些问题不解决，就不能在全党统一思想，就谈不上改革开放和新时期的社会主义建设。邓小平说，"党内党外，国际国内都在等，你不拿出一个东西来。重大问题就没有一个统一的看法。"邓小平的话道出了出台《决议》的历史背景。

但是，这是一个重大的理论问题，解决得好与不好，影响深远。

1979年，庆祝新中国成立30周年大会上，叶剑英代表党中央发表了一个讲话，讲话对新中国成立30年来的历史进行了初步总结。这个讲话经过了长达三个月的精心准备，可以说是《决议》的"雏形"。在讲话最后，叶剑英指出："中共中央认为，对过去30年特别是'文化大革命'10年的历史，应当在适当的时候，经过专门的会议，做出正式的总结"。讲话反映了党中央在对待重大历史问题上的审慎态度。

不久，中共中央正式决定由邓小平、胡耀邦主持《关于建国以来党的若干历史问题的决议》的起草工作。

邓小平在主持《决议》起草过程中，从确定总原则、设计结构到判断是非、修改文字都倾注了大量精力。

1980年3月19日，邓小平在与胡耀邦、胡乔木、邓力群的谈话中提出了三条意见：一是要确立毛泽东同志的历史地位，坚持和发展毛泽东思想。二是对新中国成立30年来的历史进行实事求是的分析，对一些负责同志的功过是非，做出公正的评价。三是通过《决议》，对过去的事情做一个基本的总结，通过总结，引导大家团结一致向前看。这三条意见对决议的起草具有十分重要的指导意义。

据统计，针对《决议》起草工作，邓小平前后作过13次专门的重要谈话或讲话，他以对党、对国家、对人民负责任的态度，坚持实事求是，客观公正，确保了《决议》起草工作始终沿着正确方向前进。

在《决议》如何评价毛泽东晚年错误这一重大问题上，邓小平着重指出："讲错误，不应该只讲毛泽东同志，中央许多负责同志都有错误。在这些问题上要公正，不要造成一种印象，别的人都正确，只有一个人犯错误。这不符合事实。"并且他反复强调，《决议》最核心、最根本的问题，就是坚持和发展毛泽东思想。这一点，邓小平的意见与叶剑英、陈云等许多老一辈革命家不谋而合，得到了广泛支持。

《决议》的起草是一个重大理论工程，从起草到完成历时一年零三个月。《决议》初稿完成后，前后经过了四轮征求意见，数千人大讨论。用精打细磨，字斟句酌形容起草过程毫不为过。《决议》的讨论和广泛征求意见，还起到了统一思想的作用，为十一届六中全会顺利通过《决议》打下了坚实基础。

1981年6月27日至29日，党的十一届六中全会在北京召开。会议一致通过了《关于建国以来党的若干历史问题的决议》，标志着我们党在指导思想上的拨乱反正胜利完成。

《决议》肯定了毛泽东的历史地位和毛泽东思想，实事求是地评价了新中国成立32年来的功过是非，彻底否定了"文化大革命"和"无产阶级专政下继续革命"的理论，对统一全党、全军、全国各族人民的思想认识，顺利实现全党工作重心转移产生了深远影响。

参考文献

中共中央文献研究室编：《邓小平年谱（1975—1997）》（上下册），中央文献出版社2004年版。

中共中央文献研究室：《回忆邓小平》（上），中央文献出版社1998年版。

中共中央党史研究室：《中国共产党的九十年——改革开放和社会主义现代化建设新时期》，中共党史出版社、党建读物出版社2016年版。

余玮：《世纪小平》，人民出版社2004年版。

1982 年
家庭联产承包责任制

"目前实行的各种责任制，包括……包产到户、到组，包干到户、到组，等等，都是社会主义集体经济的生产责任制。不论采取什么形式，只要群众不要求改变，就不要变动。"

这段表述出自 1982 年 1 月 1 日中共中央批转的《全国农村工作会议纪要》。这份改革开放后的第一个中央"一号文件"，承认多种形式的责任制，特别是包产到户、包干到户，为农村家庭联产承包责任制上了一个正式的"户口"。

红手印催生了家庭联产承包责任制

在安徽省凤阳县，有一个曾经"吃粮靠返销、用钱靠救济、生产靠贷款"的三靠村——小岗村。这个村历史上经常闹饥荒，村里人不忍挨饿受冻，经常唱着"凤阳花鼓"，外出逃荒要饭。

在小岗村，有一个 18 户人家的生产队，先被分成两个大组，后被分成 4 个小组，以"出工一条龙，干事大伙同"的方式组织生产。然而，无论怎么分组，都没能解决吃饱饭的问题。

1978年冬,这个村的18户农民做出了一个大胆的决定,他们冒着坐牢的危险,签下了一份不到百字的包干协议,按下了红手印。当事人之一严立华回忆说,"当时我们觉得,杀头可能不一定,但是坐牢是逃不掉的。但我们都说,宁肯坐牢,也不能饿肚子"。

小岗村的这几位村民哪里知道,就是这样一个为解决饿肚子问题而做的决定,却带来了农村改革的一项伟大的制度创新,带来了农村经济翻天覆地的大变化。1979年底,凤阳县遭遇严重干旱,可是,由于实行了"大包干",群众生产积极性很高,1980年"全县夏粮总产量达到二亿斤,比实行'大包干'第一年的去年总产量增产一成,比没有实行'大包干'的正常年景一九七七年总产量增加一倍"。从那时起饿肚子、逃荒要饭,在小岗村彻底成为历史。

经过党内外充分讨论,1981年底,中央召开全国农村工作会议,该次会议纪要作为1982年中央"一号文件"下发,肯定包产到户、包干到户是社会主义集体经济的生产责任制。从这个意义上说,18枚红手印催生了家庭联产承包责任制。

把基层的创造上升为国家制度

凤阳县农民的创举不是无中生有,追根求源,这还得从安徽省委的一份文件讲起。

1977年底,在时任省委第一书记万里的主持下,安徽省委制定了一份《关于当前农村经济政策几个问题的规定》。这份文件的主旨是恢复农业生产秩序,提高农民生产的积极性。这份由省委主要领导牵头,历经三个多月由下而上、自上而下酝酿讨论的文件,深得广大干部群众的欢迎。在省里政策的鼓励下,小岗村开启了"包产到户"的伟大实践。

上图：部分"大包干"带头人在实行农业"大包干"初期在茅草屋农舍前合影；
下图：安徽省凤阳县小岗村当年"大包干"带头人关友江、严俊昌、严金昌、严学昌、关友申（从左至右）在小岗村牌楼前合影（2008年10月7日摄）。

1982年
家庭联产承包责任制

但是，在当时，批评"包产到户"的声音仍然不绝于耳。在这项实践创新面临重重阻力、即将搞不下去的当口，邓小平给予了有力的支持。1980 年 5 月 31 日，他明确指出，"农村政策放宽以后，一些适宜搞包产到户的地方搞了包产到户，效果很好，变化很快。安徽肥西县绝大多数生产队搞了包产到户，增产幅度很大。'凤阳花鼓'中唱的那个凤阳县，绝大多数生产队搞了大包干，也是一年翻身，改变面貌。有的同志担心，这样搞会不会影响集体经济。我看这种担心是不必要的"。

在邓小平的支持下，1980 年 9 月 14 日至 22 日，中央召开省、市、自治区党委第一书记座谈会，专题讨论加强和完善农业生产责任制问题。有丰富农村工作经验的杜润生担任国家农业委员会副主任，由他主持起草了该次会议的纪要《关于进一步加强和完善农业生产责任制的几个问题》，并于 1980 年 9 月 27 日作为中央文件下发。文件指出，"对于包产到户应当区别不同地区、不同社队采取不同的方针。在那些边远山区和贫困落后的地区，长期'吃粮靠返销，生产靠贷款，生活靠救济'的生产队，群众对集体丧失信心，因而要求包产到户的，应当支持群众的要求，可以包产到户，也可以包干到户，并在一个较长的时间内保持稳定"。

此后，农业生产责任制迅速推开，结果是"一包就灵"，贫困地区转年就解决了吃饭问题，其他地区也增产了。

1982 年 1 月 1 日，中共中央批转《全国农村工作会议纪要》，即改革开放后的第一个中央"一号文件"，正式赋予包产到户、包干到户以合法性。文件规定，"不论采取什么形式，只要群众不要求改变，就不要变动"。这给农民吃了一颗"定心丸"。

在中央的支持和推动下，实行包产到户和包干到户的生产队迅速由 1980 年占全国生产队的 50%，上升到 1982 年 6 月的 86.7%。以包产到户、包干到户为主要形式的农村家庭联产承包责任制采取了这样一种分配方式："保证国家的，留给集体的，剩下都是自己的。"这种分配方式大大激发了农民的生产积极性，是由基层创造、中央推广的一项伟大的制度创新。邓小平把"废除人民公社，实行家庭联产承包为主的责任制"称为中国社会主义农业改革和发展的"第一个飞跃"。这个飞跃彻底打破了"一大二公"、"大锅饭"体制，大大解放了农村生产力，中国也因此而奇迹般地用世界上7%的土地养活了约占世界1/5的人口。

参考文献

《邓小平文选》第二卷，人民出版社1983年版。

中共中央文献研究室编：《三中全会以来重要文献选编》(下)，中央文献出版社2011年版。

中共中央党史研究室：《中国共产党的九十年——改革开放和社会主义现代化建设新时期》，中共党史出版社、党建读物出版社2016年版。

沈祖润、王礼贶：《凤阳县大旱之年夺得夏粮丰收》，《人民日报》1980年6月29日第1版。

1983 年
清理"三种人"和全面整党

"三种人"是 20 世纪 80 年代初有较大影响的一个概念。1983 年 10 月 11 日党的十二届二中全会通过的《中共中央关于整党的决定》对党内的"三种人"进行了明确的界定，即，追随林彪、江青反革命集团造反起家的人，帮派思想严重的人，打砸抢分子。清理"三种人"是改革开放之初整顿和纯洁党的组织的一项重要工作。

"对于'三种人'，一个也不能提拔"

改革开放后，陈云多次呼吁要成千上万地提拔中青年干部。同时，他反复强调，对于"三种人"，一个也不能提拔。

1981 年 7 月 2 日，他在省、自治区、直辖市党委书记座谈会的讲话中指出："闹派性的骨干分子，打砸抢的分子，一个也不能提拔到领导岗位上来。我说一个也不能。""当时闹派性的、'造反'的人很多，许多是随大流的，但里头的骨干分子不能提到领导岗位上来，一个也不能提拔，手不能软了。"

为什么不能提拔？陈云说道，"现在这些人大概表现是'蛮好'，他要爬上来，现在只能表现好，因为老家伙还在。但是，到了气候适宜的时候，党内有什么风浪的时候，这些人就会变成为能量很大的兴风作浪的分子。有一个，有两个，就可以串联，兴风作浪。他们说，没有把这些老家伙整倒、整死，现在还在台上，当时整死就好了。""因为时局变化的时候，他们就可以变成能量很大的兴风作浪的分子。"

陈云的这个讲话在党内外引起了强烈的反响。邓小平坚决支持这一观点。1982年1月13日，邓小平在中央政治局讨论中央机构精简问题会议上强调，"人一定要选好。还是老话，要坚决贯彻陈云同志讲的几条，几种人不能放进去啊！"

陈云对"三种人"的警惕，是对历史方面教训的深刻总结。1981年5月8日，他说，"'文革'中提拔过一些'头上长角、身上长刺'的青年人。当时提拔这样的青年人到高级领导岗位的实践已经证明，这是党的一个痛苦的教训。""必须说清楚，现在我们所要提拔的中青年干部，绝对不是要提拔那种'头上长角、身上长刺'的青年干部，我们要提拔的是德才兼备的中青年干部。"1981年7月2日，在省、自治区、直辖市党委书记座谈会上，他在讲到"三种人"一个也不能提拔时问："王洪文讲什么？"邓小平插话道，"1975年他到上海、杭州，第一句话就说，十年后再看。这句话可触动了我们，引起了我们的注意。"陈云回应说，"所以，对这种人，一个也不能提拔到领导岗位上来。但是可以给他们一般的工作，给饭吃嘛。"

1982年9月6日，在党的第十二次全国代表大会上，陈云重点讲了两个意思，一是"必须成千上万地提拔，而不能只提拔几十个、几百个"；二是"在'文化大革命'期间跟随林彪、江青一伙造反起家的人，帮派思想严重的人，打砸抢分子，这'三种人'一个也不能提拔，已经提拔的，必须从领导班子中清除出去"。他在十二大的这篇发言总共21个自然段2000多字，却先后12次被掌声所打断。可见，他的意见切中要害，充分反映了全党的意志。

党的作风和组织的一次全面整顿

尽管清理"三种人"主要是陈云针对提拔中青年干部时要注意的问题而提出的，但它具有广泛的意义。因此，清理"三种人"很快被写进中央文件，成为全面整党的一项重要内容。

1983年10月11日党的十二届二中全会通过《中共中央关于整党的决定》（简称《决定》），确定从1983年冬季开始全面整党，用三年时间对党的作风和组织进行一次全面整顿。

《决定》开篇提出了这次整党的必要性和紧迫性，指出：党的队伍的主流仍然是纯洁的和具有强大战斗力的，但十年内乱的流毒还没有肃清，在新的历史条件下，资本主义腐朽思想和封建主义残余思想的影响和侵蚀有所增加，目前党内仍然存在许多严重的问题。

《决定》对这次整党的任务进行了布置：

第一，统一思想，进一步实现全党思想上政治上的高度一致，纠正一切违反四项基本原则、违反十一届三中全会以来党的路线的"左"的和右的错误倾向；

第二，整顿作风，发扬全心全意为人民服务的革命精神，纠正各种利用职权谋取私利的行为，反对对党对人民不负责任的官僚主义；

第三，加强纪律，坚持民主集中制的组织原则，反对无组织无纪律的家长制、派性、无政府主义、自由主义，改变党组织的软弱涣散状况；

第四，纯洁组织，按照党章规定，把坚持反对党、危害党的分子清理出来，开除出党，清理"三种人"是纯洁组织的关键。

从1983年下半年开始，整党分三期进行。第一期整党从1983年11月开始，1985年初基本结束，参加整党的是中央、国家机关各部委和各省、区、市一级单位以及解放军各大单位的党组织，参加的党员约有101万名。第一期整党根据"边整边改"方针，各单位着重消除"左"右倾错误思想的影响，使领导干部在思想上政治上同党中央保持一致。与此同时，各单位着重抓了纠正利用职权谋取私利的歪风和官僚主义作风。第二期整党从 1984 年冬开始，1985 年底基本结束，参加整党的是地、县两级以上相当于这两级的厂矿企业、大专院校、科研单位的党组织，参加的党员约有 1002 万名。第二期整党解决的一个突出问题是，切实增强党员的党性，纠正新的不正之风，保证改革的顺利进行。第三期整党从 1985 年冬开始，1987 年 4 月基本结束，参加整党的主要是县以下农村基层党组织，参加的党员约有 2800 万名。第三期整党的突出重点，是解决区、乡、村党员干部中存在的严重以权谋私和严重违法乱纪问题，并切实加强农村领导班子建设。

三期整党采取"以上率下、以下促上"的方式进行，到 1987 年上半年，全面整党基本结束。据 1988 年 10 月 12 日《人民日报》报道：1987 年全国有近 15 万名中共党员受到各类党纪处分，占当年党员总数的 3.31‰；其中，被开除党籍的 25294 人，占受党纪处分人数的 17%。从 1982 年到 1987 年底 6 年间，全党共开除党员 17.7 万余人。

经过整党，广大党员特别是党的干部加深了对党的十一届三中全会以来路线方针政策的理解，提高了在思想上政治上行动上同党中央保持一致的自觉性；各地查处了一批党员干部严重违法乱纪的案件；各级党组织通过认真清理"文化大革命"时期的"三种人"，使党的组织进一步纯洁。

参考文献

《邓小平文选》第二卷，人民出版社 1983 年版。

《陈云文选》第三卷，人民出版社 1986 年版。

中共中央党史研究室：《中国共产党的九十年——改革开放和社会主义现代化建设新时期》，中共党史出版社、党建读物出版社 2016 年版。

《治党从严坚决清除党内腐败分子》，《人民日报》1988 年 10 月 12 日第 4 版。

张曙：《陈云力主清理"三种人"》，《党史文汇》2015 年第 6 期。

1984 年
有计划的商品经济

1984年10月20日,党的十二届三中全会在北京召开,全会总结我国社会主义建设正反两方面的经验,特别是党的十一届三中全会后城乡经济体制改革的经验,对以城市为重点的整个经济体制改革进行了部署。

商品经济第一次被写入党的决议

1984年6月初,党的十二届三中全会文件起草小组入驻北京西郊玉泉山。两个月之后,起草小组拿出了一个提纲,这个提纲沿用的仍旧是党的十二大关于"计划经济为主、市场调节为辅"的提法,商品经济只字未提。因为,在起草小组中,反对商品经济的人占了上风。

实际上,有关商品经济的讨论已经有很长时间了。早在1962年,著名经济学家卓炯便提出了要建立"有计划的商品经济",并预言"商品经济必将万古长青"。但一直到十二届三中全会之前,主张商品经济的声音并未得到重视。在长期的讨论中,尽管有不少人承认要大力发展社会主义商品生产、商品交换,但他们却否认社会主义经济是一种商品经济。在他们看来,商品经济是资本主义的专利品，商品经济等同于资本主义经济，其理由是，在社会发展过程中，自然经济首先转化为商品经济，商品经济再转化为资本主义经济，而第二个转化完成后，商品经济就和资本主义经济合二为一了。按照这种逻辑，在1983年下半年开始的消除"精神污染"运动中，商品经济甚至被当作精神污染之一，被列入重点批判和消除的对象。

为了澄清理论上的误区，1984年7月，著名经济学家马洪组织中国社会科学院的几位研究人员写了一篇题为《关于社会主义制度下我国商品经济再探索》的研究报告，认为"不能把计划经济与商品经济对立起来"。因为，为了克服商品经济固有的盲目性、自发性，必须有科学的计划作为基础，有强大的宏观调控作为保障，有灵活的调节机制作为补充。

与此同时，有关部门组织了多次研讨会，马洪参加了其中的一次讨论。在发言中，他抛出了一连串的问题："既然整个社会主义阶段要大力发展社会主义商品生产和交换，又为什么不是商品经济呢？""是否计划经济才是社会主义经济，商品经济就是资本主义呢？""既然商品经济可以为其他社会制度服务，为什么不能为社会主义制度服务呢？"

讨论相当激烈，以马洪为代表的经济学家据理力争，认为发展社会主义经济必须发展商品经济，不应把计划经济同商品经济对立起来，商品经济可以为社会主义制度服务。这一系列观点引起了邓小平等中央领导同志的关注，并逐渐在中央高层取得了共识。

1984年10月20日，党的十二届三中全会审议并通过《中共中央关于经济体制改革的决定》(简称《决定》)，第一次明确提出：社会主义经济"是在公有制基础上的有计划的商品经济"。《决定》强调，"首先要突破把计划经济同商品经济对立起来的传统观念，明确认识社会主义计划经济必须自觉依据和运用价值规律，是在公有制基础上的有计划的商品经济。"

"写出了一个政治经济学的初稿"

十二届三中全会通过的《决定》，按照把马克思主义基本原理同中国实际结合起来的原则，阐明了加快以城市为重点的整个经济体制改革的必要性、紧迫性，规定了改革的方向、性质、任务和各项基本方针政策，是指导我国经济体制改革的纲领性文件。《决定》在诸如商品经济与计划经济的关系、社会主义经济与价值规律等重大问题的认识上，冲破"左"的思想束缚，打破旧的传统观念，实现了许多重要的突破。

邓小平对这个《决定》给予了很高的评价。在1984年10月22日中央顾问委员会第三次全体会议上，他说，"现在外国报刊都是讲我在里边起了什么作用。有作用，

1984年10月20日，党的十二届三中全会在北京召开，会前召开了6天的预备会议。这次全会是在经过近6年改革开放实践基础上召开的一次重要会议。会议认真总结改革开放以来的经验，通过了《中共中央关于经济体制改革的决定》。图为全会一致通过《中共中央关于经济体制改革的决定》。（新华社资料照片）

主意出了一点，但主要的工作，繁重的事情，处理得有条不紊的是他们这些做实际工作的同志。比如这次三中全会通过的《关于经济体制改革的决定》，这两天反应很强烈，都说是有历史意义的一个文件。这个文件，我没有写一个字，没有改一个字，但这个文件很好。"他还说，"这次经济体制改革的文件好，就是解释了什么是社会主义，有些是我们老祖宗没有说过的话，有些新话。我看讲清楚了……这是个好的文件。我的印象是写出了一个政治经济学的初稿，是马克思主义基本原理和中国社会主义实践相结合的政治经济学，我是这么个评价。"

十二届三中全会通过的《决定》在理论上的重大贡献是，突破把计划经济同商品经济对立起来的传统观念，提出我国社会主义经济是"公有制基础上的商品经济"；突破把全民所有同国家机构直接经营企业混为一谈的传统观念，提出"所有权同经营权可以适当分开"。这是党在计划与市场关系问题上得出的全新认识。这个决定就增强企业活力、发展社会主义商品经济、重视经济杠杆作用、扩大经济技术交流等一系列重大问题作出了部署。此后，以城市为重点的经济体制改革全面展开。

参考文献

《邓小平文选》第三卷，人民出版社 1993 年版。

中共中央文献研究室编：《邓小平思想年编（1975-1997）》，中央文献出版社 2011 年版。

中共中央文献研究室编：《十二大以来重要文献选编》（中），中央文献出版社 2011 年版。

中共中央党史研究室：《中国共产党的九十年——改革开放和社会主义现代化建设新时期》，中共党史出版社、党建读物出版社 2016 年版。

周叔莲：《我对中国计划经济转变为社会主义市场经济的研究》，《中国浦东干部学院学报》2017 年第 5 期。

柳红：《破题 1984：马洪的两份手稿》，《经济观察报》2019 年 1 月 7 日。

1985年
百万大裁军

1985年6月4日,邓小平在中央军委扩大会议上宣布,把中国人民解放军的员额减少一百万。这是中国人民解放军建军史上一次有名的"百万大裁军"。

一根指头与一百万

1985年百万大裁军是军队整顿的重大举措,体现了邓小平对军队员额和军队战斗力之间辩证关系的深刻思考。

早在1975年1月25日,在中国人民解放军总参谋部机关团以上干部会议上,邓小平就指出,"现在,好多优良传统丢掉了,军队臃肿不堪……军队膨胀起来,不精干,打起仗来就不行……军队的总人数要减少,编外干部太多要处理;优良传统要恢复。"1975年7月14日,在中央军委扩大会议上,他强调,军队整顿要从肿、散、骄、奢、惰上入手。1980年3月12日,在中央军委常委扩大会议上,他再次指出,"军队要提高战斗力,提高工作效率,不'消肿'不行。""要'消肿',不改革体制不行。"

在邓小平看来,军队"消肿"和改革体制的根本目的是为了实现军队现代

1985年6月4日,中央军委主席邓小平在军委扩大会议上宣布,中国人民解放军裁减员额100万。(新华社资料照片)

化。为了实现军队现代化,首先要解决的问题是军队建设与国家经济建设的关系问题。对于这一问题,邓小平思考得很多,他在军委扩大会议上强调,"四化总得有先有后。军队装备真正现代化,只有国民经济建立了比较好的基础才有可能……先把经济搞上去,一切都好办。"

那么,一心一意搞经济建设的国际环境是否具备呢?经过科学的观察,以邓小平同志为核心的党中央作出了"在较长时间内不发生大规模的世界战争是有可能的,维护世界和平是有希望的"的重大判断。根据这一重大判断,邓小平认为,我国应该不失时机地集中精力搞社会主义现代化建设。这是一个大局,军队建设要服从国家建设大局。

经过慎重的考虑,1985年6月4日,在军委扩大会议上,邓小平伸出一根指头,郑重地宣布"把中国人民解放军的员额减少一百万"。这一瞬间,被新华社军事摄影记者用镜头记录了下来——一根指头与一百万,就这样定格在了人民解放军现代化建设的史册上。

对于裁减一百万,有人担心会减弱军队的战斗力。邓小平反问一句:"虚胖子能打仗?"人们的思想很快统一起来。从此,一场轰轰烈烈的百万大裁军正式拉开帷幕。

1985年7月11日,中共中央、国务院、中央军委批准转发《军队体制改革、精简整编方案》,提出两项改革任务:一是压缩军队总员额,全军总人数减少100万;二是改革体制编制,改革和建立一些相关的制度。方案明确提出,要通过军队体制改革、精简整编,"逐步把人民解放军建设成为一支机构精干、指挥灵便、装备精良、训练有素、反应快速、效率很高、战斗力很强的精兵"。

1985年下半年,百万大裁军依照先机关,后部队、院校和保障单位的顺序,自上而下组织实施。通过裁减员额、撤并机构、调整结构、削减武器装备、开放部分军用设施、精干编制、实行文职制度和调整部队院校编制体制等逐项开展。

这次裁军百万,是我军军队体制改革、精简整编的一个大举措,其裁员之多,难度之大,涉及面之广前所未有。按照裁军方案,北京、沈阳、济南、南京、广州、成都、兰州等军区被保留,武汉、福州、昆明、乌鲁木齐等军区被撤并。在精简整编的同时,还要进行大规模的军队体制改革,从总部机关精简、大军区调整、部队裁减,到县市人民武装部划归地方建制,边防部队移交公安部门等，都有比较大的改革。这牵动着每一个军人、每一个军人家庭的心。可以毫不夸张地说，这次大裁军是军队机体的一次脱胎换骨的"大手术"。

尽管裁军难度空前之大，然而，裁军方案宣布后，人民子弟兵发扬我军"一切行动听指挥"的优良传统，坚决服从改革大局。在党的坚强领导下，百万大裁军的浩大工程顺利进行。

百万大裁军开启中国精兵强军之路

1987年4月4日，在全国人大六届五次全会举行的中外记者招待会上，中国人民解放军副总参谋长徐信自豪地宣布："中国人民解放军精简整编的任务已基本完成！裁减员额100万后，军队的总定额为300万。"

通过这次大规模的军队体制改革和精简整编行动，基本改变了军队臃肿庞杂的状况，总参谋部、总政治部、总后勤部机关和各大军区机关都在原定额的基础上精简了近一半；11个大军区精简合并成7个；减少军官数量，改变了官兵比例不合理的状况。

百万大裁军后，中国现代化军队转型的方向开始明确，中国特色精兵强军之路正式开启。在军队结构上，从过去陆军"一军独大"发展到海、陆、空、二炮全面发展，并在军队装备不断改进的同时组建了合成军、合成师。凡保留下来的陆军，军级建制全部改编为合成集团军。合成集团军的组建，大大提高了现代条件下的合成训练和作战能力。

百万大裁军是改革开放和社会主义现代化建设新时期，党将军队建设指导思想从临战准备状态转到和平时期建设的一次重大战略决策，是党和国家工作重心转移后国防和军队建设的重大事件，在国内外产生了空前的影响。邓小平指出，裁军一百万"是中国共产党、中国政府和中国人民有力量、有信心的表现"。在评价这次裁军时，他强调，中国军队过去"只讲数量，不讲质量。现在改变了，讲质量，讲真正的战斗力。搞少而精的、真正顶用的"。

参考文献

《邓小平文选》第二卷，人民出版社1983年版。

《当代中国》丛书编辑部：《当代中国军队的军事工作》，中国社会科学出版社。

丁伟、魏旭：《20世纪80年代人民解放军体制改革、精简整编的回顾与思考》，《军事历史》2014年第6期。

贾永等：《强军之路——党中央、中央军委推进国防和军队建设改革发展纪实》，《人民日报》2008年12月22日第8版。

江山等：《我们的队伍向太阳——人民军队阔步前进的现代轨迹》，《人民日报》2011年7月1日第35版。

《南京日报》编辑部：《1985年大裁军：邓小平伸出一根手指裁军百万》，《南京日报》2013年4月18日第A12版。

宗文：《百万大裁军》，《文史博览》2015年第10期。

1986 年
"863" 计划

1986 年 3 月,为迎接世界高技术竞争的挑战,推动我国高技术及其产业的发展,邓小平根据王大珩、王淦昌、杨嘉墀和陈芳允*四位科学家的建议,亲自批准启动了我国高技术研究发展计划。由于这一计划的建议和邓小平的批示都是在 1986 年 3 月作出的,因此被称作"863"计划。

四院士联名上书与"863"计划的诞生

1986 年初,陈芳允院士在一次会议上谈到,"在科学技术飞跃发展的今天,谁能把握高科技领域的发展方向,谁就可能在国际竞争中占据优势。中国的经

---

* 王大珩,光学家,我国近代光学工程的重要学术奠基人、开拓者和组织领导者,中国科学院院士、中国工程院院士,国际宇航科学院院士,"两弹一星功勋奖章"获得者。王淦昌,核物理学家,中国核科学的奠基人和开拓者之一,中国科学院院士,"两弹一星功勋奖章"获得者。杨嘉墀,空间自动控制学家,中国自动化学科、中国自动化学会和中国仪器仪表学会的创建人之一,国际宇航科学院院士、中国科学院院士,"两弹一星功勋奖章"获得者。陈芳允,无线电电子学家,中国卫星测量、控制技术的奠基人之一,中国科学院院士,"两弹一星功勋奖章"获得者。

图为青年女科技工作者将鲜花献给陈芳允、杨嘉墀、王淦昌、王大珩（左起）4位联名提出发展高技术建议的老科学家。（新华社资料照片）

济实力不允许全面发展高科技，但我们在一些优势领域首先实现突破却是可能的。"他的发言与王大珩院士的观点不谋而合。

1986年2月一个晚上，陈芳允专程拜访王大珩。

王大珩说，"搞'两弹一星'的时候，我们的国力还不如现在雄厚，经济实力也完全不能和美苏等超级大国相提并论，但是我国'独立自主、自力更生'，我们硬是咬着牙搞出来了，只花了不到美苏1/20的钱就搞出了'两弹一星'，这样我们在国际上的地位就大不一样了，人家就不得不对我们另眼看待，就不得不在国际政治舞台上让我们占据一席之地，人民也才有了不受核威慑的生活环境。搞高技术发展研究也是这样，我们集中力量，突出重点，完全可以花较少的钱办较大的事。"

陈芳允对此深表赞同。他说，"能不能写个东西，把我们的想法向上反映反映？"

"对，应该让最高领导了解我们的想法，争取为国家决策提供帮助！"王大珩说，"这个点子太好了，我看呀，咱们一不做二不休，干脆直接给邓小平同志写封信算了。"

一向很平静的陈芳允有些激动起来："我看呀，这封信就先由你来起草吧。"

"可以！"王大珩痛快地答应下来。

王大珩起草了初稿，经过多次修改整理后，形成了《关于跟踪研究外国战略性高技术发展的建议》。

王淦昌和杨嘉墀两位科学家看了建议信草稿后，当即表示完全同意。定稿后，他们依次签上了自己的姓名。

建议信通过特殊渠道，直接送给了邓小平。3月5日，邓小平作出批示："这个建议十分重要，找些专家和有关负责同志讨论，提出意见，以凭决策。此事宜速作决断，不可拖延。"

根据邓小平的指示精神，3月至8月，国务院先后召开多次会议，进行反复论证，形成了《国家高技术研究发展计划纲要》草案。10月6日，邓小平审阅后作出批示："我建议，可以这样定下来，并立即组织实施（如有缺点或不足，在实施中可以修改和补充）。"

1986年10月，中央政治局召开扩大会议，批准了这份计划。同年11月，中共中央、国务院批转了这一文件。

"863"计划及其实施

"863"计划从世界高技术发展趋势和中国实际出发，坚持"有限目标、突

1991年4月25日,科学家王淦昌、王大珩、杨嘉墀、陈芳允(右起)荣获"863计划"荣誉证书。(新华社资料照片)

出重点"的方针,选取生物、航天、信息、激光、自动化、能源和新材料等7个领域,确立了十几个主题作为我国高技术研究与开发的重点,希望通过15年的努力,达到下列目标:

(1)在几个最重要的高技术领域,跟踪国际水平,缩小同国外的差距,并力争在我们有优势的领域有所突破,为本世纪末特别是下世纪初的经济发展和国防安全创造条件;

(2)培养新一代高水平的科技人才;

（3）通过伞型辐射，带动相关方面的科学技术进步；

（4）为下世纪初的经济发展和国防建设奠定比较先进的技术基础，并为高技术本身的发展创造良好的条件；

（5）把阶段性研究成果同其他推广应用计划密切衔接，迅速地转化为生产力，发挥经济效益。

"863"计划于1987年3月正式实施。实施以后，全国数万名科学家参与攻关，在高技术及其产业化领域取得了重大成就。2001年，"863"计划实施15年时，"仅在民口6个领域的230多个专题中，就资助项目近6900余项，获国内外专利2000多项，发表论文47000多篇。累计创造新增产值560多亿元，产生间接经济效益达2000多亿元。"2008年11月，来自《科技日报》的一篇报道称，节能环保汽车、载人航天工程、高性能计算机、下一代移动通讯等"863"计划支持的自主研发成果，有效地促进了我国在高科技领域从"跟跑"到"领跑"的转变。

"863"计划的成功实施有力地提升了我国自主创新能力、国家综合实力，有效地提振了民族自信心，为中国在世界高科技领域占有一席之地奠定了坚实的基础。

参考文献

李新彦、陈祖甲：《"863"计划十周年工作会议在京举行》，《人民日报》1996年4月3日第1版。

林泉：《"863"计划综合情况介绍》，《人民日报》1996年4月3日第5版。

贾西平：《"863"计划成就展在京开幕》，《人民日报》2001年2月27日第2版。

崔禄春：《"863"计划是怎样出台的》，《百年潮》2006年第4期。

《863：中国高新技术的象征》，《科技日报》2008年11月6日。

1987 年
"三步走"发展战略

随着改革开放的稳步推进,我国社会主义现代化建设进入一个新的时期。如何在改革开放新时期实现现代化,这个问题时刻萦绕在改革开放总设计师邓小平的心头。从中国实际出发,邓小平提出了"三步走"发展战略,向世人完整地描述了中国实现现代化的战略目标和步骤。

到 20 世纪末,人民生活达到小康水平

1975 年 6 月 2 日,邓小平在会见美国报纸主编协会代表团和美联社董事长米勒时谈道:"我们发展社会主义经济,建设国家,是按照毛主席的指示分两步走。第一步是用十年左右的时间,把中国的工业、农业、科学技术这些方面建成独立的比较完整的体系,使各方面都有比较好的发展。第二步是在这个世纪的末期达到现代化水平。"对于达到何种现代化水平,他进一步说,"是接近或比较接近现在发达国家的水平。当然不是达到同等的水平。在这个时期内还办不到,因为中国有自己的情况,首先是人口比较多。"

1979 年 12 月 6 日,邓小平在会见日本首相大平正芳时,首次用"小康"概

念解释了中国的现代化目标。他指出,"我们要实现的四个现代化,是中国式的四个现代化。我们的四个现代化的概念,不是像你们那样的现代化的概念,而是'小康之家'。到本世纪末,中国的四个现代化即使达到了某种目标,我们的国民生产总值也还是很低的。要达到第三世界中比较富裕一点的国家的水平,比如国民生产总值人均1000美元,也还得付出很大的努力。就算达到那样的水平,同西方来比,也还是落后的。所以,我只能说,中国到那个时候也还是一个小康的状态。"

1980年1月16日,邓小平在中央召集的干部会议上,再次谈到了"小康"目标。他说,"到本世纪末,争取国民生产总值每人平均达到1000美元,算个小康水平。现在我们只有二百几十美元,如果达到1000美元,就要增加三倍。"同年12月25日,在中央工作会议上,邓小平正式提出:"经过20年的时间,使我国现代化经济建设的发展达到小康水平,然后继续前进,逐步达到更高程度的现代化。"

此后,邓小平又在多个场合阐述过小康目标问题。

1982年9月,邓小平关于到20世纪末达到小康水平的战略设想写进了党的十二大报告。党的十二大报告提出,"从1981年到本世纪末的20年,我国经济建设总的奋斗目标是,在不断提高经济效益的前提下,力争使全国工农业的年总产值翻两番。实现了这个目标……人民的物质文化生活可以达到小康水平。""为了实现20年的奋斗目标,在战略部署上要分两步走:前十年主要是打好基础,积蓄力量,创造条件,后十年要进入一个新的经济振兴时期。"

再用30年至50年时间,接近发达国家水平

在确立了到20世纪末使人民的物质文化生活达到小康水平的战略目标后,邓小平又开始思考更长远的战略问题。

1984年4月18日,邓小平在会见英国外交大臣杰弗里·豪时说,"我们的第一个目标就是到本世纪末达到小康水平,第二个目标就是要在30年至50年内达到或接近发达国家的水平。"同年5月29日,他在会见巴西总统菲格雷多时又说,"我们的目标是,到本世纪末人均达到800美元……更重要的是,在这样一个基础上,再发展30年到50年,我们就可以接近发达国家的水平。"同年10月6日,在会见中外经济合作问题讨论会全体中外代表时,他再次说,"发展经济,到本世纪末翻两番,国民生产总值按人口平均达到800美元,人民生活达到小康水平。在这个基础上,再发展30年到50年,力争接近世界发达国家水平。"

此后,邓小平在多个场合谈到了第三步战略目标问题。

1987年4月30日,在会见西班牙副首相阿方索·格拉时,邓小平更加全面、系统地阐述了中国分三步走实现现代化的发展战略。他说,"我们原定的目标是,第一步在80年代翻一番。以1980年为基数,当时国民生产总值人均只有250美元,翻一番达到500美元。第二步是到本世纪末,再翻一番,人均达到1000美元。实现这个目标意味着我们进入小康社会,把贫困的中国变成小康的中国。我们制定的目标更重要的还是第三步,在下世纪用30年到50年再翻两番,大体上达到人均4000美元。做到这一步,中国就达到中等发达的水平。这是我们的雄心壮志。"

在1987年10月召开的党的十三大上,邓小平提出的"三步走"战略构想正式为全党接受。关于这一战略,党的十三大报告是这样论述的:"党的十一届三中全会以后,我国经济建设的战略部署大体分三步走。第一步,实现国民生产总值比1980年翻一番,解决人民的温饱问题。第二步,到20世纪末,使国民生产总值再增长一倍,人民生活达到小康水平。第三步,到21世纪中叶,人均国民生产总值达到中等发达国家水平,人民生活比较富裕,基本实现现代化。然后,在这个基础上继续前进。"

"三步走"发展战略,对中华民族百年图强的宏伟目标作了积极而稳妥的规划,既体现了党和人民勇于进取的雄心壮志,又反映了从实际出发、遵循客观规

1987年10月25日,中国共产党第十三次全国代表大会在北京人民大会堂隆重开幕。图为邓小平、李先念步入大会主席台。(新华社资料照片)

律的科学精神,是中国共产党探索中国特色社会主义建设规律的重大成果。实践证明,"三步走"发展战略是中国迈向现代化的正确战略。

> **参考文献**
>
> 《邓小平文选》第二卷,人民出版社1983年版。
>
> 中共中央文献研究室编:《邓小平思想年编(1975—1997)》,中央文献出版社2011年版。
>
> 中共中央文献研究室编:《十三大以来重要文献选编》(上),中央文献出版社2011年版。
>
> 中共中央党史研究室:《中国共产党的九十年——改革开放和社会主义现代化建设新时期》,中共党史出版社、党建读物出版社2016年版。

1988 年
"两个大局"战略构想

> 1988 年,邓小平全面阐发了"两个大局"战略构想。这个战略构想的主要内容是,根据生产力发展水平和各方面的条件,东部地区先加快发展,然后带动和支持中西部地区发展,最终实现全国各地区共同繁荣和共同富裕。

沿海工业与内地工业的关系

中国地域辽阔,由于历史和地理的原因,工业大多布局在东部沿海地区,中西部地区长期处于未开发状态,东中西部发展有明显的差距。

1956 年 4 月 25 日,毛泽东发表了著名的《论十大关系》。在这篇文章中,他谈到了如何认识和处理"沿海工业与内地工业的关系"。他指出,"我国全部轻工业和重工业,都有约百分之七十在沿海,只有百分之三十在内地"。针对这一布局,他说,"这是历史上形成的一种不合理的状况。沿海的工业基地必须充分利用,但是,为了平衡工业发展的布局,内地工业必须大力发展。"根据他的设想,"新的工业大部分应当摆在内地,使工业布局逐步平衡,并且利于备战,这是毫无疑义的"。同时,"好好地利用和发展沿海的工业老底子,可以使我们

贵州三线建设博物馆位于六盘水市钟山区,以三线建设时期具有代表性的生产及生活工具、历史文献和图片资料等为主要展品,并通过微缩场景再现当时的生产生活场景,吸引众多游客和市民前来参观。图为2019年5月17日,游客在贵州三线建设博物馆内参观。(新华社记者陶亮摄)

更有力量来发展和支持内地工业"。这些论述清楚地表明,早在社会主义建设初期,党的领袖就考虑到了东西部协调发展问题。

除了生产力布局的考虑之外,备战也是一个重要的战略因素。在那个风起云涌的岁月,国际局势动荡,我国周边环境颇不安宁。先是中苏交恶,苏联单方面撕毁合同、撤走专家、逼还抗美援朝时期中国所欠的债务,继而美国扩大越南战争,严重威胁我国国防安全。同一时期,印度、日本、韩国等邻国受西方教唆,对我国也持敌对态度。当时的判断是,战争迟早会打、会大打,因而要赶在战争爆发之前,尽快建设一个稳固的大后方。

根据形势的需要,沿海工业与内地工业的关系进行了大调整。1964年,在党中央的部署下,"三线建设"正式启动。这是一项重大的战略决策,旨在应对当时日趋紧张的国际局势,加强备战,把我国生产力布局进行一次由东向西的战略大调整。据统计,在"三线建设"期间,国家共投入占同期全国基本建设总投资40%的2052亿元资金,动员了几百万人力,历时15年之久,在西南、西北13个省区建设了以国防工业、基础工业为主的近2000个大中型工厂、铁路、水电站等基础设施和科研院所。

"三线建设"改变了中国经济建设的布局,在西部地区建成了一批新兴工业城市,同时加强了战备和国防力量。与此同时,由于"三线建设"是在计划经济条件下进行的,通过计划方式建立的国有企业,大多是国家机关的行政附属物,它们自主权有限,既无动力,又无压力,结果造成了资源错配,浪费严重。据测算,1966—1972年间,无效投资达300多亿元,占同期国家用于"三线建设"资金的18%以上。可以说,"三线建设"在为中西部地区发展奠定基础的同时,也为其良性发展背上了沉重的包袱。

邓小平与"两个大局"战略构想

改革开放之后,总体上,全国发展的速度都在加快。相比之下,东部沿海地区的发展速度更快,东西部差距在不断拉大,区域发展不平衡问题逐渐加剧。在沿海地区特别是经济特区、开放城市取得显著成效,而内陆地区发展滞后时,邓小平就在思考区域协调发展问题。1985年3月,他在全国科技工作会议上指出,"我们提倡一部分地区先富裕起来,是为了激励和带动其他地区也富裕起来,并且使先富裕起来的地区帮助落后的地区更好地发展。"

按照邓小平的构想,共同富裕要通过两步走的方式来完成。1988年9月,他在听取关于价格和工资改革初步方案汇报时,首次明确提出"两个大局"战略构想:"沿海地区要加快对外开放,使这个拥有两亿人口的广大地带较快地先发展起来,从而带动内地更好地发展,这是一个事关大局的问题。内地要顾全这个大局。反过来,发展到一定的时候,又要求沿海拿出更多力量来帮助内地发展,这也是个大局。那时沿海也要服从这个大局。"

1988年10月5日,他在会见肯尼亚总统丹尼尔·阿拉普·莫伊时,谈到了中国经济发展规划,他形象地用两步走的说法概括了"两个大局"战略构想。他说,"我们的发展规划,第一步,让沿海地区先发展;第二步,沿海地区帮助内地发展,达到共同富裕。共同富裕是社会主义制度不能动摇的原则。"

1992年春,邓小平发表南方谈话,再次从共同富裕的战略高度,系统地阐述了"两个大局"战略构想。他说,"共同富裕的构想是这样提出来的:一部分地区有条件先发展起来,一部分地区发展慢点,先发展起来的地区带动后发展的地区,最终达到共同富裕。如果富的愈来愈富,穷的愈来愈穷,两极分化就会产生,而社会主义制度就应该而且能够避免两极分化。解决的办法之一,就是先富起来的地区多交点利税,支持贫困地区的发展。当然,太早这样办也不行,现在不能削弱发达地区的活力,也不能鼓励吃'大锅饭'。什么时候突出地提出和解决这个问题,在什么基础上提出和解决这个问题,要研究。"

对于什么时候提出以及如何解决发达地区带动不发达地区的问题,邓小平在南方谈话中明确地给出了答案,他指出,"可以设想,在本世纪末达到小康水平的时候,就要突出地提出和解决这个问题。到那个时候,发达地区要继续发展,并通过多交利税和技术转让等方式大力支持不发达地区。不发达地区又大都是拥有丰富资源的地区,发展潜力是很大的。总之,就全国范围来说,我们一定能够逐步顺利解决沿海同内地贫富差距的问题。"

"两个大局"战略构想是在改革开放新形势下提出的,既充分考虑了我国东西部发展不平衡和当时我国生产力比较落后、国家财力有限、发展经济的任务又十分迫切的实际，推动东部地区利用地理环境、国家政策和国外投资等方面的优势条件优先发展起来，同时又强调等东部充分发展起来后，利用东部的人才、技术、资金以及发展经验来发展西部，实现东西部地区协调发展，使全国人民实现共同富裕。在"两个大局"战略构想的指引下，在世纪之交、我国总体实现小康目标时，党中央及时提出并实施了西部大开发、振兴东北老工业基地、促进中部地区崛起等区域发展战略，最终形成了东中西部协调发展的大格局。

参考文献

《邓小平文选》第三卷，人民出版社 1993 年版。

《毛泽东文集》第七卷，人民出版社 1999 年版。

中共中央文献研究室编：《邓小平年谱（1975—1997）》（下），中央文献出版社 2004 年版。

齐铁砚：《抓住世纪之交历史机遇 加快西部地区开发步伐》，《人民日报》1999 年 6 月 19 日第 1 版。

高长武：《西部大开发战略的酝酿与决策实施》，《中共党史研究》2011 年第 3 期。

张全景：《毛泽东与三线建设——一个伟大的战略决策》，《世界社会主义研究》2016 年第 10 期。

1989 年
治理整顿与深化改革

1989年11月9日,党的十三届五中全会审议并通过《中共中央关于进一步治理整顿和深化改革的决定》,提出"包括今年在内,用三年或者更长一些时间,努力缓解社会总需求超过社会总供给的矛盾,逐步减少通货膨胀,使国民经济基本转上持续稳定协调发展的轨道,为到本世纪末实现国民生产总值翻两番的战略目标打下良好的基础"。

为什么在这个阶段提出进一步治理整顿和深化改革的任务,这需要从物价闯关受挫说起。

物价闯关受挫后,中国刮起了一股抢购风

1984年10月召开的党的十二届三中全会推出了以城市为重点的整个经济体制改革。理论和实践表明,整个经济体制改革成败的关键是价格改革。而价格改革的目的是要形成一个新的价格形成机制,使价格成为调节经济的手段。由于放开价格存在很大的风险,中国选择了双轨制的方案,即,计划内的产品由行

政定价，而超产部分则由市场定价。因此，同一产品有两种价格。在物资短缺的情况下，市场价格大大高于计划价格，社会上出现了把计划价格的商品倒给市场的"官倒"现象，且愈演愈烈，严重地扰乱了生产和社会秩序。

为了解决价格问题，1985年，党中央、国务院决定，从当年起，用五年左右的时间，把价格体系基本理顺，并确定价格改革的基本方针是"放调结合，小步前进"。然而，随后的价格改革并没有遵循"小步前进"的原则，而是加快了步伐。

1988年5月19日，邓小平在接见朝鲜政府军事代表团时谈到，"理顺物价，改革才能加快步伐。不解决物价问题就不能放下包袱，轻装前进。最近我们决定放开肉、蛋、菜、糖四种副食品价格，先走一步。"他把物价改革比为"过关"。他说，"过一关不容易，要担很大风险。这次副食品价格一放开，就有人抢购，议论纷纷，不满意的话多得很，但是广大人民群众理解中央，这个决心应该下。现在过这一关，能否成功，今天还不能讲，但我们希望成功。这就要求我们每走一步，都兢兢业业，大胆细心，及时总结经验，发现问题做些调整，使之符合实际情况。但是物价改革非搞不可，要迎着风险、迎着困难上。"新华社北京5月19日电援引邓小平的话称："中国的物价改革是一个大胆行动，要冒一定的风险，但是中央有信心把这件事办好。"

1988年8月15日至17日，中央政治局在北戴河召开第十次全体会议，会议讨论并原则通过《关于价格、工资改革的初步方案》。根据这个初步方案，价格改革的总方向是：少数重要商品和劳务价格由国家管理，绝大多数商品价格放开，由市场调节，以转换价格形成机制，逐步实现"国家调控市场，市场引导企业"的要求。

尽管这一方案尚未实施，但它却强化了社会上已经非常严重的高通胀预期，从而引发了全国性的挤提储蓄存款和抢购商品的风潮。1988年10月16日《人民日报》发表的一则报道从一个侧面反映了当时的情况："8月间，伴随着阵阵袭人的热浪，'抢购风'也刮到了河北清苑县。一时间，货币如猛兽般扑向市场，造成家用电器脱销，日用百货告急，甚至毛巾、袜子都难以在货架上摆住。"在抢购风的带动下，物价涨势更猛，通货膨胀愈演愈烈。

物价闯关所引发的通货膨胀进一步扭曲了价格，严重打破了供求关系，扰乱了正常的经济秩序，给宏观经济运行造成了很大的影响，对全面改革来说无疑是一次挫败。

在治理整顿中深化改革

物价闯关受挫很快引起了邓小平的注意。1988年9月16日，他在会见日本自民党前副总裁二阶堂进一行时说，"速度快本来是好事，但太快也带来麻烦。通货膨胀主要是管理不严造成的，我们缺乏经验。物价改革以前就有通货膨胀问题，主要是总供给和总需求的关系处理得不够妥善。现在需要总结经验，继续前进，控制总需求的增长，控制发展速度。我们的胆子够大了，现在需要稳。十亿人口的大国，应力求稳定。走一步，总结一下经验，有错就改，不要使小错误变成大错误，这是我们遵循的原则。"

1988年9月26日至30日，党的十三届三中全会在北京召开。全会根据中央政治局对当时政治经济形势的判断，同意把"今后两年改革和建设的重点突出地放到治理经济环境和整顿经济秩序上来"。会议指出，"不理顺价格就谈不上真正确立新经济体制的基础，但深化改革又不仅是一个价格改革问题，而是多方面的综合改革。"

会议原则通过了《关于价格、工资改革的初步方案》，建议国务院在今后五年或较长一些时间内，根据严格控制物价上涨的要求，并考虑各方面的实际可能，逐步地、稳妥地组织实施。

1988年10月3日，为贯彻落实党的十三届三中全会精神，中共中央、国务院作出《关于清理整顿公司的决定》；10月6日，国务院作出《关于从严控制社会集团购买力的决定》；10月24日，国务院作出《关于加强物价管理严格控制物价上涨的决定》。1989年3月，在七届全国人大二次会议上，国务院政府工作报告的主题是《坚决贯彻治理整顿和深化改革的方针》，对治理整顿和深化改革作出了重要部署。

1989年6月，党的十三届四中全会选举产生了新的中央领导集体。新的中央领导集体高度重视治理整顿和深化改革工作。同年11月召开的党的十三届五中全会审议并通过了《关于进一步治理整顿和深化改革的决定》，提出"党的十三届三中全会决定对国民经济进行治理整顿是正确的……但是，十三届三中全会由于受到当时情况的限制……很多措施没有得到有效贯彻，加上时间比较短，国民经济中许多深层次问题还没有得到解决，难关尚未渡过"。因此，要"用三年或者更长时间基本完成治理整顿任务"。

由于方法得当，这次的治理整顿取得了较好的效果。一年后，1990年11月，"不少地区和部门已渡过了难关，有的正在摆脱困难，还有的地区和部门出现了转机。过高的工业发展速度、过大的建设规模和过热的消费都已降了下来"。两年后，1992年3月，国务院总理李鹏在七届全国人大五次会议上正式宣告："我国目前的经济状况表明，治理整顿的主要任务已经基本完成，作为经济发展的一个特定阶段可以如期结束"。治理整顿的成功为党的十四大提出建立社会主义市场经济体制目标、进一步推进改革开放创造了稳定的环境，同时为社会主义初级阶段的经济建设积累了宝贵的经验。

参考文献

《邓小平文选》第三卷,人民出版社1993年版。

中共中央文献研究室编:《邓小平年谱(1975-1997)》(下),中央文献出版社2004年版。

李鹏:《政府工作报告》(1992年3月20日),载《十三大以来重要文献选编》(下),中央文献出版社2011年版。

《基本方针是放调结合小步前进》,《人民日报》1985年4月13日第4版。

《中央政治局召开第十次全体会议,原则通过价格工资改革初步方案》,《人民日报》1988年8月19日第1版。

柴世宽、刘建生:《中央有信心和把握搞好物价改革》,《人民日报》1988年5月20日第1版。

杨振武:《坦诚相见,讲明道理》,《人民日报》1988年10月16日第4版。

徐耀中:《治理整顿取得明显成效》,《人民日报》1990年11月15日第1版。

1990 年
开发浦东，开放浦东

"八十年代看深圳，九十年代看浦东。"这句流行很久的话，形象地表达了浦东开发开放在我国对外开放大战略中的重要地位。

在 20 世纪 80 年代末、90 年代初，东欧剧变使世界社会主义发展严重受挫，我国国内改革亦面临新的挑战。在这个重大历史关头，党中央、国务院着眼全局，作出开发开放浦东的大决策，向世人展示了我国坚持对外开放的坚定决心。

树起更加改革开放的旗帜

1980 年 10 月 3 日，《解放日报》发表了一篇重磅文章——《十个第一和五个倒数第一说明了什么？》，一口气列举了上海在经济上的十个全国"第一"，但紧接着又毫不留情地谈了上海在城市建设方面的五个全国"倒数第一"：城市人口密度之大，为全国之"最"；建筑之密，厂房之挤，道路之狭，绿化之少，均为我国大城市之"最"；缺房户比重之大，为全国之"最"；车辆事故为全国大城市之"最";市区癌症发病率之高为全国城市之"最"。面对这些不光彩的全国之"最",为上海开辟一个新的城市功能区迫在眉睫。

事实上,改革开放后,浦东开发就进入了中央和上海决策者的视野。1984年12月,上海市政府联合国务院改造振兴上海调研组向中央报送《关于上海经济发展战略的汇报提纲》,提出创造条件开发浦东的设想。1986年4月,上海市政府向中央报送《上海市城市规划方案汇报提纲》,提出开发浦东的初步方案。1986年10月,国务院批复这个方案,提出要有计划地建设和改造浦东,使之成为现代化新区。随后两年中,上海市有关部门一直在研究浦东开发问题。

1990年,邓小平在上海过春节。这期间,他提出,"请上海的同志思考一下,能采取什么大的动作,在国际上树立我们更加改革开放的旗帜。"2月13日晚,在离沪前往火车站返京的途中,谈到开发浦东时,他说,"你们搞晚了。但现在搞也快,上海条件比广东好,你们的起点可以高一点。从八十年代到九十年代,我就在鼓动改革开放这件事。胆子要大一点,怕什么。"在谈到浦东开放需要优惠政策时,他说,"我赞成,你们应当多向江泽民同志汇报。"

回到北京后,邓小平在同几位中央负责同志谈话时又说:"机会要抓住,决策要及时,要研究一下哪些地方条件更好,可以更广大地开源。比如抓上海,就算一个大措施。上海是我们的王牌,把上海搞起来是一条捷径。"

在邓小平的支持下,开发浦东加快了论证的步伐。

1990年4月18日,李鹏在上海宣布:"中共中央、国务院同意上海市加快浦东地区的开发,在浦东实行经济技术开发区和某些经济特区的政策。"他说,"这是我们为深化改革、扩大开放作出的又一个重大部署。我们欢迎外国的企业家以及港澳同胞、台湾同胞和海外侨胞投资,参加浦东开发,我们将为此提供优惠的合作条件和日趋完善的投资环境。"从此,浦东开发开放的帷幕正式拉开,上海再次成为令世界瞩目的焦点,我国改革开放事业也由此翻开了新的篇章。

4月30日,上海市政府召开新闻发布会,宣布开发浦东的十项优惠政策和

1990年5月拍摄的黄浦江畔的上海市。近景是浦西城区,江对岸是即将开发的浦东地区。(新华社资料照片)

措施,还宣布了开发浦东的总体规划:"八五"期间为开发起步阶段;"九五"期间为重点开发阶段;2000年以后的二三十年或更长一些时间为全面建设阶段。

"抓紧浦东开发,不要动摇,一直到建成"

邓小平念念不忘浦东开发开放问题。1991年1月28日,他在听取上海市委负责人汇报时指出,"浦东开发至少晚了五年。浦东如果像深圳经济特区那样,

早几年开发就好了。开发浦东,不只是浦东的问题,是关系上海发展的问题,是利用上海这个基地发展长三角和长江流域的问题。"2月13日,在谈到浦东开发问题时,他说,"那一年确定四个经济特区,主要是从地理条件考虑的。深圳毗邻香港,珠海靠近澳门,汕头是因为在东南亚国家的潮州人多,厦门是因为闽南人在外国经商的很多,但是没有考虑到上海在人才方面的优势。如果当时就确定在上海也设经济特区,现在就不是这个样子。"2月18日,在听取浦东开发规划汇报时,他强调,"抓紧浦东开发,不要动摇,一直到建成。"

1990 年

开发浦东,开放浦东

浦东，正由中国改革开放的窗口走向全面深化改革的试验田，一项项改革措施从这里复制推广到全国。图为上海陆家嘴一景。（2017年5月14日，新华社记者丁汀利用无人机拍摄）

　　1992年春，邓小平南下视察武昌、深圳、珠海，并再次来到上海。一路上，他又多次谈到浦东开发问题。2月17日下午，邓小平听取上海市委负责人关于浦东开发和发展规划的汇报，并审看浦东新区规划图。听完汇报后指出："浦东开发晚了，但可以借鉴广东的经验，可以搞得好一点，搞得现代化一点，起点可以高一点。起点高，关键是思想起点要高。后来居上，我相信这一点。"

　　1993年年底，89岁高龄的邓小平又一次来到上海。这时的上海，正呈现出一派欣欣向荣的景象，浦东开发正值高潮。12月13日，邓小平冒雨视察浦东，并登上杨浦大桥，眺望浦东开发区的建设情景。在视察上海内环线浦东段及罗山路、龙阳路立交桥后说：喜看今日路，胜读百年书。并说：这是出自我内心的话。

浦东开发取得了巨大的成功。到 20 世纪末，仅用了将近十年时间，"浦东经济总量就相当于全市 1990 年的水平，等于再造了一个大上海"。浦东开发的成功为我国改革开放和社会主义现代化建设事业添上了浓墨重彩的一笔。

参考文献

《邓小平文选》第三卷，人民出版社 1993 年版。

中共中央文献研究室编：《邓小平年谱（1975—1997）》（下），中央文献出版社 2004 年版。

沈峻坡：《十个第一和五个倒数第一说明了什么？》，《解放日报》1980 年 10 月 3 日。

萧关根：《开发浦东　开放浦东》，《人民日报》1990 年 4 月 19 日第 1 版。

章世鸿：《上海宣布开发浦东十项政策》，《人民日报》1990 年 5 月 2 日第 1 版。

谢金虎、李荣、曹焕荣：《一江春水绘宏图——浦东开发开放十年记》，《人民日报》2000 年 4 月 14 日第 2 版。

1991 年
秦山核电站

1991年12月15日零时15分,秦山核电站主控制室里开关一闭合,一股电流瞬间输入华东电网,值班长随即激动地宣布:"秦山核电厂与华东电网并网成功!"

秦山核电站的建成,结束了我国大陆无核电的历史,使我国成为继美国、英国、法国等发达国家之后第七个能够自主设计、建造、运营、管理核电站的国家,这是我国和平利用核能的一项重大成果,被誉为"国之光荣"。

和平利用核能的典范

1955年年初,为加强国防力量、反对美帝国主义核讹诈和核威胁,保卫来之不易的和平环境,党中央、毛泽东主席高瞻远瞩、审时度势,毅然作出发展新中国核事业的战略决策。

在异常艰苦的条件下,中国的核工业发展却取得了令世界刮目相看的成就。1964年10月16日,我国成功爆炸第一颗原子弹,使中国成为世界上第五个拥

< 1964年10月16日15时,中国第一颗原子弹爆炸成功,这一成就集中代表我国科学技术当时所能达到的新水平,有力地打破了超级大国的核垄断和核讹诈,提高了我国的国际地位。图为爆炸后升起的蘑菇状烟云。(新华社资料照片)

> 1991年12月15日,中国自行设计建造的核电站——秦山核电站并网发电。该核电站位于浙江省海盐县秦山北麓。图为核电站内景。(新华社资料照片)

有核武器的国家;1967年6月17日,我国第一颗氢弹在西部地区上空爆炸成功;1970年12月,我国第一艘核潜艇下水。"两弹一艇"是新中国建设的重要成果,更是中华民族文明史上的盛举,它意味着我国从此进入核大国行列,这对我国国防实力的增强发挥了不可磨灭的作用。

经过几代人的努力,到改革开放前夕,我国已成为世界上少数独立掌握核技术的国家之一,在某些关键技术领域甚至走在世界前列。邓小平称赞道,"如果六十年代以来中国没有原子弹、氢弹,没有发射卫星,中国就不能叫有重要影响的大国,就没有现在这样的国际地位。这些东西反映一个民族的能力,也是一个民族、一个国家兴旺发达的标志。"

1991年
秦山核电站

图为1992年的秦山核电站反应堆主厂房。（新华社资料照片）

十一届三中全会后，党和国家的工作重点转移到经济建设上来，和平利用核能、发展核电被提上了议事日程。然而，正当我国核电事业刚刚起步时，1979年美国三哩岛核事故、1986年苏联切尔诺贝利核事故先后爆发，国内外舆论一片哗然，人们纷纷对核电的安全性、可靠性提出了质疑。

在关键时刻，邓小平以战略家的勇气力排众议，坚决主张发展核电。1979年12月30日，他在审阅国防科委《关于发展核电问题的请示报告》时，对试验性核电站（即秦山核电站）究竟上与不上的问题，作出了肯定性的批示："请中财委讨论，提出具体意见（我认为由二机部抓总，较为妥当）。"经过反复的科学论证，国务院批准了国家计委等部委关于建设30万千瓦核电站的报告，厂址选在浙江省海盐县秦山。

1990年12月24日，在同几位中央负责同志谈话时，他再次提到，"核电站我们还是要发展"。在邓小平的支持下，中国核电事业得到了迅速的发展。秦山核电是其中成功的典范。1991年12月15日，我国第一座自行设计、自行建造的30万千瓦的核电站——秦山核电站成功并网发电，中国内地无核电的历史从此结束。

自主创新走向辉煌

秦山核电站第一期工程建成后，秦山核电人没有停下脚步，而是一步一个脚印，取得了一个又一个骄人的成绩。

1996年6月2日，2台60万千瓦级压水堆机组的秦山二期工程正式开工。开工初期，由于投资没有及时到位，二期工程险些夭折。此后，受设计图纸滞后等诸多因素的影响，工程建设举步维艰。在困难面前，英雄的秦山核电人没有退缩，而是采取了一系列大胆的创新举措，确保了二期工程的顺利进行。2002年2月6日，1号机组比原定计划提前23天并网发电；4月15日，比原定计划提前47天投入商业运行。2004年3月11日，2号机组首次并网发电；5月3日投入商业运行。在秦山二期工程的55项关键设备中，有47项基本实现了国产化。秦山二期工程的建成实现了我国大型商用核电站的自主设计、自主建造、自主管理和自主运营。

1998年6月8日，秦山三期2台70万千瓦级重水堆核电站开工建设。在工程建设中，秦山核电人始终坚持自主原则，充分利用国内核电工程建设经验，积极借鉴国际先进经验，实现了核电工程管理的本土化与国际化。2002年11月19

日，1号机组并网发电，12月31日投入商业运行，比原定计划提前43天；2号机组于2003年6月12日并网发电，7月24日投入商业运行，比原定计划提前了112天，创造了国际重水堆核电站建设周期最短的佳绩。

自建成以来，秦山核电站一直安全有效运行。2015年1月12日，秦山核电基地年发电量约500亿千瓦时，成为我国大陆最大的核电基地。2017年6月10日，秦山核电基地安全运行100堆年。2018年4月20日，秦山核电基地累计安全发电5000亿千瓦时，这些电量可供1000万人口的城市家庭用电55年，超过五年来北京市全市社会用电总量。

秦山核电是中国核电事业从无到有、从小到大的杰出代表。通过自主创新，秦山核电人攻坚克难，培养了一大批核电专业技术技能人才，积累了丰富的经验，形成了"严守安全成就事业、勇担国任成就光荣、自主创新成就跨越、开放合作成就典范、超越自我成就梦想"的秦山精神。这一精神激励着中国核电事业不断走向辉煌。

参考文献

《邓小平文选》第三卷，人民出版社1993年版。

中共中央文献研究室编：《邓小平年谱（1975-1997）》（上），中央文献出版社2004年版。

唐庆忠、张军：《秦山核电站并网发电》，《人民日报》1991年12月18日第1版。

廖文根：《国之荣光》，《人民日报》2004年9月23日第5版。

谭进：《秦山成为我国最大核电基地》，《人民日报》2015年1月13日第9版。

《未来三十年，再造一个新秦山——写在秦山核电基地开工建设30周年之际》，《学习时报》2016年5月6日。

蒋建科：《秦山核电——安全运行100堆年》，《人民日报》2017年6月12日第1版。

蒋建科：《第一座核电站秦山核电站——从国之光荣到国家名片》，《人民日报》2018年12月26日第2版。

1992 年
"南方谈话"

1992 年的春天,一列火车在南方大地疾驶。1 月 18 日至 2 月 21 日,从武昌到深圳,从珠海到上海,88 岁高龄的邓小平思维敏捷,围绕是否坚持十一届三中全会以来的路线方针政策问题、姓资姓社问题、社会主义本质问题、发展问题、改革的精气神和时机问题、如何建设社会主义的问题,以及共产主义接班人问题,发表了一系列重要谈话,史称"南方谈话"。

克服阻力,寻找动力

20 世纪 80 年代末,国际形势风云变幻,世界社会主义运动陷入前所未有的低潮。反观我国,由于物价闯关受挫,我国经济出现了持续升温的过热现象。为了刹住经济过热的势头,1988 年 9 月召开的党的十三届三中全会及时提出要"治理经济环境、整顿经济秩序、全面深化改革"。

就在这次治理整顿措施刚刚取得一点成效的时候,1989 年春夏之交,北京和其他一些城市发生了政治风波。这次事件爆发后,邓小平提出要冷静地考虑

1992年岁首,邓小平同志在深圳中国民俗文化村参观。(新华社资料照片)

一下过去,也考虑一下未来。1989年6月9日,他在接见首都戒严部队军以上干部时提出了两个重要问题:"第一个问题,党的十一届三中全会制定的路线、方针、政策,包括我们发展战略的'三部曲',正确不正确?"对于这个问题,他说,"不能因为这次事件的发生,就说我们的战略目标错了。""第二个问题,党的十三大概括的'一个中心、两个基本点'对不对?两个基本点,即四个坚持和改革开放,是不是错了?"他说,"我最近总在想这个问题。我们没有错。"

1989年6月23日至24日,党的十三届四中全会分析国内发生政治风波的性质及原因,初步总结了经验教训,明确了今后一个时期党的方针和任务,对中央领导机构成员进行了调整，使中国发展再次步入正轨。新的中央领导集体产生后，治理整顿、深化改革全面推进。1989年11月，党的十三届五中全会审议并通过《中共中央关于进一步治理整顿和深化改革的决定》，要求用三年或者更长一点的时间，基本完成治理整顿任务。

随着治理整顿的推进，经济发展速度出现了很大程度的滑坡。在这种情势之下，人们对改革开放产生了肯定和否定这两种相互交锋的观点。

这些争论极大地影响着改革开放的进程，引起了邓小平的高度重视。1990年3月3日，邓小平同几位中央负责同志谈话，强调"现在特别要注意经济发展速度滑坡的问题"。他说，"世界上一些国家发生问题，从根本上说，都是因为经济上不去，没有饭吃，没有衣穿，工资增长被通货膨胀抵消，生活水平下降，长期过紧日子。"他进而说，"要实现适度的发展速度，不能只在眼前的事务里面打圈子，要用宏观战略的眼光分析问题，拿出具体措施。"他还一针见血地指出，"中国能不能顶住霸权主义、强权政治的压力，坚持我们的社会主义制度，关键就看能不能争得较快的增长速度，实现我们的发展战略"。

1990年12月24日，他再次同几位中央负责同志谈话，更加突出地强调，"我们必须从理论上搞懂，资本主义与社会主义的区分不在于是市场还是计划的问题。社会主义也有市场经济，资本主义也有计划控制。不要以为搞点市场经济就是资本主义道路。没有那么回事。计划和市场都得要。不搞市场，连世界上的信息都不知道，是自甘落后。""改革开放越前进，承担和抵抗风险的能力就越强。"

1991年春，邓小平到上海过春节，他希望通过上海的地位和作用，去影响全国并推进改革开放。《解放日报》根据邓小平的谈话精神，相继发表了署名为"皇甫平"的四篇评论——《做改革开放的"带头羊"》《改革开放要有新思路》《扩大开放的意识要更强些》《改革开放需要大批德才兼备的干部》。这四篇评论的主题一以贯之，内容相互呼应，旨在形成一个推进改革开放的舆论先导。评论的发表得到了正反两方面的反响。其中，一部分是支持性回应，但更多的则是将评论观点上升为对"改革开放不要问姓资姓社"进行批判。

在这个重要关头，88岁高龄的邓小平毅然南下视察武昌、深圳、珠海、上海等地，发表了振聋发聩的重要谈话。

东方风来满眼春

1992年2月20日，《深圳特区报》在头版重要位置刊出《扭住中心不放——猴年新春评论之一》，引起了很大的社会反响。此后，该报每两天发表一篇猴年新春评论。

由于《深圳特区报》每发表一篇评论，《文汇报》《大公报》都会转载，并在按语中说明评论"原汁原味披露邓小平南方谈话精神"，这引起了各方的关注。此后，《光明日报》《经济日报》也都开始有选择地转载这些评论。

3月26日，《深圳特区报》发表署名为"本报记者陈锡添"的长篇通讯《东方风来满眼春——邓小平同志在深圳纪实》。正是在这篇通讯中，人们今天耳熟能详的一些重要观点得以第一次跟读者见面。比如："要坚持党的十一届三中全会以来的路线方针政策，关键是坚持'一个中心、两个基本点'。不坚持社会主义，不改革开放，不发展经济，不改善人民生活，只能是死路一条。基本路线要管一百年，动摇不得。""走社会主义道路，就要逐步实现共同富裕。""要坚持两手抓，一手抓改革开放，一手抓打击各种犯罪活动。这两只手都要硬。""改革开放胆子要大一些，敢于试验，不能像小脚女人一样。看准了的，就大胆地试，大胆地闯。"通讯最后用"东方风来满眼春"这个诗句，表达了作者对邓小平视察后深圳将进一步涌起改革开放春潮的美好期盼。通讯发表后，立即在国内外广大读者中引起了轰动。

3月30日，《光明日报》《北京日报》在头版全文转载了这篇长篇通讯。

1992年1月22日,邓小平同志在深圳仙湖植物园参观。(新华社资料照片)

3月30日下午,新华社很快作为重要稿件全文播发。当天下午,中央人民广播电台根据新华社通稿,全文播发。当晚,中央电视台也全文播发。3月31日,《人民日报》在头版要闻全文转载。随即,首都各大报和全国各省市报纸、电台、电视台纷纷转载、转播。

1992年2月底,党中央将"南方谈话"要点作为中央文件下发,要求尽快逐级传达到全体党员干部。为了贯彻落实"南方谈话"精神,党中央、国务院陆续制定下发了许多重大措施。这一系列重大措施的出台为经济社会发展打开了新的局面。

"南方谈话"是在国内外形势严峻的重大历史关头发表的,它科学总结党的十一届三中全会以来的实践探索和基本经验,从理论上深刻回答了长期困扰和束缚人们思想的许多重大问题,是把改革开放和现代化建设推向新阶段的又一个解放思想、实事求是的宣言书。

参考文献

《邓小平文选》第三卷,人民出版社1993年版。

中共中央党史研究室:《中国共产党的九十年——改革开放和社会主义现代化建设新时期》,中共党史出版社、党建读物出版社2016年版。

吴松营:《记录邓小平南方谈话精神的台前幕后》,《世纪》2018年第2期。

1993 年
划时代的体制创新

1993 年 11 月 14 日，党的十四届三中全会审议并通过《中共中央关于建立社会主义市场经济体制若干问题的决定》，这是我国建立社会主义市场经济体制的总体规划，是推动改革开放和社会主义现代化建设向纵深发展的行动纲领。由于涉及面之广，影响程度之深，建立社会主义市场经济体制被誉为一个"划时代的体制创新"。

计划与市场之争

在 20 世纪八九十年代，经济体制改革面临着确立一个什么样的目标模式的问题。这个问题的核心是如何正确认识和处理计划与市场的关系，它经历了一个艰难的探索过程。

改革开放之初，邓小平和陈云就对计划与市场之间的关系进行了深刻的思考。邓小平在接见外国友人时指出，"说市场经济只存在于资本主义社会，只有资本主义的市场经济，这肯定是不正确的。社会主义为什么不可以搞市场经济，这个不能说是资本主义。我们是计划经济为主，也结合市场经济，但这是社会

主义的市场经济。"陈云提出,"现在的计划太死,包括的东西太多,结果必然出现缺少市场自动调节的部分。"他认为,"不一定计划经济部分愈增加,市场调节部分所占绝对数额就愈缩小,可能是相应地增加。"这些思考,对确立经济体制改革的目标发挥着重要的指导作用。

1982年9月,党的十二大提出"计划经济为主、市场调节为辅"的原则。

1984年10月,党的十二届三中全会指出,商品经济是社会经济发展不可逾越的阶段,明确社会主义经济是"公有制基础上的有计划的商品经济"。

1987年10月,党的十三大提出,"社会主义有计划商品经济的体制应该是计划与市场内在统一的体制"。

20世纪80年代的上海市场,过去紧俏的工业品已陆续取消凭票供应的办法,广大消费者储币待购、持币选购的情况逐步减少,为了适应市场的新变化,上海商业部门努力改善经营管理,加强市场预测,使产品更加适销对路,满足顾客的需要。(新华社资料照片)

1991年4月17日,浙江省义乌市小商品市场经营小百货、服装、针织品等3大类4000多个品种,它以价格低、品种全、信息灵、守信誉的经营特色,招徕四方商贾。(新华社资料照片)

1989年6月,党的十三届四中全会提出,"建立适应有计划商品经济发展的计划经济与市场调节相结合的经济体制和运行机制。"

由上可见,经过近十年的探索,尽管十二届三中全会承认社会主义不能逾越商品经济阶段,但经济体制改革目标仍旧停留在计划与市场的关系上打转,在理论上没有重大的突破。

1991年8月,中共中央总书记江泽民主持召开了一次专家座谈会,目的是为次年召开的党的十四大做思想准备,特别是"考虑十四大提出什么样的经济体制作为改革指导思想,特别是关于计划与市场的关系应该用什么样的提法"。座谈会主要讨论三个问题:分析资本主义为什么"垂而不死"，其体制机制中有哪些值得学习的东西；分析苏联和东欧国家的剧变；探讨中国进一步推进改革开放的重大议题。大家认为，苏东共产党垮台，最重要的是经济因素，是传统的计划经济体制在竞争中惨败了，败给了以美国为首的市场经济国家。

尽管这次座谈会取得了积极的成果，但社会上有关姓"资"姓"社"的争论还在延续，还没有厘清。

1992年春，邓小平南下武昌、深圳、珠海、上海，发表了著名的"南方谈话"。

在"南方谈话"中，邓小平说，"改革开放迈不开步子，不敢闯，说来说去就是怕资本主义的东西多了，走了资本主义道路。要害是姓'资'还是姓'社'的问题。判断标准，应该主要看是否有利于发展社会主义社会的生产力，是否有利于增强社会主义国家的综合国力，是否有利于提高人民的生活水平。"他强调，"计划多一点还是市场多一点，不是社会主义与资本主义的本质区别。计划经济不等于社会主义，资本主义也有计划；市场经济不等于资本主义，社会主义也有市场。计划和市场都是经济手段。"

3月26日，《深圳特区报》发表《东方风来满眼春——邓小平同志在深圳纪实》一文，生动描写了邓小平在深圳特区视察的经过，并首次公开披露了"南方谈话"的部分内容。3月30日，新华社全文播发；3月31日，《人民日报》等中央媒体全文转载，在全国取得强烈反响。

至此，"市场经济"一词正式进入公众的视野。

建立社会主义市场经济体制

1992年6月9日，江泽民在中央党校省部级干部进修班上发表讲话。这是十四大召开前的一次极为重要的讲话。

在这次讲话中,江泽民将学术界、理论界的一些认识概括为三种提法:一是建立计划与市场相结合的社会主义商品经济体制;二是建立社会主义有计划的市场经济体制;三是建立社会主义的市场经济体制。他说,这几种提法,究竟哪一种更切合中国的经济实际,更易于为大多数同志所接受,更有利于促进我们经济建设的发展,还可以继续研究,眼下不必忙于作出定论。他说,"我个人的看法,比较倾向于使用'社会主义市场经济体制'这个提法。"他说,这虽然是他个人的看法,但也和中央一些同志交换过意见,大家基本上是赞成的。

在这次讲话中,江泽民概括了所要建立的新的经济体制的主要特征,主要包括三条:(1)在所有制结构上,坚持以公有制经济为主体,个体经济、私营经济和其他经济成分为补充,多种成分共同发展;(2)在分配制度上,坚持以按劳分配为主体,其他分配方式为补充,允许和鼓励一部分地区、一部分人先富起来,逐步实现共同富裕,防止两极分化;(3)在经济运行机制上,把市场经济和计划经济的长处有机结合起来,充分发挥各自的优势作用,促进资源的优化配置,合理调节社会分配。

这一讲话成为起草十四大报告的重要指南。1992年10月12日,党的十四大在北京召开。十四大报告指出,"实践的发展和认识的深化,要求我们明确提出,我国经济体制改革的目标是建立社会主义市场经济体制。"

建立社会主义市场经济体制,是一项艰巨复杂的系统工程,需要相应的体制改革总体规划与实施方案。1993年11月14日,党的十四届三中全会审议并通过《中共中央关于建立社会主义市场经济体制若干问题的决定》。文件的主体分为十个部分,共50条。所以,该决定又被称为"50条"。

"50条"集中体现了由现代企业制度、市场体系、宏观调控体系、分配制度和社会保障制度组成的"五大支柱",是社会主义市场经济体制的基本内容。这些基本内容体现了十一届三中全会以来我国经济体制改革在理论和实践上的创新,是继续深化改革的重要纲领。根据这一重要纲领,公有制经济进一步壮大,个体、私营等非公有制经济较快发展，财税、金融、流通、住房和政府机构等改革不断深化，开放型经济得到迅速发展。到20世纪末，公有制为主体、多种所有制经济共同发展的基本经济制度得以确立，全方位、宽领域、多层次的对外开放格局基本形成，社会主义市场经济体制初步建立。

参考文献

《邓小平文选》第二卷，人民出版社1983年版。

《邓小平文选》第三卷，人民出版社1993年版。

中共中央文献研究室编：《三中全会以来重要文献选编》（上），中央文献出版社2011年版。

中共中央文献研究室编：《十三大以来重要文献选编》（下），中央文献出版社2011年版。

胡舒立等：《"社会主义市场经济体制"是如何确立的——上世纪90年代初关于改革目标模式讨论的历史回顾》，《经济参考报》2012年12月6日。

1994 年
分税制改革

1993 年 12 月 15 日颁布的《国务院关于实行分税制财政管理体制的决定》提出，1994 年 1 月 1 日，各省、自治区、直辖市以及计划单列市实行分税制财政管理体制。

分税制改革把进一步理顺中央与地方财政分配关系推向了一个新的高度，它的设计和推行因利益错综复杂而经历了一个惊心动魄的过程。

从财政包干制到分税制

20 世纪 70 年代，我国在财税领域先后试行了多种财政包干办法，即，1971 年试行的"定收定支、收支包干，保证上缴（或差额补贴）、结余留用，一年一定"财政管理体制、1974 年试行的"收入按固定比例留成，超收另定分成比例，支出按指标包干"办法、1978 年 2 月试行的"增收分成、收支挂钩"财政体制、1979 年 7 月试行的"收支挂钩、全额分成、比例包干、三年不变"财政管理办法。这些包干办法为地方政府财政收支自主权的扩大提供了机会。

20世纪80年代后，财政包干办法进一步规范化、制度化。

1980年实行"划分收支、分级包干"财政管理体制，规定了中央与地方财政收支范围、地方财政收支包干基数、受援的不发达地区的发展资金的确定办法。

1985年实行"划分税种、核定收支、分级包干"财政管理体制，根据利改税第二步改革后的税种设置划分各级财政收入、继续按隶属关系划分中央与地方财政支出、在权衡地方收支的基础上确定收入的分成比例或上解、补助数额，规定"地方多收入可以多支出，少收入就要少支出，自求收支平衡"。

1988年实行形式多样的财政包干办法，包括收入递增包干、总额分成、总额分成加增长分成、上解额递增包干、定额上解、定额补助等六种形式。

虽然财政包干制在推动地方经济发展方面取得了实效，但这一制度的实施造成了中央财政收入占全国财政收入的比重急剧下降，中央财政的宏观调控出现困难。为了扭转这一局面，1992年党的十四大确立社会主义市场经济体制改革目标后，党中央、国务院决定在各省、自治区、直辖市以及计划单列市推行分税制改革。

"实施这个方案比制定这个方案要难一百倍"

1993年7月23日，国务院副总理朱镕基在全国财政会议上传达了党中央、国务院对分税制改革的想法。他指出，"现在如果不开始进行财税改革，明年的日子就很难过。"他说，"中央已经决定，从明年一月一日开始，在全国全面推行财税体制改革，不搞试点。"他提到的财税体制改革即分税制改革。他解释道，"分税制是什么意思呢？就是在财政体制上不再搞什么包干、什么分成，而是按税种划分中央和地方的财政收入，中央收哪几种税，地方收哪几种税。实行市场经济的国家都是这样的。"随后，根据中央财经领导小组的决定，成立财税和税制改革领导小组，专责起草分税制改革方案。

按照设想，如果分税制改革方案能够在党的十四届三中全会上通过，自1994年1月1日起正式实施，它将为建立社会主义市场经济体制奠定良好的基础。

方案起草后，为了顺利地推进分税制改革，1993年9月9日开始，朱镕基先后带领财税系统、体改办、税务系统等部门的同志，历时两个多月，到海南、广东等地，向各省市自治区主要领导介绍财税、金融、外贸、国有资产管理体制改革的总体思路和主要内容，充分听取各省同志的意见，并同地方同志仔细对账、算账，重点对分税制改革对地方可能产生的影响进行调查研究。

调研工作是从海南开始的，调研组在海南碰到的难度较小。朱镕基在向中央领导同志的信中谈到，"海南省领导同志表示，坚决拥护党中央、国务院关于财税、金融等总体改革方案。对实行分税制后可能对海南财力带来的影响，双方也已达成共识。"

可是与海南不同，在广东就没有那么顺利了。

9月13日，朱镕基在广州珠岛宾馆召开会议，向广东省委、省政府负责同志介绍财税体制改革方案。他开门见山地说，"这次我与铁映同志带着有关部委的60多位同志，受江泽民和李鹏同志的委托到广东来，传达、介绍、解释党中央和国务院关于抓住机遇、加快财税体制改革的总体方案。"他说，"广东的问题解决了，全国的问题就迎刃而解了。"

然而，广东的同志表达了他们的担忧，他们所提的问题很尖锐：作为对外开放的前沿，广东享受的特殊政策还要不要实行？如果包干制取消，广东追不上"四小龙"怎么办？

为此，调研组与广东省市负责同志和相关部门充分交换了意见。朱镕基在向中央汇报时说，"经过对账、算账和反复交换意见，广东省委、省政府认为从明年起实行分税制势在必行，但提出两个问题，请中央予以照顾。"此后，针对广东省提出的两个问题，中央进行了妥善的安排。

两个月后，艰难的介绍、宣传和解释工作取得了成效，分税制改革取得了各方认可，最终在党的十四届三中全会上获得一致通过。1993年11月25日，在财政部、国家税务总局机关全体干部职工大会上，朱镕基说道："分税制方案，得到了全国各地区、各部门的一致拥护，最后在党的十四届三中全会上一致通过。我看这是很不容易的。如果不是同志们做了大量基础的工作、细致的工作，很难做到这一点。这项改革，我们多少年想实行而没有实行得了啊！""实施这个方案比制定这个方案要难一百倍。同志们，这并不是夸张啊，要难一百倍啊！"

1994年1月1日，分税制正式在全国实施。分税制改革的推行使得中央财政能力大大增强并趋于稳定，地方财政能力也在地方经济高速发展的条件下得到了大幅度的提升，中央与地方实现了"共赢"，这为建立社会主义市场经济体制奠定了重要的基础。

参考文献

中共中央文献研究室编：《十四大以来重要文献选编》（上），中央文献出版社2011年版。

《朱镕基讲话实录》（上），人民出版社2011年版。

刘克崮、贾康主编：《中国财税改革三十年亲历与回顾》，经济科学出版社2008年版。

1995 年
科教兴国战略

1995 年 5 月 6 日，中共中央、国务院作出《关于加速科学技术进步的决定》（简称《决定》），提出坚定不移地实施科教兴国战略。

《决定》指出，"所谓科教兴国，是指全面落实科学技术是第一生产力的思想，坚持教育为本，把科技和教育摆在经济、社会发展的重要位置，增强国家的科技实力及向现实生产力转化的能力，提高全民族的科技文化素质，把经济建设转移到依靠科技进步和提高劳动者素质的轨道上来，加速实现国家的繁荣富强。"

科学技术是第一生产力

科教兴国战略是全面落实邓小平关于"科学技术是第一生产力"思想的重要举措。而这一重要思想既是邓小平对马克思主义基本观点的继承，又是他在实践基础上的创新。

1977年,邓小平第三次复出后,他自告奋勇分管科教方面的工作。同年8月8日,他在出席全国科学和教育工作座谈会时提出,"我们国家要赶上世界先进水平,从何着手呢?我想,要从科学和教育着手。"这表明,他从一开始就是把科学和教育放在实现四个现代化的高度去考虑问题的。

1978年3月18日,在出席全国科学大会开幕式时,邓小平指出,"科学技术是生产力"是马克思主义历来的观点。在这次会议上,他再次阐发了科教工作与现代化事业的辩证关系,强调"我们要在短短的二十多年中实现四个现代化,大大发展我们的生产力,当然就不能不大力发展科学研究事业和科学教育事业,大力发扬科学技术工作者和教育工作者的革命积极性"。

此后,他多次谈到教育工作,而在谈教育工作时,始终关心人才培养问题。

1982年9月初,邓小平陪同金日成去四川访问,他谈到十二大的奋斗目标时指出,"搞好教育和科学工作,我看这是关键。没有人才不行,没有知识不行"。

1985年3月7日,在全国科技工作会议上,邓小平指出,"改革经济体制,最重要的、我最关心的,是人才。改革科技体制,我最关心的,还是人才。"这次会议通过了《关于科学技术体制改革的决定》,确立了"经济建设必须依靠科学技术、科学技术工作必须面向经济建设"的战略方针。同年5月19日,在全国教育工作会议上,邓小平号召各级党委和政府把教育工作认真抓起来,他强调,"我们国家,国力的强弱,经济发展后劲的大小,越来越取决于劳动者的素质,取决于知识分子的数量和质量。"这次会议通过了《关于教育体制改革的决定》,确立了"教育必须为社会主义建设服务,社会主义建设必须依靠教育"的战略方针。

随后的实践证明,科学和教育在现代化建设中发挥着越来越重要的作用。基于对马克思主义基本观点的深刻把握和对社会主义现代化建设实践的科学总结,1988年9月5日,邓小平在会见捷克斯洛伐克总统古斯塔夫·胡萨克时鲜明地指出:"马克思说过,科学技术是生产力,事实证明这话讲得很对。依我

>
1978年3月18日，中共中央在北京人民大会堂召开全国科学大会。在有6000人参加的开幕会上，中共中央副主席、国务院副总理邓小平发表重要讲话。邓小平指出，四个现代化的关键是科学技术的现代化，并着重阐述了科学技术是生产力这个马克思主义观点。（新华社资料照片）

∨
为庆祝全国科学大会召开，中国人民邮政1978年3月18日发行《全国科学大会》纪念邮票一套，共三枚。自左至右为：第一枚，科学的春天；第二枚，向四个现代化进军；第三枚，努力攀登科学高峰。（新华社资料照片）

1995年
科教兴国战略

看，科学技术是第一生产力。"这个重要思想继承和发展了马克思主义科学技术观和生产力理论，成为党和国家提出并实施科教兴国战略的重要指南。

把经济建设转移到依靠科技进步和提高劳动者素质的轨道上来

1992年春，邓小平在南方谈话中再次指出："经济发展得快一点，必须依靠科技和教育……希望大家通力合作，为加快发展我国科技和教育事业多做实事。"

邓小平南方谈话加快了改革开放和社会主义现代化建设的进程，科学和教育被提到更加优先发展的地位。1992年10月12日，江泽民在党的十四大报告中，把"加速科技进步，大力发展教育，充分发挥知识分子的作用"作为加速改革开放，推动经济发展和社会全面进步的主要任务之一。

1993年2月13日，党中央、国务院转发《中国教育改革与发展纲要》，提出"必须把教育摆在优先发展的战略地位，努力提高全民族的思想道德和科学文化水平，这是实现我国现代化的根本大计"。

1995年，为全面落实邓小平"科学技术是第一生产力"思想，迎接世界科技革命浪潮，应对日益激烈的国际竞争，同时提升我国整体技术水平和经济实力，确保实现我国"三步走"战略目标，以江泽民同志为核心的党中央提出科教兴国战略，把推动科技进步放在经济社会发展的优先位置，把经济建设真正转移到依靠科技进步和提高劳动者素质的轨道上来。

同年，党的十四届五中全会在《关于国民经济和社会发展"九五"计划和2010年远景目标的建议》中把实施科教兴国战略列为今后15年直至整个21世纪加速我国社会主义现代化建设的重要方针之一。1996年，全国人大八届四次会议正式通过《国民经济和社会发展"九五"计划和2010年远景目标》，科教兴国成为必须长期坚持的一项基本国策。

图为 2018 年 9 月 10 日，位于贵州的"中国天眼"——500 米口径球面射电望远镜（FAST）。（新华社记者欧东衢摄）

正是由于实施科教兴国战略，以及在其基础上大力实施的建设创新型国家战略、创新驱动发展战略，我国科技和教育事业得到了长足的发展，天宫、蛟龙、天眼、悟空、墨子、大飞机等重大科技成果相继问世，极大振奋了我们的民族精神，极大提升了我国的国际地位。

实践证明，科教兴国战略是总结历史经验和根据我国现实情况作出的重大战略部署，是保证国民经济持续、快速、健康发展的根本措施，是实现社会主义现代化的必然抉择，也是中华民族振兴的必由之路。

参考文献

《邓小平文选》第二卷，人民出版社 1983 年版。

《邓小平文选》第三卷，人民出版社 1993 年版。

中共中央文献研究室编：《十二大以来重要文献选编》（中），中央文献出版社 2011 年版。

中共中央文献研究室编：《十四大以来重要文献选编》（上）（中），中央文献出版社 2011 年版。

中共中央党史研究室：《中国共产党的九十年——改革开放和社会主义现代化建设新时期》，中共党史出版社、党建读物出版社 2016 年版。

1996 年
坚持两手抓，两手都要硬

1996 年 10 月 10 日，党的十四届六中全会审议通过《中共中央关于加强社会主义精神文明建设若干重要问题的决议》，提出"在把物质文明搞得更好的同时，切实把精神文明建设提到更加突出的地位"。

在社会主义现代化建设中，物质文明建设和精神文明建设相互依存、相互促进，必须坚持两手抓，两手都要硬。

既要有高度的物质文明，又要有高度的精神文明

党的十一届三中全会把党和国家的工作中心转移到经济建设上来，开启了社会主义物质文明建设的新征程。在建设高度物质文明的同时，以邓小平同志为核心的党中央多次郑重提出要建设高度的社会主义精神文明。

1979 年 9 月 29 日，叶剑英在庆祝新中国成立三十周年大会的讲话中指出，"我们要在建设高度物质文明的同时，提高全民族的教育科学文化水平和健康水平，树立崇高的革命理想和革命道德风尚，发展高尚的丰富多彩的文化生活，建

设高度的社会主义精神文明。"

1980年12月25日，邓小平强调，"我们要建设的社会主义国家，不但要有高度的物质文明，而且要有高度的精神文明。所谓精神文明，不但是指教育、科学、文化，而且是指共产主义的思想、理想、信念、道德、纪律，革命的立场和原则，人与人的同志式关系，等等。"

在邓小平等老一辈无产阶级革命家的倡导下，精神文明建设写进了十二大报告。1982年9月1日，党的十二大报告用整整一章的篇幅讨论了为什么要建设以及如何建设社会主义精神文明问题，提出"我们在建设高度物质文明的同时，一定要努力建设高度的社会主义精神文明"；"社会主义精神文明是社会主义的重要特征，是社会主义制度优越性的重要表现"。自此，社会主义精神文明建设与社会主义物质文明建设一道，成为社会主义现代化建设的重要组成部分。

党的十二大后，邓小平多次强调在抓物质文明建设的同时抓好精神文明建设的极端重要性。1985年9月23日，在中国共产党全国代表会议上，邓小平强调，"不加强精神文明的建设，物质文明的建设也要受破坏，走弯路。光靠物质条件，我们的革命和建设都不可能胜利。"1986年1月17日，在中央政治局常委会上，他进一步指出，"搞四个现代化一定要有两手，只有一手是不行的。经济建设这一手我们搞得相当有成绩，形势喜人，这是我们国家的成功。但风气如果坏下去，经济搞成功又有什么意义？"

1986年9月28日，在总结十一届三中全会以来党推动社会主义精神文明建设经验的基础上，党的十二届六中全会审议通过《中共中央关于社会主义精神文明建设指导方针的决议》，进一步明确社会主义精神文明建设在社会主义现代化建设中的战略地位，提出了社会主义精神文明建设的基本指导方针，即"社会主义精神文明建设必须推动社会主义现代化建设，必须促进全面改革和实行对外开放，必须坚持四项基本原则"；提出了社会主义精神文明建设的根本任务，即"适应社会主义现代化建设的需要，培育有理想、有道德、有文化、有纪律的社

1981年2月25日，全国总工会、共青团中央、全国妇联、全国文联等9个单位联合发出《关于开展文明礼貌活动的倡议》，向全国人民特别是青少年倡议，开展以讲文明、讲礼貌、讲卫生、讲秩序、讲道德和心灵美、语言美、行为美、环境美为内容的"五讲四美"文明礼貌活动，使中国城乡的社会风气和道德面貌有一个根本改观。随后，一个以"五讲四美"为主要内容的建设社会主义精神文明的群众性活动很快在全国展开。

图为1982年江苏省南京市长江路小学的少先队员们，在"全民文明礼貌月"活动中，走上街头，设立宣传站，进行"五讲四美"宣传活动。（新华社资料照片）

会主义公民，提高整个中华民族的思想道德素质和科学文化素质。"十二届六中全会通过的这个决议纠正了一段时期以来"一手硬、一手软"的现象，在全国上下形成了一个物质文明和精神文明共同进步的良好局面。

随着改革开放和社会主义现代化建设的推进，在物质文明取得进步的同时，精神文明建设也取得了积极进展。然而，在一些地方和部门的领导工作中，忽视思想教育，忽视精神文明的问题仍然存在。一些领域道德失范，拜金主义、享乐主义、个人主义滋长；腐败现象在一些地方蔓延。为了防止和克服这些现象，"坚持两手抓，两手都要硬"显得尤为重要。

两个文明都搞好，才能建设好中国特色社会主义

十三届四中全会后，以江泽民同志为核心的党中央贯彻落实邓小平关于精神文明建设的思想，作出一系列重大决策部署，大力加强社会主义精神文明建设，全国精神文明建设出现了积极健康的发展态势，总体上取得了明显的成效。

1992年10月召开的党的十四大确立了建立社会主义市场经济体制的目标，并按照"坚持两手抓，两手都要硬"的战略方针，提出要把社会主义精神文明建设提到新水平。

为贯彻落实党的十四大精神，更好地服务于建立社会主义市场经济体制，加快改革开放和现代化建设步伐，1996年10月召开的党的十四届六中全会作出《中共中央关于加强社会主义精神文明建设若干重要问题的决议》。这是在发展社会主义市场经济和对外开放条件下搞好社会主义精神文明建设的行动纲领，它明确了新时期

社会主义精神文明建设的指导思想和目标任务，并围绕提高全民族思想道德素质、发展社会主义文化事业、开展群众性精神文明创建活动做出了一系列重要的部署。在十四届六中全会的部署下，社会主义精神文明建设迈出新的步伐，思想道德建设和宣传舆论工作取得新的进展，科教文卫事业取得喜人的成绩，群众性精神活动蓬勃发展，社会政治出现了一派安定团结的局面。

历史经验表明，社会主义精神文明建设与社会主义物质文明建设是社会主义现代化建设的姊妹篇。正如习近平指出的，"只有物质文明建设和精神文明建设都搞好，国家物质力量和精神力量都增强，全国各族人民物质生活和精神生活都改善，中国特色社会主义事业才能顺利向前推进。"

参考文献

中共中央文献研究室编：《三中全会以来重要文献选编》（上），中央文献出版社 2011 年版。

中共中央文献研究室编：《十二大以来重要文献选编》（上）（中），中央文献出版社 2011 年版。

《习近平在全国宣传思想工作会议上强调，胸怀大局把握大势着眼大事，努力把宣传思想工作做得更好》，《人民日报》2013 年 8 月 21 日第 1 版。

1997 年
香港回归祖国

1997 年 7 月 1 日零点，中华人民共和国国旗和香港特别行政区区旗在香港升起，中国政府开始对香港恢复行使主权。

1997 年 6 月 30 日至 7 月 1 日凌晨，中英香港政权交接仪式在香港会展中心举行。（新华社资料照片）

"一国两制"与香港回归

20世纪70年代末、80年代初,为解决台湾问题、实现祖国和平统一,邓小平创造性地提出"一国两制"构想,并首先用于解决香港问题。按照邓小平的构想,"一国两制"是指在中华人民共和国内,大陆坚持社会主义制度作为整个国家的主体,同时允许台湾、香港、澳门保留资本主义制度。这一被英国首相撒切尔夫人称之为"最有天才的创造"的伟大构想为实现祖国和平统一指明了方向,并为成功解决历史遗留的香港、澳门问题提供了科学指南。

1982年9月24日,邓小平会见英国首相撒切尔夫人,就香港前途问题交换意见。面对撒切尔夫人咄咄逼人的攻势,邓小平郑重阐述中国政府对香港问题的基本立场,他严正指出,"关于主权问题,中国在这个问题上没有回旋余地。主权问题不是一个可以讨论的问题。1997年中国将收回香港。"在这次会面后,中英关于香港问题的谈判正式拉开序幕。

1984年12月19日,经过22轮艰难的谈判,《中华人民共和国政府和大不列颠及北爱尔兰联合王国政府关于香港问题的联合声明》在北京正式签署,确认中华人民共和国政府于1997年7月1日对香港恢复行使主权。这标志着香港进入回归祖国前的过渡期。在过渡期内,中国政府坚持"一国两制"方针政策,坚决排除各种干扰,顺利完成香港基本法起草、香港特别行政区筹备、香港特别行政区首任行政长官选举等各项准备工作。

1985年4月10日,第六届全国人大三次会议通过了关于成立中华人民共和国香港特别行政区基本法起草委员会的决定,决定成立一个由包括香港同胞在内的各方面人士和专家组成的委员会,负责香港特别行政区基本法的起草工作。同年7月,香港特别行政区基本法起草委员会正式开始工作。1990年2月16日,香港特别行政区基本法起草委员会第九次全体会议顺利通过基本法草案修改提案。香港《大公报》以"四年艰辛 众志成城"为题发表社论,指出"基本法首

1982年9月24日，邓小平在北京人民大会堂会见英国首相撒切尔夫人，明确阐述中国政府对香港问题的基本立场。（新华社资料照片）

次在世人面前，全面地展现了'一国两制'科学构思结合香港实际的具体蓝图。世界上从未有过像这样性质的文件"。

1990年4月4日，第七届全国人大三次会议通过《中华人民共和国香港特别行政区基本法》，自1997年7月1日起实施。香港基本法是根据《中华人民共和国宪法》、按照香港的具体情况制定的，它规定了香港特别行政区设立后实行的制度、政策和法律，为"一国两制"在香港特别行政区的实践提供了法律保障。

香港基本法颁布后，中国政府着手筹备成立香港特别行政区的工作。1993年7月2日，第八届全国人民代表大会常务委员会第二次会议决定，设立全国人民代表大会常务委员会香港特别行政区筹备委员会预备工作委员会，其

1997年7月1日零点,在天安门广场参加北京市人民迎接香港回归祖国联欢会的人们观看香港政权交接仪式的电视直播。中国政府对香港恢复行使主权倒计时牌标出:距1997年7月1日还有零天,零秒。(新华社资料照片)

职责是在香港特别行政区筹备委员会成立前,为1997年我国对香港恢复行使主权,实现平稳过渡,进行各项有关准备工作。1996年1月26日,全国人民代表大会香港特别行政区筹备委员会在北京宣告成立。这两个工作委员会为实现香港平稳过渡和政权顺利交接做了大量艰苦卓绝的工作。

1997年7月1日,中国政府对香港恢复行使主权。从此,"一国两制"、"港人治港"、高度自治的基本方针在香港正式实施,历经150多年殖民统治的香港进入历史新纪元。

坚持"一国两制"不动摇、不走样

1995 年，在距香港回归还有两年的时候，美国《财富》杂志炮制了一篇题为"香港之死"的文章，唱衰香港。然而，12 年后，它的姊妹刊《时代》杂志发表了一篇题为《哎呀，香港根本死不了》的文章，否定了"香港之死"的预言。

香港回归以来，"一国两制"、"港人治港"、高度自治在香港成功实践。中央政府驻港联络办主任张晓明在庆祝香港回归 20 周年前夕接受采访时，从六个方面总结了"一国两制"在香港实践所取得的巨大成功：一是香港顺利纳入国家治理体系之中；二是香港持续繁荣稳定；三是香港同胞真正实现了当家作主，"港人治港"、高度自治变成生动现实；四是香港的制度特色和意识形态延续不变；五是香港与祖国内地在各领域交流合作日益密切、互利共赢的趋势更加明显；六是香港作为国际性大都市的魅力不减当年。

在"一国两制"之下，香港居民原有的生活方式保持不变，这样的例子俯拾即是。在"一国两制"之下，香港的法治水平和经济自由度始终保持在全球领先水平。世界银行发布的数据显示，香港的法治水平在全球的排名从 1996 年的 60 多位大幅跃升至 2015 年的第 11 位，比不少西方大国排名都要靠前。在美国传统基金会发布的经济自由度指数报告中，香港自 1995 年起连续 23 年被评为"全球最自由经济体"。

与此同时，香港同祖国内地的联系越来越紧密，交流合作越来越深化。有伟大祖国作为坚强后盾，在中央政府和内地人民的大力支持下，香港成功抵御了亚洲金融危机、"非典"疫情、国际金融危机的冲击，巩固了国际金融、航运、贸易中心地位。有知名人士感慨，如果没有实行"一国两制"，没有港人高度自治和中央政府的支持，不知香港是否能够挺得过来。

历史雄辩地证明，"一国两制"是历史遗留的香港问题的最佳解决方案，也是香港回归后保持长期繁荣稳定的最佳制度安排。在庆祝香港回归祖国二十周

2017年6月27日,香港庆祝回归祖国二十周年气氛浓,游客在香港中环一座庆祝香港回归20周年主题花灯前留影。(新华社记者王玺摄)

年大会上,习近平指出,"中央贯彻'一国两制'方针坚持两点,一是坚定不移,不会变、不动摇;二是全面准确,确保'一国两制'在香港的实践不走样、不变形,始终沿着正确方向前进。"在"一带一路"建设、粤港澳大湾区建设、人民币国际化等国家战略推动下,香港的国际金融、航运、贸易中心地位将更加凸显,"一国两制"在香港的实践一定能够在新时代再谱新篇章。

参考文献

《邓小平文选》第三卷,人民出版社1993年版。

《基本法草案受到港人普遍欢迎》,《人民日报》1990年2月18日第1版。

中华人民共和国国务院新闻办公室:《"一国两制"在香港特别行政区的实践》,《人民日报·海外版》2014年6月11日第3版。

连锦添、冯学知:《"一国两制":成功的政治实践和管治模式——访中央政府驻港联络办主任张晓明》,《人民日报》2017年6月20日第9版。

习近平:《在庆祝香港回归祖国二十周年大会暨香港特别行政区第五届政府就职典礼上的讲话》,《人民日报》2017年7月2日第2版。

1998 年
众志成城抗洪救灾

"泥巴裹满裤腿,汗水湿透衣背,我不知道你是谁,我却知道你为了谁……"这首为讴歌在 1998 年特大洪水中奋不顾身的英雄们而创作,并唱响了大江南北的《为了谁》,表达了词作者对救灾英雄发自肺腑的崇敬之情。

谁是新时期最可爱的人

1998 年入汛后,受极端天气影响,我国不少地区发生了世所罕见的洪水灾害,其中,长江遭遇全流域性大洪水;松花江、嫩江流域出现超历史纪录的特大洪水;珠江流域的西江和福建闽江等江河也相继出现百年一遇的大洪水。

尽管这次全国大部的特大洪水刷新了历史纪录,但其所造成的伤亡并不是历史上最严重的。在历史上,"1931 年长江洪水,汉口市除少数高地外大多被淹,武昌、汉阳也进水……每日因瘟疫、饥饿、中暑死人过千,积水里漂浮的人畜尸体、污秽垃圾发出阵阵恶臭;1954 年长江出现百年不遇的大水……由于水淹和大水过后的疫病,有 3 万多人被夺去了生命。"而这次大灾并没有造成大难,这是一个奇迹。

入汛后，根据受到洪水威胁地区的实际情况，中央明确提出了严防死守、确保长江大堤安全、确保重要城市安全、确保人民生命财产安全的战略方针，作出了大规模动用人民解放军投入抗洪抢险、军民协同作战的重大决策。在党中央、国务院、中央军委的周密部署下，人民解放军和武警部队出动30余万官兵参加抗洪斗争，抵御了一次又一次洪水袭击，发挥了不可替代的重要作用。在滔滔洪水面前，为了保卫人民群众生命财产安全，英雄的人民子弟兵，高度发扬"特别能吃苦、特别能打仗、特别能奉献"的革命精神，充分展示"英勇顽强、连续作战、不怕牺牲"的战斗作风，在南北两大战场，与洪水猛兽展开了一场气壮山河的生死搏斗，书写了史诗般的壮丽篇章。

这场战斗取得决定性胜利后，《人民日报》的一则纪实报道记录了人民子弟兵抗洪救灾的一幕幕生动感人的场面：

> 8月1日，广州军区某舟桥旅五营奉命到湖北省嘉鱼县镇垸堤坝抢险。急流漩涡卷走了战士罗伟峰，也冲走了中堡村54岁的金维保。罗伟峰在急流中奋不顾身拉住金维保，向一棵大树游去。在树边，他全身浸泡在水里，只留出口鼻呼吸，让金维保站在他的肩膀上，两人紧抱大树等待救援。水在上涨，罗伟峰肩托金维保在茫茫江水中坚持了7个多小时，直到第二天凌晨获救。
>
> ……
>
> 8月8日上午，长江第四次洪峰向湖北省监利袭来，上车湾镇长江干堤发生大面积散浸、脱坡，随时有溃堤危险。10时20分，空降兵某部部长马殿圣少将闻讯率部赶到。党员突击队、上甘岭特功八连、红军九连、炮兵团，杆杆红旗插到堤顶，1200多名官兵随着一声"冲啊"，肩背土石冲上大堤。"往我脚下倒！"炮兵团参谋长黎纲要站在堤边发出一道道指令。浪涛打湿了他的双脚，外帮平台迎着洪涛在他脚下一寸寸延伸。到抢险结

∧
1998年8月11日,湖北石首久合垸乡团山河支堤出现"管涌"险情,解放军官兵立即奔赴险段,以血肉之躯挡住肆虐的洪水,减低洪水的冲击力,同时加固堤防。(新华社资料照片)

\>
1998年8月,在江西九江防洪墙决口处,解放军官兵用身体挡住巨大落差形成的湍急水流。经过5天的奋战,60米宽的决口被堵住。(新华社资料照片)

1998年

众志成城抗洪救灾

束，先后有 6 名官兵因极度疲劳，虚脱倒在堤上。入夜，监利水位升至 38.14 米，大堤岿然。

8 月 17 日，松花江洪水冲开了保卫大庆油田的一段堤坝。刚从齐齐哈尔抗洪前线赶来指挥抗洪抢险的某集团军军长柳风举，见状立即系上一条背包带，高喊一声："跟我上！"纵身跳进齐腰深的洪水中，百余名官兵也紧跟军长跳入水中，用血肉之躯筑成两道人墙抵挡洪水。经过 4 个多小时的激战，终于堵住了决口。

这次抗洪救灾的胜利表明，人民解放军是一支政治坚定、能征善战的军队，关键时刻冲得上、过得硬、靠得住，不愧为党绝对领导下的人民军队，不愧为全心全意为人民服务的子弟兵，不愧为保卫国家和人民的钢铁长城。人民子弟兵的英雄事迹无可争辩地向世人证明：他们是新时期最可爱的人。

一方有难 八方支援

截至当年 8 月 22 日，全国共有 29 个省（区、市）遭受了不同程度的洪涝灾害，受灾面积 3.18 亿亩，成灾面积 1.96 亿亩，受灾人口 2.23 亿人，死亡 3004 人，倒塌房屋 497 万间，各地估报直接经济损失 1666 亿元。江西、湖南、湖北、黑龙江、内蒙古和吉林等省（区）受灾最重。

洪水无情人有情，洪灾牵动着党和国家领导人，以及全体中华儿女的心。

洪灾暴发后，党和国家领导人亲临一线视察险情，对全国防汛抗洪工作提出明确要求和周密部署，各级政府把防汛抗洪工作作为首要的政治任务。经过各级政府密切配合，广大军民同心同德，确保了全国大江大河干堤、重要城市和交通铁路干线的安全，把洪灾损失减少到了最低限度。

洪灾暴发后，海内外各界掀起了一股股向灾区人民捐款捐物的热潮。一时间，防汛物资、赈灾款项，从四面八方汇集，昼夜兼程，直达灾区，展现了一幅幅"一方有难，八方支援"的动人画面。当年《人民日报》连续几个月开辟的"八方支援，抗洪救灾"专栏，动态记录了各地各界向灾区捐款捐物的实况。这一壮观的场面，是由社会主义制度集中力量办大事的优越性决定的，是党心、军心、民心高度统一的表现，它做到了局部利益服从整体利益、眼前利益服从长远利益，积聚了气势磅礴的力量，极大地增强了夺取抗洪救灾全面胜利的信心。

在党中央、国务院的坚强领导下，经过两个多月的持续奋战，历经磨难、百折不挠的中国人民终于战胜了这场肆虐我国重要流域的特大洪水，夺取了抗洪救灾的全面胜利。

在全国抗洪抢险总结表彰大会上，江泽民指出，在同洪水的搏斗中，我们的民族和人民展示出了一种十分崇高的精神。这就是万众一心、众志成城，不怕困难、顽强拼搏，坚韧不拔、敢于胜利的伟大抗洪精神。这种精神，同我们党一贯倡导的革命精神和新时期的创业精神一道，激励着我们的广大干部和群众不断从胜利走向新的胜利。

参考文献

《江泽民文选》第二卷，人民出版社 2006 年版。

温家宝：《关于当前全国抗洪抢险情况的报告——1998 年 8 月 26 日在第九届全国人民代表大会常务委员会第四次会议上》，《人民日报》1998 年 8 月 27 日第 3 版。

高新庆：《洪水中的考验与升华——'98 中国抗洪抢险述评》，《人民日报》1998 年 9 月 7 日第 2 版。

周庆等：《气吞山河的历史画卷——一九九八中国抗洪抢险纪实》，《人民日报》1998 年 9 月 9 日第 1 版。

1999 年
提出西部大开发战略

自唐代安史之乱以后,由于无数次的战乱、自然灾害和各种人为的破坏,西部地区自然环境不断恶化,西部成了中国发展较为落后的地区。东西部地区的发展差距不断扩大,成为长期困扰中国经济社会健康发展的全局性问题。

1999 年 6 月,江泽民提出要"抓住世纪之交历史机遇,加快西部地区开发步伐"。一个从此影响新世纪中国西部发展面貌的重大战略——西部大开发战略正式出台。

"西部地区迟早是要大开发的,不开发,我们怎么实现全国的现代化?"

1995 年 9 月,党的十四届五中全会提出区域协调发展问题,要求在"九五"期间以及今后 15 年经济和社会发展中,坚持区域经济协调发展,逐步缩小地区发展差距。

1995 年 12 月,江泽民前往遭受严重旱灾的陕西、甘肃两省考察。在陕西商洛地区，有些村子由于贫穷和近亲结婚，人口素质受到严重影响。甘肃定西是有名的干旱和贫困区，那里的农民群众靠积雨水窖维持全家一年的生产和生活。为了节约用水，有些上了年纪的人甚至很少洗脸。看到这些，江泽民心情很沉重。他反复说，群众贫苦，我们当干部的应该寝食难安啊！

12月25日，在听取甘肃省委、省政府的工作汇报以后，江泽民指出，中央对西部地区发展的大政方针，就是"到下世纪初要开始朝着逐步缩小东西部地区差距的方向前进，到下世纪五十年代，西部地区同全国其他地区一样，基本实现现代化"。全党同志特别是在西部地区工作的同志，"要为实现西部地区未来发展的光明前途而奋斗不已"。

世纪之交，我国综合国力显著增强，国家支持西部地区加快发展的条件基本具备，时机已经成熟。

1999年3月3日，江泽民在九届全国人大二次会议和全国政协九届二次会议的党员负责人会上的讲话中，正式提出了"西部大开发"的战略思想。他指出："中央已经明确了加快中西部地区开发的方针，并且把扩大国内需求作为促进经济增长的主要措施，实行积极的财政政策，这对于加快中西部的发展是一个很好的时机。西部地区那么大，占全国国土面积的一半以上，但大部分处于未开发或荒漠化状态。西部地区迟早是要大开发的，不开发，我们怎么实现全国的现代化？中国怎么能成为经济强国？美国当年如果不开发西部，它能发展到今天这个样子？"

对于西部大开发战略，当时党内的认识还不完全一致。一方面，大家认为，西部大开发十分必要，应尽快提到国家重要议事日程上来。特别是西部的同志情绪高昂，希望国家能增加对西部的投资，西部能享受到改革开放之初沿海地区的优惠政策。另一方面，也有些同志对搞西部大开发的时机和中央财政的支撑能力有疑虑，有的提出，对于开发西部，感觉还不是时候，在具体操作上无从下手。有的认为，我国经济发展总体水平还很低，在相当长一个时期内，应该坚持效率优先的原则，政府资金投入西部地区的经济效益远低于投入东部地区，主张继续把有限的财力集中在东部地区。

党内一些不同意见没有动摇江泽民加快开发西部的决心。1999年6月9日，在中央扶贫开发工作会议上，江泽民再次谈到西部大开发问题。他强调，加快中西部地区发展步伐的条件已经基本具备，时机已经成熟。我们如果看不到这些条件，不抓住这个时机，不把该做的事情努力做好，就会犯历史性错误。

紧接着，6月17日，江泽民在西安主持召开西北五省区国有企业改革和发展座谈会，更加系统地阐述了西部大开发的战略构想。他谈到，现在，我们正处在世纪之交，应该向全党全国人民明确提出，必须不失时机地加快中西部地区发展，特别是要抓紧研究实施西部地区大开发。他指出，之所以用"西部大开发"，就是说，不是小打小闹，而是在过去发展的基础上经过周密规划和精心组织，迈开更大的开发步伐，形成全面推进的新局面。我们要下决心通过几十年乃至整个下世纪的艰苦努力，建设一个经济繁荣、社会进步、生活安定、民族团结、山川秀美的西部地区。这个讲话经过新闻媒体的报道，很快在社会上引起巨大反响。

1999年9月，党的十五届四中全会明确提出国家要实施西部大开发战略，支持中西部地区和少数民族地区加快发展。

1999年最后两个月里，中央连续召开3次会议，作出西部大开发战略决策

1999年最后两个月里，党中央、国务院连续召开3次会议，专题听取国家计委关于实施西部大开发战略初步设想的汇报。11月5日，朱镕基总理主持国务院第52次总理办公会议。11月11日和12月30日，江泽民分别主持召开中央政治局常委会和中央政治局会议。

在这几次会上，中央领导同志对实施西部大开发战略的认识高度一致，就如何落实提出很多重要的指导性意见。参加会议的曾培炎后来回忆道：

2004年12月1日，克拉2气田作业区工程技术人员为西气东输气源井放喷。西气东输是党中央国务院西部大开发的标志性工程。2002年7月4日正式开工建设；2003年10月1日，西气东输管道东段建成投产。（新华社资料照片）

1999 年

提出西部大开发战略

李鹏同志说，这是个大事，西部开发范围的划定不能完全按地理界限来考虑，要与各地经济发展水平相结合。在开发中，要注意解决好西部的资源优势变成经济优势等问题。朱镕基同志说，西部大开发是一项长期任务，也是系统工程。退耕还林是一举多得的事，可以在条件好的地方先搞试点。国债资金要向西部倾斜，重点用在基础设施建设上，把发展的基础打牢。李瑞环同志说，我完全赞成西部大开发，这件事不简单，要看到它的长期性，在开发实施中要重视解决好水的问题。胡锦涛同志说，西部大开发意义重大，关系到经济社会发展全局，关系到国家长治久安。他还结合在西部地区工作的经历说，退耕还林还草的方式是受欢迎的，西部地区有那么多坡耕地，具体到每个县和乡是不一样的，在实施过程中要因地制宜。其他常委同志也发表了很好的意见。

西部大开发实施以来，在国家退耕还林政策扶持下，延安市吴起县累计完成造林种草面积240多万亩，林草覆盖率由1997年的19.2%提高到2009年的62.9%。（新华社记者陶明摄）

2000年1月13日，中共中央、国务院印发《关于转发国家发展计划委员会〈关于实施西部大开发战略初步设想的汇报〉的通知》，即中发〔2000〕2号文件。这一文件阐明了西部大开发的重大意义、指导思想、重点任务、政策措施，成为指导西部大开发的纲领性文件。

2000年1月16日，国务院成立了西部地区开发领导小组。随即，国务院召开西部地区开发会议，研究加快西部地区发展的基本思路和战略任务。会议提出了实施西部大开发战略的初步设想，并确定当前和今后一个时期要抓好的几件大事：一是加快基础设施建设；二是加强生态环境保护和建设；三是积极调整产业结构；四是大力发展科技和教育；五是加大改革开放力度。西部大开发战略的实施全面展开。

西部大开发的范围主要包括重庆、四川、贵州、云南、西藏、陕西、甘肃、青海、宁夏、新疆、内蒙古、广西12个省、自治区、直辖市。整个西部地区国土面积约占全国国土总面积的71%，1999年末人口约占全国的29%，其中少数民族人口占全国的75%左右。

实施西部大开发战略，必将有力地推动西部地区经济发展和社会进步，同时也将促进少数民族和民族地区的发展进步，加强民族团结，维护祖国统一，实现各民族的共同繁荣。

参考文献

《江泽民文选》第2卷，人民出版社2006年版。

曾培炎：《西部大开发决策回顾》，中共党史出版社、新华出版社2010年版。

2000年
提出"三个代表"重要思想

2000年1月20日,中共中央总书记江泽民向中央政治局通报了中央政治局常委开展"讲学习、讲政治、讲正气"活动的情况。在回顾和总结担任总书记10年来的工作后,江泽民向全党提出:要全面分析国际国内形势的变化,全面分析和准确把握我国改革和建设中带有全局性、战略性、前瞻性的重大问题。

一个月后,带着对这些重大问题的思考,江泽民来到广东考察工作,提出了"三个代表"重要思想,实现了一次与时俱进的重大理论创新。

"三个代表"重要思想的提出

2000年2月19日,21世纪的第一个春节刚过,江泽民来到广东省高州市。高州,是一个县级市,位于广东省西南部山区,人口155万,归茂名市管辖。高州市有耕地60万亩、山地300万亩,种植果木170万亩,年产水果70

万吨，收入20亿元，是经济发展较快的山区县。随着"三讲"教育在县以下党组织展开，中央政治局常委会决定每位常委联系一个点，调查研究，掌握情况。高州，是江泽民的联系点。

2月20日下午，江泽民在高州市礼堂主持召开"三讲"教育动员会。参加会议的人员上到中央总书记，下至村党支部书记。他在讲话中指出，我们党要做到"五个始终"：始终保持工人阶级先锋队性质，始终代表最广大人民群众的利益，始终成为社会先进生产力的代表，始终领导全国各族人民促进社会生产力的发展，始终坚强有力地发挥好领导核心作用。这"五个始终"讲到了"三个代表"中的两个"代表"，即代表最广大人民群众的利益、代表社会先进生产力。

江泽民离开高州后，又去了深圳、顺德、广州。

25日上午，江泽民听取广东省委和省政府的工作汇报后，发表了长达两个多小时的重要讲话。多日来一路考察、座谈，马不停蹄，但看不出他有丝毫倦意，声音依然洪亮有力。他说："总结我们党七十多年的历史，可以得出一个重要结论，这就是：我们党之所以赢得人民的拥护，是因为我们党在革命、建设、改革的各个历史时期，总是代表着中国先进生产力的发展要求，代表着中国先进文化的前进方向，代表着中国最广大人民的根本利益。"

在高州讲话提出"代表最广大人民群众的利益"和"代表社会先进生产力"的基础上，江泽民在这次讲话中又提出了"代表着中国先进文化的前进方向"，同时，在文字表述和排序上作了调整，并强调这是需要全党同志"深刻思考的重大课题"。

这就是著名的"三个代表"重要思想。

"三个代表"重要思想的着眼点

2000年5月14日，江泽民在上海主持召开党建工作座谈会，全面分析了国际形势已经和正在发生的广泛而深刻的变化，分析了国内改革和建设出现的许多新情况新特点，进一步阐明他提出"三个代表"重要思想的深刻思考。

世纪之交的中国，面对的是一个怎样的世界？党的十三届四中全会以来，国际国内形势究竟发生了哪些深刻变化？面对这些发展变化，中国共产党能不能进行理论创新，敢不敢进行理论创新，这一切关系到能不能在新的历史条件下保持党的先进性，使党和国家的全部工作跟上时代前进的步伐，关系到中华民族伟大复兴事业的成败。这自然成为江泽民最为关注的问题。

江泽民在上海讲话中说的一句话，最能体现他的这种心境："怎样使我们党在复杂的国内外形势下始终充满活力，带领全国各族人民推进建设有中国特色社会主义的宏伟事业，实现中华民族的伟大复兴，是我想得最多的一个问题。"他还指出："我们建设中国特色社会主义，许多问题没有本本可以找，需要运用马克思主义基本原理，在总结新的情况和新的实践中求得解答。死搬教条，不顾实践发展提出的新要求，就不能前进。"怀着对党、国家和民族的强烈责任感和使命感，江泽民表现出马克思主义者的巨大理论勇气。他后来甚至感慨地说："我现在的责任，也可以说我的历史责任，就是要带头解放思想，勇于进行理论探索和创新。"他大声疾呼："我们必须与时俱进，继续丰富和发展马克思主义。如果因循守旧、停滞不前，我们就会落伍，我们党就有丧失先进性和领导资格的危险。"

在上海讲话中，江泽民以深远的目光审视中外历史，列举了东罗马帝国、阿拉伯帝国、奥斯曼帝国以及近代中国的众多历史演进过程。最引起他深思的，是具有80多年历史的中国国民党在台湾地区选举中下台、世界上第一个社会主义国家苏联在经历了70多年执政之后解体以及苏联共产党垮台。他不断地追问：这是为什么？

总结历史的经验教训，江泽民得出结论："违背历史规律和人民要求，不紧跟人类社会经济文化和科技进步发展的潮流，一个民族不论曾经多么强大，最终也是要落伍的。"他告诫说:"历史上,不看世界发展的大势,故步自封,作茧自缚,导致国家和民族衰亡的例子比比皆是。"

紧跟时代潮流,立足于新的实践,实现党的指导思想的与时俱进,永葆党的先进性;使党和国家工作适应新趋势,合乎新要求;使中华民族伟大复兴的这艘航船不落后于时代,使中国特色社会主义的改革和建设不断向前迈进。这就是"三个代表"重要思想的着眼点。

"三个代表"重要思想写入党章

2000年夏天,江泽民又到宁夏、甘肃考察。他在考察过程中进一步阐述"三个代表",他说:"时代在发展,形势在变化,我们党要不断巩固自己的执政地位,必须紧跟世界发展进步的潮流,始终代表中国先进生产力的发展要求、先进文化的前进方向和最广大人民的根本利益,坚决解决党内存在的突出问题。"

2000年10月,党的十五届五中全会在北京召开。江泽民强调"三个代表"是我们党的立党之本、执政之基、力量之源,是我们加强新时期党的建设的基本方针。同时,他还指出,要使全党同志深刻认识和全面、正确地把握"三个代表"要求,还有大量的工作要做,首先需要从理论和实践的结合上进一步加以研究,进一步进行阐述。

2001年7月1日,首都各界在人民大会堂隆重集会,庆祝中国共产党成立80周年。江泽民发表了重要讲话。

江泽民在"七一讲话"中,阐明了"三个代表"重要思想的内涵,对代表中国先进生产力的发展要求、代表中国先进文化的前进方向、代表最广大人民的根本利益在当前的具体内涵作了精辟阐述。讲话指出,发展先进生产力,是发展先进文化、实现最广大人民根本利益的基础条件。人民群众是先进生产力和先进文化的创造主体,也是实现自身利益的根本力量。不断发展先进生产力和先进文化，归根到底都是为了满足人民群众日益增长的物质文化生活需要，不断实现最广大人民的根本利益。与此同时，"七一讲话"还精辟回答了中国特色社会主义实践中提出的一系列重大问题，提出了许多重要的新思想、新观点、新论断。

2002年11月，党的十六大通过的《中国共产党章程》修正案，把"三个代表"重要思想与马克思主义、毛泽东思想和邓小平理论一道作为党的指导思想写入了总纲。

"三个代表"重要思想进一步回答了什么是社会主义、怎样建设社会主义的问题，创造性地回答了建设什么样的党、怎样建设党的问题，进一步丰富和发展了中国特色社会主义理论体系，是对马克思列宁主义、毛泽东思想、邓小平理论的继承和发展，反映了当代世界和中国的发展变化对党和国家工作的新要求，是加强和改进党的建设、推进我国社会主义自我完善和发展的强大理论武器，是中国共产党集体智慧的结晶，是党必须长期坚持的指导思想。

参考文献

《江泽民文选》第3卷，人民出版社2006年版。

2001年
扣人心弦的中国入世谈判

坐落在瑞士日内瓦莱芒湖畔的世界贸易组织总部的正门,是两扇虽不大但很沉重的门。有人说它很好推,也有人说它很难推。为了推开这两扇门,中国人用了整整15年的时间。

由于一些发达国家漫天要价,中国复关未果

世界贸易组织(WTO)是与世界银行、国际货币基金组织并列的现今全球最具广泛性的三大国际经济组织之一,其前身为关税与贸易总协定(GATT)。

中国曾为GATT的23个创始缔约国之一,由于历史的原因,中国一度失去了这一地位。1986年7月10日,中国正式向关贸总协定递交复关申请。

恢复"关协"地位,必须完成对中国贸易体制的审查,即看中国的经济体制是否有能力来执行关贸总协定的一套游戏规则。这一阶段谈了6年,龙永图说了一句意味深长的话:为"市场经济"这4个字整整谈了6年的时间。

搞市场经济是执行关贸总协定和世贸组织一整套规则和协议的前提。20世纪70年代前,中国从理论到实践都是讲社会主义计划经济有无比优越性;后来又说,中国是有计划的商品经济。在思想、理论上一直回避"市场经济"这几个字。在

谈判中，人们问中国代表团：中国究竟是不是市场经济国家？在经济运行的细胞企业中，究竟是厂长说了算，还是党委书记说了算？那时，这些问题常常让人无法回答，不敢回答。

直到1992年初邓小平发表南方谈话，提出社会主义也可以搞市场经济。紧接着当年10月召开的党的十四大上，确定我国经济体制改革的目标是建立社会主义市场经济体制，情况才有了变化。

1992年10月在日内瓦举行的中国工作组第12次会议上，中国代表团团长佟志广自豪地宣布：我们中国也是搞市场经济的，我们搞的是社会主义条件下的市场经济！这个宣布在当时的关贸总协定总部引起了极大的轰动，从而结束了对中国贸易体制的审议。

在1993年和1994年，中国曾做了一次冲刺，希望在关贸总协定转为世贸组织之前恢复中国的缔约国地位。1994年，在世界贸易组织取代关贸总协定的前一年，中国已经非常接近"复关"的目标，由于以美国为首的一些发达国家成员漫天要价，不断加高关贸的门槛，中国复关未果。

1995年1月，世贸组织取代关贸总协定，中国复关谈判不得不转为"入世"谈判。根据要求，中国与WTO的37个成员国逐一开始拉锯式的双边谈判。从1997年8月与新西兰最先达成协议，到2001年9月与最后一个谈判对手墨西哥达成协议，其中起伏跌宕、山重水复的情节迭出，最复杂、最艰难的莫过于中美之间的谈判，进行了25轮；其次是中欧谈判，进行了15轮。

在谈判陷于僵局的最后关头，朱镕基总理亲自出面

1999年11月10日至15日，中国对外经济贸易合作部部长石广生率领的中国代表团，与美国贸易代表巴尔舍夫斯基率领的美国代表团在北京进行了六天六夜的艰苦谈判。中美双方为各自国家的利益唇枪舌剑，锱铢必较，甚至为争执难下

的谈判条件敲桌子砸板凳。谈判进行得异常艰苦，中方人员将行军床搬到了外经贸部。巴尔舍夫斯基后来回忆说，在54个小时的谈判中，她只睡了20分钟。

14日晚上，美方代表就像从人间蒸发了一样，突然集体失踪，并有消息说美方代表已购买了第二天的回国机票。直到当晚11时，中方才与美方代表联系上，在电话里，中国WTO首席谈判代表龙永图对他们说，既然这是一次全球瞩目的谈判，我们双方是否应该给这次谈判下个结论？对方一听，马上说：行，就早上4点吧！

11月15日，中美谈判最后一天的凌晨4点，龙永图与卡西迪各带几个人开始了"工作会谈"。一开始发现了一个重要的信号，由美国谈判代表团提议，把这些年达成的几百页协议逐一地校对，严谨到协议的每一个标点。龙永图此时意识到，美方真的有签署协议的愿望，而不是仅仅口头上说说。

"应该给最高决策层传递这一重要的信息"，龙永图设想了所有的后果之后，给总理办公室打了电话。朱镕基问：龙永图，你谈判这么多年，你给我一个判断，美国到底愿不愿意签？龙永图说，根据我多年和美国人打交道的经验，他们是想签的。朱镕基接着问：你有什么证明？龙永图说，他们已经开始跟我校对文本了，校对文本说明他们准备签了。朱镕基决断地说：好，我相信你的判断，你一定要和美国人谈成，不要让美国人跑了。

当天正在召开中央经济工作会议，但是就在那样一个重要的会议开始之后不久，朱镕基亲自来到谈判的现场，并直接参加了谈判。

在谈判的最后环节，中美问题最后只剩7个问题无法达成共识。龙永图回忆说：

> 当美国人抛出前3个问题时，朱镕基都只有一个回答："我同意。"我着急了，这不是要全盘放弃嘛！我不断给朱总理递条子，写着"国务院没有授权"。没想到朱总理一拍桌子说："龙永图，你不要再递条子了。"我当时

真没面子。想不到,当美方抛出第 4 个问题时,朱总理说:"后面 4 个问题你们美方让步吧,如果你们让步我们就签字。"5 分钟后,美方同意让步。

龙永图后来说:事实证明,后面四个坚持没有放弃的问题,如汽车贸易等是我们的底线,这就是对优先次序的判断。

15 日下午 4 点,石广生与巴尔舍夫斯基在北京签署了两国关于中国加入 WTO 的双边市场准入协议。

龙永图事后回忆说,1999 年和美国的谈判是一个转折性的谈判,一直到 11 月 15 日上午朱总理参加谈判,我们才知道抓住了最后的机遇。当时中央确实从这个战略

2001 年 7 月 4 日,世界贸易组织中国工作组第 16 次会议在瑞士日内瓦的世界贸易组织总部结束。中国加入世贸组织的实质性谈判已经完成。图为会议结束后,中国外经贸部首席谈判代表龙永图(前排右)和世贸组织中国组会议主席吉拉德(前排左)共同出席记者招待会。(新华社记者李根兴摄)

∧
2001年11月11日,时任中国外经贸部部长石广生在卡塔尔首都多哈举行的中国加入世贸组织议定书签字仪式上举杯庆贺。(新华社发)

＞
图为时任中国外经贸部部长石广生在卡塔尔首都多哈代表中国政府在中国加入世贸组织的议定书上签字。(2001年11月11日摄)

2001年

扣人心弦的中国入世谈判

的全局的高度来考虑这个问题。如果没有朱镕基亲自在 11 月 15 号上午和美国人谈判，那么我们中美谈判达成这个协议也许会推迟 10 年，也许会推迟 5 年。而时任美方代表的巴尔舍夫斯基卸任后也同意这一观点。

中美达成协议后，中国入世道路上最大的障碍已经清除。随后，中国与欧盟在 2000 年 5 月达成协议。与其他进行双边市场准入谈判的成员国也纷纷达成协议。

2001 年 11 月 10 日，在卡塔尔多哈举行的世界贸易组织第四届部长级会议通过了中国加入世贸组织的法律文件。同年 12 月 11 日，经过 15 年的艰苦努力，我国正式加入世界贸易组织，成为其第 143 个成员。

关于中国加入世界贸易组织的意义，江泽民有过一段非常生动的描述。他说："从 21 世纪国际竞争日趋激烈的大环境看，我们搞现代化建设，必须到国际市场的大海中去游泳。虽然我们这方面的能力还不强，但要奋力地去游，并且要力争上游，不断提高我们搏风击浪的本领。"

参考文献

《江泽民文选》第 3 卷，人民出版社 2006 年版。

吴志菲："龙永图：今天仍在'闯关'的经济外交家"，《湘潮》2007 年第 3 期。

"中国入世谈判最困难时刻，朱镕基冲龙永图一声断喝"，《环球时报》2018 年 10 月 20 日。

2002年
"大国重器"蛟龙号

蛟龙号载人潜水器研发与应用项目是一项复杂的系统工程，从2002年6月项目立项，到2012年深潜突破7062米，再到2017年完成试验性应用航次，蛟龙号不辱使命，在远海大洋刻上了中国深度，实现了我国载人深潜技术由跟跑向领跑的跨越，为实现从海洋大国迈向海洋强国作出了突出贡献。

"上天""入地"均有斩获，"下海"却苦寻无功

南极、北极、青藏高原被称为世界三大极点。几百年来，一代又一代探险勇士爬冰卧雪，挑战极限，在人类探索地球奥秘中不断取得新进展。然而，世界上还有一个"第四极"未被涉足——马里亚纳海沟。它的深度超过珠穆朗玛峰的海拔，是地球上最深之地。

以马里亚纳海沟为代表的深海大洋，蕴藏着人类社会可持续发展的战略资源，更是大国博弈的战略空间。20世纪90年代，中国提出了"上天（航天探测）、入地（大陆科学钻探）、下海（深海潜水）"的战略规划。几年之后，"上天"、"入地"均有

2012年6月1日,蛟龙号载人深潜7000米级海试进行首次演练。(新华社记者刘兆权摄)

2012年6月22日,蛟龙号潜航员付文韬(左)在6900多米的深海中作业。(新华社资料照片)

斩获,"下海"却苦寻无功。此时,美国、法国、日本、俄罗斯已经具备了大深度载人深潜技术能力,最深下潜至6500米,而中国载人深潜技术还仅仅停留在600米。

面对悬殊的差距,许多科学家心急如焚,纷纷呼吁国家上马大深度载人潜水器的研发,然而由于种种原因,这一想法仅停留在一张张构思草图中。

起初,人们在研制多大深度载人潜水器的问题上意见不一。一种观点认为,海底矿产资源大多集中在4500米左右海底,研制4500米级就够了;另一种观点主张要有超前眼光,研制大深度载人潜水器。经过反复论证,最终在后一种意见上达成了一致。

2002年4月,科技部批准了国家海洋局报送的《关于启动7000米级载人潜水器重大专项的请示》,正式列入国家"863计划",明确中国大洋协会负责专项实施。从此,中国研制大深度载人潜水器驶上了快车道。

作为一项涉及众多深海科技领域的系统工程,中国载人深潜项目包括蛟龙号载人潜水器本体、母船及水面支持系统、潜航员选拔与培训、应用体系等4大系统,涉及众多高技术领域,可谓任务艰巨而繁重。

项目立项之后，北京、无锡、沈阳等全国 100 多个科研机构纷纷行动起来，科学技术人员、工程技术人员、后勤保障人员，迅速汇成了庞大的载人深潜团队。

据设计人员回忆，当时他们没有见过国外的载人潜水器，至于潜水器究竟要配多少部件，更是无从知晓。

就是在这样的起点上，自强不息的中国载人深潜团队，百折不挠，实现了一次次技术突破。时过 6 年，2008 年 3 月，蛟龙号完成总装联调和水池联调试验，第一次具备了出海试验的技术条件。

蛟龙号的母船是由一艘已有近 30 年船龄的老船"向阳红 09"船改造的。同时进行的是一场严苛的潜航员选拔。唐嘉陵、付文韬等经过常人难以想象的艰苦训练和考核，从众多竞聘者中脱颖而出，成为我国第一批潜航员。

蛟龙号 7000 米海试中与母船失联 1 小时，漆黑的海底究竟发生了什么？

2012 年 6 月 3 日上午，中国蛟龙号载人潜水器在母船的搭载下，从江苏出发，奔赴马里亚纳海沟。这一次，蛟龙号将与母船完全脱离，挑战 7000 米级的下潜目标。

回忆起蛟龙号 7000 米海试中发生的惊险一幕，现场总指挥刘峰至今心有余悸。按照操作规程，如果通信中断 15 分钟，就应该抛载上浮，潜水器必须返航。而那次下潜，母船的指挥系统跟潜水器内部的潜航员失去联系近 1 小时！

那是 2012 年 6 月 27 日，位于世界大洋最深处的马里亚纳海沟，高压、漆黑和冰冷，那里拥有人类目前探知的地球最低点——海下 11034 米。

入海前，潜航员们刚刚对蛟龙号进行一次全面的检查，确保电力、通信正常。随即蛟龙号被松绑，脱离母船，慢慢从海面消失。舱内，屏幕上显示着深度数字，每隔 64 秒，蛟龙号通过水声通信系统，自动向母船报一次平安。

11 时许，蛟龙号抵达 7059 米深度，并顺利进行了一系列试验。可万万没有随着我国蛟龙号 7000 米级海试取得圆满成功,马里亚纳海沟海底的神秘面纱就此揭开冰山一角。马里亚纳海沟不仅海洋生物多样性丰富,而且海底地质结构复杂。潜航员和下潜的科学家在 7000 米级海试中先后发现了 11 种新物种。图为蛟龙号 48 潜次采集的海底沉积物样本。(新华社资料照片)

想到,半个小时后,母船与蛟龙号的通信联络中断了!

"蛟龙、蛟龙,我是向九,你的情况怎样?请速回复!"

时间一分一秒过去,现场指挥部一遍一遍地呼叫着,却听不到一点反馈。

深海失联,危险空前。"难道是舱内人员昏迷了?"此时,蛟龙号已经突破 7000 米深度,水压达到 700 个大气压,这意味着它的外壳承受着 7000 吨压力,万一发生意外,后果不堪设想。

就在大家焦急万分时,水声通信机突然响起来:"向九、向九,我是蛟龙,一切正常……"

原来,潜航员在海底发现一只罕见的大海参,抓取样品后,突然发现舱内的话筒掉落在地板上,压住了语音通话的按钮。

这虽然是一次偶然事故,却让所有人的心悬到了嗓子眼。那惊魂 1 小时,很难想象中国的深潜队员经历了怎样的心理考验。

有惊无险,蛟龙号继续下潜作业,在 7062 米深度坐底开展相关试验。15 时 15 分,蛟龙号抛载上浮。

7062 米,这是中国载人潜水器的新纪录,也是国际上同类作业型载人深潜器最大下潜深度纪录,我国成为世界上第五个具备大深度载人深潜作业能力的国家。

蛟龙号勇闯"第四极",标志着我国已经具备在全球 99.8% 以上海域开展深海资源研究和勘察的能力,宣告中国从此进入了载人深潜新时代。

蛟龙号已成为海洋强国建设的"大国重器"

2013 年,中国大洋协会确定蛟龙号在步入业务化运行前开展试验性应用的方案。如果说,海试是为了检验蛟龙号的下潜深度和各项性能,那么,试验性应用阶段则是为了培养专业化的业务支撑队伍,提高作业效能。

2017 年 6 月,为期 5 年的蛟龙号试验性应用航次圆满收官。5 年间,蛟龙号先后在我国南海、东太平洋多金属结核勘探区、西太平洋海山结壳勘探区、西南印度洋脊多金属硫化物勘探区、西北印度洋脊多金属硫化物调查区、西太平洋雅浦海沟区、西太平洋马里亚纳海沟区 7 大海区下潜,涵盖了海山、冷泉、热液、洋中脊、海沟、海盆等典型海底地形区域,实现了 100% 安全下潜,主要为国家海洋局深海资源勘探计划、环境调查计划,科技部"973"计划,中国科学院深海先导计划,国家自然科学基金委南海深部计划 5 大计划提供技术和装备支撑。

自海上试验以来,蛟龙号共成功下潜 158 次,450 余人次参与下潜,17 个潜次作业水深超过 6000 米,连续大深度安全下潜。总计历时 517 天,总航程 8.6 万余海里,获得了丰富多样的海底样品,摄录了大量视像资料,取得了许多国际前沿科研成果。

蛟龙号开创了深海资源高效勘探的新模式,开辟了我国深渊科学研究的新领

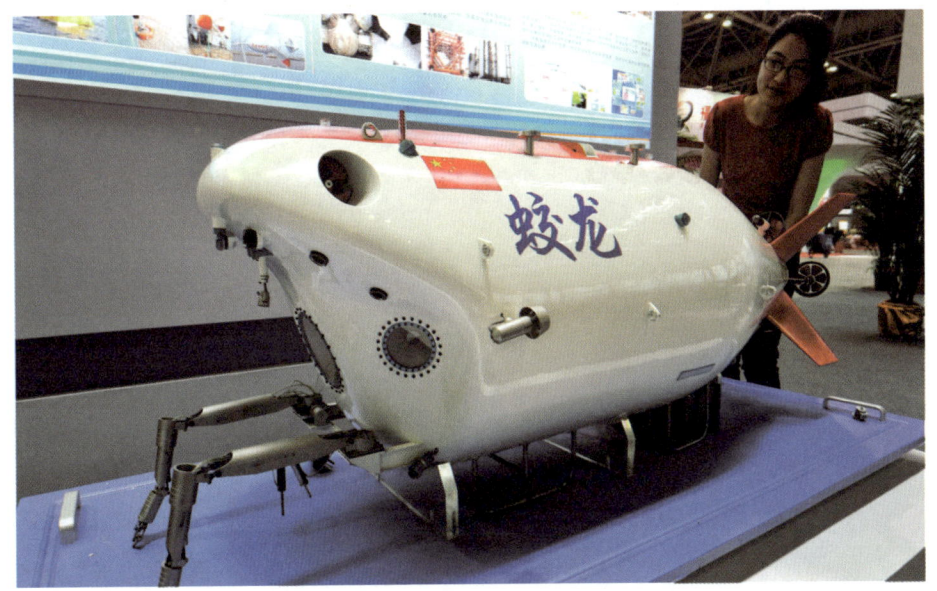

域，推动了我国深海技术、装备产业和应用体系的跨越发展，为维护我国在国际深海大洋的权益及安全发挥了不可替代的作用。蛟龙号在国内外产生了巨大反响，全面提升了我国公众的海洋意识，实现了中华民族"可下五洋捉鳖"的宏伟梦想，已成为海洋强国建设的"大国重器"。

图为2012年6月17日在福州海峡国际会展中心海洋科技成果馆拍摄的蛟龙号载人潜水器模型。（新华社资料照片）

> **参考文献**
>
> 舒珺：《"蛟龙号"获国家科学技术奖，成功下潜深海158次》，中国网2018年1月9日。
>
> 高悦：《"蛟龙"之骄：写在蛟龙号载人潜水器荣获国家科技进步一等奖之后》，《中国海洋报》2018年1月15日。
>
> 《蛟龙号7000米海试中与母船失联1小时，漆黑的海底究竟发生了什么》，《科技日报》2018年11月8日。

2003 年
科学发展观

2003年4月,"非典"疫情最肆虐、最严峻的时刻,中共中央总书记胡锦涛来到广东考察。一面是改革开放以来经济快速发展给人民群众带来巨大的实惠,一面是"非典"疫情难以控制给人民群众生命带来的严重威胁。新的情况、鲜明的反差,使胡锦涛陷入了思考。在听取广东省委、省政府汇报后,胡锦涛感慨地说:"新世纪新阶段,包括广东在内的东部地区正处在一个新的发展起点上,面临着新机遇、新挑战、新任务。我们要认清形势,进一步增强加快发展、率先发展、协调发展的历史责任感和使命感,坚持全面的发展观。"这是"发展观"一词第一次出现在党的领导人的讲话中。"发展观"三个字在当时并没有引起太多的关注,但它像一束思想的火花,即将点燃中国现代化探索道路上又一盏指路明灯。

科学概念的正式提出

2003年春夏之交,一场"非典"疫情突如其来。这是一种新发现的传染病,传染性强，没有特别有效的预防治疗办法，加上我国人口多、流动性大，一些地方和部门在应对突发公共卫生事件上准备不足，疫情很快蔓延到我国大部分省区市，广东、北京等地的疫情尤为严重。感染和死亡人数不断增加，人民的生命随时有可能受到威胁。疫情得不到有效控制，不但会影响现代化建设的全局，甚至几十年的发展成果都有可能毁于一旦。

"非典"暴露出来的直接问题是，我国的经济发展和社会发展、城市发展和农村发展还不够协调；公共卫生事业发展滞后，公共卫生体系存在缺陷；突发事件应急机制不健全，处理和管理危机能力不强；一些地方和部门缺乏应对突发事件的准备和能力，在紧急情况下工作不力、举措失当。也就是说，我们的发展是不全面、不协调、不可持续的。这是"非典"给我们的直接启发。

2003年7月28日，全国防治"非典"工作会议在北京召开，在这次会议上，胡锦涛对发展观的问题第一次进行了正面阐述："发展绝不只是指经济增长，而是要坚持以经济建设为中心，在经济发展的基础上实现社会全面发展。我们要更好地坚持全面发展、协调发展、可持续发展的发展观，更加自觉地坚持推动社会主义物质文明、政治文明和精神文明协调发展，坚持在经济社会发展的基础上促进人的全面发展，坚持促进人与自然的和谐。"全面发展、协调发展、可持续发展，一个新的发展观的雏形，就这样呈现在了全党和全国人民面前。

科学表述的正式形成

2003年10月，党的十六届三中全会通过《关于完善社会主义市场经济体制若干问题的决定》，强调要"坚持以人为本，树立全面、协调、可持续的发展观，促进经济社会和人的全面发展"。

胡锦涛在会上指出，"树立和落实科学发展观，这是20多年改革开放实践的经验总结，是战胜'非典'疫情给我们的重要启示，也是推进全面建设小康社会的迫切要求"。

值得注意的是，"以人为本"这一概念第一次被写入党的正式文件。此前8月份，胡锦涛在江西考察时，虽然也曾经提出"科学发展观"这个概念，但理论界一般以这个决定为"科学发展观"提出的标志，一方面因为这是胡锦涛第一次在正式场合把新的发展观定名为"科学发展观"，还有一个重要原因，就是这次会议上，"以人为本"作为"科学发展观"的核心概念被确立下来。

"以人为本"的提出，使科学发展观得到极大充实和提升。它使新的发展思路与我们党的性质和宗旨、党的执政理念和要求内在地联系在一起，赋予这种新的发展理念更加鲜明的人民性、科学性和时代性。"以人为本"这一理念的提出，为科学发展观奠定了坚定的理论基石。

2004年2月，省部级主要领导干部"树立和落实科学发展观"专题研讨班在中央党校开班。研讨班举办期间，根据中央的要求，国土资源部、环保总局在现场举办展览，介绍了我国这几年的土地、资源、环境现状。大量的数据、图表、照片表明，经济社会发展确实到了一个关口。过去"高投入、高消耗、高排放、低效率"的经济增长方式必须要改了。大家看了之后很受震动，思考了很多：危机就在眼前了，树立和落实科学发展观太重要了。

2004年3月10日，胡锦涛在中央人口资源环境工作座谈会上的讲话中，全面阐述了科学发展观的基本内容和精神实质，他指出："坚持以人为本、全面协调可持续的发展观，是我们以邓小平理论和'三个代表'重要思想为指导，从新世纪新阶段党和国家事业发展全局出发提出的重大战略思想。"由此开始，科学发展观的基本内涵便正式表述为"以人为本，全面、协调、可持续的发展观"。

科学发展观的历史定位

此后，党中央进一步加快了理论创新的步伐，并把科学发展付诸实践，先后提出和实施了构建社会主义和谐社会、建设社会主义新农村、建设创新型国家、

2009年1月19日，在西宁市湟中县上新庄乡黑城村，青海省红十字会工作人员为73岁的贫困老人冯永旺（左一）送来新棉衣。新疆、贵州、内蒙古、青海、宁夏等省区在深入开展学习实践科学发展观活动中，坚持以人为本，春节期间组织各有关部门深入基层，为少数民族群众低收入家庭和困难群众送温暖、解决实际困难。（新华社发王海涛摄）

树立社会主义荣辱观、推动建设和谐世界、加强党的先进性建设和执政能力建设等重大战略思想和战略任务。

2007年10月15日，党的十七大召开，胡锦涛在大会上明确指出："在新的发展阶段继续全面建设小康社会、发展中国特色社会主义，必须坚持以邓小平理论和'三个代表'重要思想为指导，深入贯彻落实科学发展观。""科学发展观，第一要义是发展，核心是以人为本，基本要求是全面协调可持续，根本方法是统筹兼顾。"

党的十七大决定把科学发展观写入党章，明确规定：科学发展观，是同马克思列宁主义、毛泽东思想、邓小平理论和"三个代表"重要思想既一脉相承又与时俱进的科学理论，是我国经济社会发展的重要指导方针，是发展中国特色社会主义必须坚持和贯彻的重大战略思想。

2003年
科学发展观

2012年11月8日，胡锦涛在党的十八大报告中强调，"科学发展观是中国特色社会主义理论体系最新成果，是中国共产党集体智慧的结晶，是指导党和国家全部工作的强大思想武器。科学发展观同马克思列宁主义、毛泽东思想、邓小平理论、'三个代表'重要思想一道，是党必须长期坚持的指导思想"。大会一致同意在党章中把科学发展观同马克思列宁主义、毛泽东思想、邓小平理论、"三个代表"重要思想一道确立为党的行动指南。

参考文献

《胡锦涛文选》第2卷，人民出版社2016年版。

2004年
走向和谐

2004年9月,党的十六届四中全会通过了《中共中央关于加强党的执政能力建设的决定》。引人注目的是,这个《决定》提出"要适应我国社会的深刻变化,把和谐社会建设摆在重要位置,注重激发社会活力,促进社会公平和正义,增强全社会的法律意识和诚信意识,维护社会安定团结"。一个崭新的思想理念——"构建社会主义和谐社会"进入了人们的视野。

建设社会主义和谐社会成为党的治国方略

党的十一届三中全会后,经过改革开放和现代化建设,我国社会总体上是和谐的,但是也存在不少影响社会和谐的矛盾和问题。主要是:城乡、区域、经济社会发展很不平衡,人口资源环境压力加大;就业、社会保障、教育、医疗、住房、安全生产、社会治安等方面关系群众切身利益的问题比较突出;由于多种经济成分发展和市场竞争而产生的社会分化,不同阶层社会成员收入差距扩大;体制机制尚不完善,民主法制还不健全;一些社会成员诚信缺失、道德失范;一些领导干部的素质、能力和作风与新形势新任务的要求还不适应；一些领域的腐败现象仍然比较严重；敌对势力的渗透破坏活动危及国家安全和社会稳定。解决这些矛盾和问题，要求党和政府必须坚持以经济建设为中心，把构建社会主义和谐社会摆在更加突出的位置。

2002年11月，党的十六大在部署全面建设小康社会时，第一次提出了"社会更加和谐"的目标。十六大报告指出："我们要在本世纪头二十年，集中力量，全面建设惠及十几亿人口的更高水平的小康社会，使经济更加发展、民主更加健全、科教更加进步、文化更加繁荣、社会更加和谐、人民生活更加殷实。"

2003年春的"非典"疫情，使新一届中央领导集体更加清醒地看到了我国发展中存在的问题。必须统筹经济与社会的发展，加快解决"一条腿长、一条腿短"的问题，这是"非典"给我们的重要启示。这年10月，党的十六届三中全会提出了科学发展观。面对我国发展呈现的一系列阶段性特征，以科学发展的理念为指导，我们又如何来化解矛盾、激发活力，推进社会建设的进程呢？新一届中央领导集体作出了自己的选择。经过党的十六大以后两年的认识和实践的深化，2004年9月，在党的十六届四中全会上，构建社会主义和谐社会的理念应运而生。胡锦涛在会上指出："这次全会提出建设社会主义和谐社会，是我们从全面建设小康社会全局出发而确定的一项重大战略任务。"这标志着建设社会主义和谐社会成为党的治国方略。

2005年2月，农历春节刚过，又一次省部级主要领导干部专题研讨班在中央党校开班。这次研讨班有着鲜明的主题：提高构建社会主义和谐社会能力。19日，胡锦涛在开班式上发表了长达16000多字的讲话，指出："我们所要建设的社会主义和谐社会，应该是民主法治、公平正义、诚信友爱、充满活力、安定有序、人与自然和谐相处的社会。"这是新一届中央领导集体对我国社会主义和谐社会建设总目标的第一次完整清晰的表述。

为了进一步推动社会主义和谐社会建设，2006年10月11日，党的十六届六中全会审议通过了《关于构建社会主义和谐社会若干重大问题的决定》，成为构建社会主义和谐社会的行动纲领。

《决定》着重从五个方面对构建社会主义和谐社会作出了工作部署：一是坚持协调发展，加强社会事业建设；二是加强制度建设，保障社会公平正义；三是建设和谐文化，巩固社会和谐的思想道德基础；四是完善社会管理，保持社会安定有序；五是激发社会活力，增进社会团结和睦。

党和政府促进社会和谐的一系列重要举措

党的十六大以来，中国共产党在进行理论探索的同时针对影响社会和谐的突出矛盾和问题，提出并实施了一系列重大战略部署和政策举措，推动社会主义和谐社会建设从"破题"走向深入。从执政理念到政府职能转变，从健全民主法制到致力改善民生，从创建和谐文化到谋求人与自然和谐相处，一个初具规模的构建社会主义和谐社会的大布局已全面展开。一时间，"和谐"旋律响彻神州大地，"和谐"建设沸腾大江南北。

从西部大开发到中部崛起，从振兴东北等老工业基地到东部发达地区率先发展……随着四大区域经济板块的形成，中国经济地理版图正在经历前所未有的大变局。长三角、泛珠三角、环渤海湾、北部湾……伴随区域经济的一体化，区域和谐发展正成为各级党委和政府不得不考虑的重要命题。

随着农村经济发展，党和政府还采取一系列重大措施，切实减轻农民负担。2005年12月29日，第十届全国人大常委会第十九次会议决定废止《中华人民共和国农业税条例》。从此，中国农民告别绵延2600多年的"皇粮国税"。据统计，到2006年全面取消农业税后，与免税前的1999年同口径相比，农民人均减负140多元，农民负担重的状况得到根本性扭转。

民生所指，民心所向，国运所系。党和政府紧紧围绕解决人民群众最关心、

1991年4月,安徽省金寨县桃岭乡三合中心学校的小学生苏明娟在认真听取教师的讲课。这位大眼睛姑娘渴望求知的形象神态,成为后来出现的"希望工程"的形象标志。(新华社发 解海龙摄)

2006年1月10日，云南省石林彝族自治县圭山乡尾乍黑村村民在观看村委会公布的群众参加新型农村合作医疗的情况。（新华社记者周重要摄）

最直接、最现实的利益问题，把关注民生、重视民生、保障民生、改善民生，作为推动科学发展、促进社会和谐的核心内容。以改善民生为重点的社会建设，在教育、就业、收入分配、社会保障、医疗卫生和社会管理等层面不断推进。

教育公平是构建和谐社会的基本要求。大眼睛女孩苏明娟那渴望读书的神态至今仍深深铭刻在许多人心中。它触动人们思考：如何让农村孩子不输在人生的起跑线上？

2006年春季开学，西部地区5000多万名中小学生踏进校园时，等待他们的是一份盼望已久的礼物。从2006年开始，政府全部免除西部地区农村义务教育阶段学生学杂费，寄宿制学校的学生还有生活补贴。

看病难、看病贵，是群众反映突出的矛盾。"得了阑尾炎，白种一年田"，农民兄弟曾用这样的顺口溜来形容看病难、看病贵。为了有效解决广大人民群众就医看病的问题，党和政府提出"人人享有基本医疗保障"的目标，努力使基本医疗保障体系覆盖到城乡全体居民。从2003年开始试点的新型农村合作医疗制度，不断扩大试点范围，完善相关政策，农民高兴地说："没想到咱农民看病也能报销了！"与此同时，党和政府还进一步启动城镇居民基本医疗保险试点，把城镇儿童、未曾就业老人这"一老一小"也纳入医疗保障。

百姓安居，政府大事。2005年以来，国务院常务会议多次研究调整住房供应结构、抑制房价过快上涨的有关措施，新政策新举措频频出手。

"政府的阳光照到了我们身上！"2007年9月28日，北京市民田满素的心情像北京的金秋一样晴朗灿烂。在这天上午举行的"北京市住房基本保障试点配租配售摇号"中，十几年来祖孙三代5口挤着21.8平方米的田满素和206户街坊，首批幸运地获得了经济适用住房和廉租住房房源。

随着和谐社会理念逐步深入人心，一个更加和谐的社会正向我们走来。

构建社会主义和谐社会重大战略目标的提出，使中国特色社会主义事业的总体布局由经济建设、政治建设、文化建设"三位一体"发展为经济建设、政治建设、文化建设、社会建设"四位一体"，从而使中国特色社会主义的发展模式更加清晰。这是我们党在探索中国特色社会主义道路上取得的又一个新的认识成果。

参考文献

《深刻认识构建社会主义和谐社会的重大意义 扎扎实实做好工作大力促进社会和谐团结》，《人民日报》2005年2月20日。

2005 年
告别"皇粮国税"

2005年12月29日下午3时零4分。人民大会堂。出席第十届全国人大常委会第十九次会议的全国人大常委会组成人员,郑重地按下了自己桌上的表决器。

"赞成162票;反对0票;弃权1票。"

"通过!"全国人大常委会委员长吴邦国宣布全国人大常委会关于废止《中华人民共和国农业税条例》的决定获得通过。

这是一个牵动亿万人心弦的时刻——新中国实施了近50年的农业税条例自2006年1月1日起废止,成为了历史档案。

税负乱象:农民难以承受之重

农业税是国家对一切从事农业生产、有农业收入的单位和个人征收的一种税,俗称"公粮"。据史料记载,农业税始于春秋时期鲁国的"初税亩",到汉初形成制度。

2005年12月29日,十届全国人大常委会第十九次会议在北京人民大会堂闭会。会议经过表决,通过全国人大常委会关于废止农业税条例的决定。(新华社资料照片)

  1958年6月3日,第一届全国人大常委会第96次会议通过了第一个全国统一的农业税法《中华人民共和国农业税条例》。农业税条例采用地区差别比例税率,规定全国平均税率为常年产量的15.5%,最高不得超过25%。1983年,由于农林特产与粮食争地现象突出,为稳定粮食播种面积,国家设立农业特产税。1985年,农业税由征收粮食改为按比例征收货币,实现了从实物税向货币计税过渡。

  新中国成立初期,国库空虚,工业基础薄弱,怀着朴素情感的中国农民,不计得失地为国家工业的发展、城市的繁荣做出巨大历史性贡献。农业税成为国家财力的基石、推进工业化建设的重要财政来源。据统计,从1949年到2005年的57年间,全国累计征收农业税约4200亿元。

改革开放初期,我国在农业方面实施了一系列正确的政策措施,农业获得长足发展,农业普遍增产增收,农民生活水平有了极大改善。但在20世纪80年代中后期,逐渐出现了"卖粮难"、农民收入增长乏力等问题。随着时间的推移,农民负担逐渐增加,"三农"问题日益严重,在农业征税之外的各种杂费,让农民不堪重负。

"头税轻,二税重,三税是个无底洞""两工强要钱,暗税最要命"……说起那些年农业税的征收乱象,许多农民还记忆犹新。

一方面,有的地方政府虚报数字,农民实际收入没增加,"三提五统"却一增再增,超过农业税数额的2倍甚至3倍以上。另一方面,乱收费、乱摊派、乱罚款屡禁不止:农民建房、结婚登记、子女上学、计划生育罚款……所有的生活以及公共支出、用度,不但都要农民这个纳税人自己来负担解决,还要应付涉及部门的各种"搭车收费"。当时购买一台农用拖拉机上路行驶,就有20多个附加收费项目要缴纳,农民得额外负担2000多元。

沉重的负担不仅挫伤了农民务农的积极性,更成为乡村社会的"不定时炸弹"。80年代中后期开始,农村一些地方陆续爆出多起因农民负担过重引发的恶性案件,19斤麦子、50元钱、一头猪、一台黑白电视机……都能成为压垮一个农民的最后一根稻草。

虽然从1990年开始,中央几乎每年都出台为农民减负的文件,甚至一些地方政府还祭出了农民负担"高压线",但各地农民负担始终呈减而复增态势。根据农业部门提供的数据,从1990年到2000年10年间,农民税费负担总额从469亿增长到1359亿元,人均负担增长了3倍。

于是,农村税费改革应运而生,从地方自发尝试到中央政府主导、从局部试点改革到全面推进。

农村税费改革与农业税的最终废除

1992年，安徽省涡阳县新兴镇自发进行了税费制度改革的实验，按照全镇每年的支出总额确定农民的税费总额，税费一并征收，分摊到亩，每亩一年只须交税30元。随后，安徽太和、河北正定、湖南武冈、贵州湄潭……各地悄悄开始试水。这些早期自发进行的局部改革尝试，在短期内不同程度地减轻了农民负担，但是存在做法不尽规范、不甚妥当的问题。

1998年10月，在党的十五届三中全会上，农村税费改革被列为改革重点内容。基层的自发实验，逐渐演变为由中央推动的全局性改革。当年11月，国务院成立了由

2000年6月10日，安徽省和县南义乡百余名农民手持农业税纳税通知书，在丰西村农业税征收点排队缴纳农村税费改革后的第一笔税款。当年，安徽省农村税费改革试点工作全面展开。（新华社资料照片）

财政部部长项怀诚、农业部部长陈耀邦、中央农村工作领导小组办公室主任段应碧组成的农村税改"三人小组",开始设计全局改革路线图。

进入新世纪,税费改革开始按照"减轻、规范、稳定"的目标进行试点。2000年3月2日,中共中央、国务院正式下发了《关于进行农村税费改革试点工作的通知》,并在安徽全省进行了改革试点,正式启动了农村税费改革。这一改革,使农民除了交纳7%的农业税和1.4%的农业税附加之外,不再承担其他任何收费。由于在改革过程中,相关的配套措施没有到位,致使乡村两级经费缺口较大,有的问题难以解决,所以,中央在2001年4月要求暂停扩大试点,此前"加快推进"的提法变成了"稳步实施"。税改之难,由此可见一斑。

能不能彻底取消农业税,让农民甩掉包袱轻装前行?其实,随着工业化进程基本完成,从1950年到2004年,农业税在我国财政收入中的比重已经从40%下降到不足1%,逐步降低乃至取消农业税条件已逐渐具备。

2004年3月,在第十届全国人大第二次会议上,温家宝总理在政府工作报告中宣布,自2004年起"逐步降低农业税税率,平均每年降低1个百分点以上,五年内取消农业税"。由此,农村税费改革由"减轻、规范、稳定"的目标转向逐步降低直至最终取消农业税。

此后,首先在黑龙江、吉林进行免征农业税试点,同时鼓励沿海及其他有条件的省份先行改革。不久,北京、天津、浙江、福建宣布免征农业税。

2005年元旦前后,广东、江苏、河南等16个省宣布全面取消农业税,为亿万农民送上了一份厚重的"新年礼"。到2005年底,全国已有28个省市区免征农业税。另外3个省即河北、山东、云南也已经将农业税率降到了2%以下,并且在这3个省中也有210个县免征了农业税。至此,正式取消农业税已是水到渠成。

2005年12月29日,十届全国人大常委会第十九次会议决定,从2006年1月1日起正式废止《中华人民共和国农业税条例》,"五年内取消农业税"的目标,两年即成现实。

2006年2月4日，安徽省蒙城县漆园镇宫庄村农民王贺朋（左一）花6600元钱购买了一台拖拉机，为春耕春播做准备。国家免征农业税等一系列惠农政策激发了农民的种粮积极性。（新华社资料照片）

从公元前594年春秋时期鲁国实施的"初税亩"，到2006年全面废止《农业税条例》，在中国历史上曾经实行了2600年的"皇粮国税"就此退出历史舞台。

全面取消农业税后，与免税前的1999年同口径相比，全国农民人均减负140多元，农民负担重的状况得到根本性扭转，农民得到了休养生息。农业税的取消，给亿万农民带来了看得见的物质利益，极大提高了农民生产积极性，在中国农业发展史上具有划时代意义。

参考文献

李平：《全面取消农业税：开启统筹城乡发展新纪元》，《中国税务报》2018年10月10日。

李竟涵：《取消农业税：千年税赋一朝免》，《农民日报》2018年12月7日。

2006 年

天路

"清晨我站在青青的牧场,看到神鹰披着那霞光,像一片祥云飞过蓝天,为藏家儿女带来吉祥;黄昏我站在高高的山岗,盼望铁路修到我家乡,一条条巨龙翻山越岭,为雪域高原送来安康;那是一条神奇的天路哎,把人间的温暖送到边疆。"这首耳熟能详的歌曲《天路》,以优美的旋律勾勒出修建青藏铁路增进各民族团结进步和共同繁荣的景象。

2006 年 7 月 1 日,青藏铁路全线建成通车,它北起青海省省会西宁,南至西藏自治区首府拉萨,全长 1956 公里。巨龙般的列车汽笛长鸣,穿越昆仑山、唐古拉山、念青唐古拉山,沿长江源、错那湖、羌塘草原直抵拉萨。几代中国人修建青藏铁路的梦想,这一刻终于成真。

"青藏铁路修不通,我睡不着觉"

这是一片遥远、神秘、圣洁的土地。

2007年6月26日,藏铁路列车行驶在藏北草原上,以桥代路有效地保护了高原生态。(新华社记者普布扎西摄)

被誉为地球第三极的青藏高原,以海拔高,空气稀薄,含氧量少,紫外线强,常年积雪,气候复杂而著称于世。在青藏高原修建铁路,面临着多年冻土、高寒缺氧、生态脆弱的三大难题,是许多人无法想象的事情。曾有美国旅行家断言:"有昆仑山脉在,铁路就永远到不了拉萨。"

1300年前,美丽的文成公主西出长安(今西安),沿唐蕃古道抵达拉萨,用了近3年时间。车队长长的车辙印在辽阔苍茫的冰冻大地上。

2006年10月25日,青藏铁路列车通过那曲段。(新华社记者觉果摄)

进藏难，难于上青天。

早在20世纪50年代中期，中国政府就着手研究进藏铁路建设问题。1955年，铁道部和铁道兵相关部门开展了进藏铁路勘测设计工作。

1958年9月，青藏铁路建设迈出历史性一步：青藏铁路西宁至格尔木段开工建设，同时格尔木至拉萨段开始大规模勘测。然而，由于三年自然灾害的影响，国家经济实力难以承受如此大规模的工程，再加上冻土、缺氧等难题一时无法攻克，1961年3月，青藏铁路工程被迫下马。

1973年，毛泽东在会见尼泊尔国王比兰德拉时说："青藏铁路修不通，我睡不着觉。"他坚定地说，青藏铁路要修，要修到拉萨去，要修到中尼边境去。

1974年3月，青藏铁路再次上马。铁道兵6.2万名指战员再上高原，展开青藏铁路西宁至格尔木段建设大会战。与此同时，勘测设计大军在1000多公里的格尔木至拉萨段，展开勘测设计大会战。经过5年艰苦奋战，1979年9月青藏铁路西宁至格尔木段814公里铺通，1984年5月经国家验收正式交付运营。

1978年8月，青藏铁路格尔木至拉萨段工程再次下马。其中缘由，在西藏工作了27年、曾任西藏自治区党委第一书记的阴法唐回忆说：

> 1978年，鉴于国力难以承受几十亿元的建设费用，加上高寒缺氧、多年冻土等难题没有解决，铁道部、铁道兵部开会论证、分析认为，修建青藏铁路的难度较大，建议青藏线停修，选择修建海拔较低的滇藏铁路，并形成书面报告。铁道部部长段君毅、铁道兵司令员陈再道、铁道兵政治委员吕正操等领导同志都赞成修滇藏铁路。铁道部的报告上报给中央后，邓小平也同意修滇藏线，放弃青藏线，华国锋、叶剑英等其他中央领导也都赞同铁道部的意见。与此同时，四川省委、省政府也派工作组进行勘探、论证，想修川藏铁路，当时中央人民广播电台对此还有专门的报道。我想，当时之所以没有选择青藏线，主要是因为走青藏线在当时来看难度大、成本高。

图为20世纪50年代勘测青藏线的资料照片。(新华社资料照片)

1983年夏，阴法唐在北戴河向邓小平汇报工作。邓小平问：进藏铁路走哪边好？究竟是青藏线还是滇藏线？在仔细询问青藏铁路的里程和预算后，邓小平思考良久后说：看来还得修青藏铁路！

"应该下决心尽快开工修建"

光阴荏苒，转眼到了世纪之交。随着综合国力的增强，西部大开发战略的实施，为西电东送、西气东输等一系列重大工程的上马创造了条件。进藏铁路再一次成为举国关注的热点。

已有的青藏公路承担着西藏绝大部分进出物资和进出人员的输送任务。在拉萨，煤炭一吨700多元，水泥一吨800多元，其中运输成本每吨就达600多元。这样一个远距运输、高价能源的地方怎么发展？

2000年10月，党的十五届五中全会召开期间，时任西藏自治区党委常务副书记的热地等人再次提出建设青藏铁路的问题。10日这天，江泽民总书记特意来到西南组参加讨论，点名要热地发言。热地说："中央提出西部大开发战略，这是非常英明正确的。现在西气东输、西电东送等重大项目已经辐射到十多个省市自治区，但都辐射不到西藏。所以我们请求中央召开第四次西藏工作会议，请求中央尽快修建进藏铁路。进藏铁路对中央来说是几代领导人都非常关心的大事，现在看来以江泽民同志为核心的第三代领导集体有望将它付诸实施了，西藏人民盼望了几十年的铁路现在终于要有着落了！"

热地的话音未落，江泽民就哈哈大笑说："热地同志的思想政治工作做到我头上了！"

时任铁道部部长傅志寰后来回忆说："江泽民同志当即对我说：'你们抓紧写一个简明扼要的材料给我，不要太长。'"

一个月后，铁道部关于修建进藏铁路的报告摆在了江泽民的办公桌上。11

图为一名青藏铁路建设者正在指挥铺轨。2005年8月24日,随着青藏铁路在海拔5072米处成功铺轨,中国人创造了世界铁路最高点的纪录。(新华社资料照片)

2006年7月1日,拉萨举行青藏铁路通车庆祝大会。图为藏族群众代表在庆祝大会上。(新华社记者巩志宏摄)

月 10 日深夜 11 时，江泽民在报告上作了长达 3 页纸的批示，指出：修建青藏铁路是十分必要的。应该下决心尽快开工修建。这是我们进入新世纪应该作出的一个大决策，必将对包括西藏广大干部群众在内的全国各族人民带来很大的鼓舞。他要求有关部门抓紧研究，对多个方案进行分析比较，以便党中央、国务院作出正确决策。

2000 年 12 月，国家计委召开了青藏铁路立项报告汇报会，会后向国务院上报了青藏铁路项目建议书。2001 年 2 月 7 日，国务院第 93 次总理办公会议听取国家计委的有关汇报，批准青藏铁路建设立项。

2001 年 6 月 20 日，国务院第 105 次总理办公会议审议青藏铁路建设方案，决定同意工程可行性研究报告和开工报告。9 天后，盼望已久的青藏铁路在格尔木和拉萨同时开工，青藏高原沸腾了！

经过 10 多万筑路大军历时 5 年的艰苦奋战，2006 年 7 月 1 日，全长 1142 公里的青藏铁路格尔木至拉萨段建成，世界上海拔最高、线路最长、穿越冻土里程最长的高原铁路青藏铁路全线建成通车。这一天上午，胡锦涛总书记专程来到格尔木，出席青藏铁路通车庆祝大会，并为首趟旅客列车发车剪彩。

高路入云端，天堑变通途。建设青藏铁路是党中央、国务院在新世纪之初作出的战略决策，是西部大开发的标志性工程。国外媒体评价青藏铁路"是有史以来最困难的铁路工程项目"，"是世界上最壮观的铁路之一"。青藏铁路的建成通车，对于青藏两省区加快经济社会发展、改善各族群众生活、增进民族团结和巩固祖国边防，都具有十分重大的意义。

参考文献

徐锦庚：《世界屋脊的辉煌穿越：写在青藏铁路全线铺通之际》，《人民日报》2005 年 10 月 16 日。

王蒲：《阴法唐谈青藏铁路建设的决策》，《百年潮》2006 年第 11 期。

2007年
与时俱进新党章

2007年10月21日上午,北京,晴空万里。中国共产党第十七次全国代表大会闭幕会在人民大会堂隆重举行。

在胡锦涛主持下,大会通过了《中国共产党章程(修正案)》。这是对党的十二大通过的现行党章的第五次修改。

高高飘扬的中国共产党党旗上增添了新的思想光辉。

十二大以来对党章的前4次修订

党章,是一个政党公开树立的旗帜,是立党、治党、管党的总章程。

体现党的理论创新成果,党章修订清晰地反映出中国特色社会主义理论体系形成发展的脉络——

1978年12月,党的十一届三中全会开辟了中国特色社会主义道路。

开辟新路,往往意味着艰辛。经历了"文化大革命"的干扰,党内外对什么是社会主义、怎样建设社会主义等一系列重大理论问题,存在着巨大分歧。

"包产到户"、引进外资,是倒退还是进步?养几只鸡是社会主义?雇佣多少工人算是资本家?

1982年9月,党的十二大通过了新党章,把十一届三中全会确立的"以经济建设为中心"等重大认识成果正式确定下来,中国现代化建设的新局面开始出现。

坚持党的基本路线不动摇,埋头苦干,中国特色社会主义建设事业焕发出勃勃生机。在总结社会主义现代化建设经验基础上,1992年10月党的十四大、1997年9月十五大、2002年11月十六大通过党章修正案,使党的指导思想不断丰富,中国特色社会主义理论不断发展。

十四大党章修改中,对邓小平建设有中国特色社会主义的理论作了新的概括;

十五大党章修改中,把邓小平理论确立为党的指导思想。

十六大党章修改中,把"三个代表"重要思想写入党章。

党章修订清晰地反映出,党的先进性和执政能力不断提高——

在党的十二大制定的党章中,第一次明确规定了党必须在宪法和法律范围内活动;第一次作出了党禁止任何形式的个人崇拜的规定……这标志着我们党从一个领导人民革命的党开始了执政党建设的新探索。

在党的十三大修订的党章中,重要的一条是实行差额选举的制度,此后差额比例不断扩大,成为推进党内民主的生动体现。

在党的十六大修订的党章中,首次载明各级纪委协助党委"组织协调反腐败工作",这使党的各级纪委在反对腐败斗争方面,担负了特殊的使命和责任。还明确提出了凡属重大问题都要按照集体领导、民主集中、个别酝酿、会议决定的原则,由党的委员会集体讨论,作出决定的要求。这反映了党对执政党建设规律的认识达到了一个新的高度。

中央政治局决定十七大对党章再次进行适当修改

2006年12月，在中央对党的十七大报告议题广泛征求意见期间，许多地方和部门的党组织向中央提出了关于对十七大党章进行适当修改的建议。

2007年3月10日，中南海，春暖花开，绿上枝头。胡锦涛总书记主持召开中央有关部门主要负责同志座谈会，就党章修改听取意见，与会同志一致赞成党的十七大对党章进行适当修改。

3月下旬，中央政治局常委会和中央政治局会议决定对党章进行适当修改。中央决定成立由吴邦国任组长的党章修改小组，在中央政治局常委会直接领导下工作。

4月4日，中南海，20多位来自中央多个部门的同志齐集这里，党的十七大党章修改小组举行第一次全体会议，正式揭开了党章修改工作的序幕。

7月11日，中央将《中国共产党章程（修正案）》征求意见稿同党的十七大报告征求意见稿一起，印发各地区各部门征求意见。

8月30日，中央政治局常委会开会，听取党章修正案征求意见稿在党内一定范围内征求意见的情况报告。

9月17日，中央政治局召开会议，研究并通过了拟提请党的十六届七中全会讨论的党章修正案稿。

10月9日，党的十六届七中全会在京召开。吴邦国就《中国共产党章程（修正案）》讨论稿向全会作了说明。会议通过了《中国共产党章程（修正案）》，决定提请党的十七大审议。

10月15日，党的十七大在北京召开。大会期间，38个代表团的2200多名代表，对党章修正案进行了认真审议。

10月21日，在党的十七大闭幕会上，党章修正案获得一致通过。

科学发展观写入党章成为此次修正案引人注目的亮点

党的十七大通过的党章修正案主要修改内容共有15条，既充分体现了党的理论创新和实践发展的重大成果，又充实了论述党的基本路线和中国特色社会主义事业总体布局的内容，充实了党的建设的内容。

将科学发展观等重大战略思想写入党章，成为党章修正案引人注目的亮点。修改后的党章不仅在总纲增写一个自然段，强调科学发展观，是同马克思列宁主义、毛泽东思想、邓小平理论和"三个代表"重要思想既一脉相承又与时俱进的科学理论，是我国经济社会发展的重要指导方针，是发展中国特色社会主义必须坚持和贯彻的重大战略思想，而且在条文中要求党员认真学习科学发展观、干部带头贯彻落实科学发展观。构建社会主义和谐社会，建设创新型国家，建设社会主义新农村，努力推动建设持久和平、共同繁荣的和谐世界等也写入了党章。

在不断前进的实践中，中国共产党对社会主义建设规律的认识日益深化，形成了社会主义经济建设、政治建设、文化建设、社会建设四位一体的中国特色社会主义事业总体布局。党章总纲以4个自然段分别阐述推进社会主义经济建设、政治建设、文化建设、社会建设的内容。这有利于全党同志更加自觉地按照中国特色社会主义事业总体布局，为开拓中国特色社会主义更为广阔的发展前景而奋斗。

确立中国特色社会主义事业总体布局，特别是提出构建社会主义和谐社会的重大战略任务，丰富了党的基本路线的内涵。因此，党章修正案把党的基本路线中的奋斗目标相应地表述为"把我国建设成为富强民主文明和谐的社会主义现代化国家"，并对阐述"一个中心、两个基本点"的3个自然段作了适当补充。这有利于全党同志更加自觉、更加全面地贯彻党的基本路线。

党章修正案在发展党内民主、推进制度创新方面作出了新规定。在党的组织制度方面，党章修正案增写了党的各级组织要按规定实行党务公开的内容，规定党的各级代表大会代表实行任期制，党的中央和省、自治区、直辖市委员会实行巡视制度。

　　历史已经并将继续见证，坚持与时俱进的政党，才能永葆青春；坚持与时俱进的事业，才能充满活力。在继往开来、与时俱进中，中国共产党党旗将更加鲜艳，走向富强民主文明和谐的社会主义中国明天一定会更加美好。

参考文献

慎海雄、刘刚：《党章：25年与时俱进的五次修订》，新华社2007年10月20日。

徐京跃、李斌、李亚杰、顾瑞珍：《为高扬的党旗增添新的思想光辉》，《人民日报》2007年10月29日。

2008年
百年梦圆

2008年8月8日23时36分,"鸟巢"造型的国家体育场华灯灿烂,流光溢彩。可容纳9万余人的体育场内座无虚席,群情激动。

一个万众期盼的时刻到来了。国家主席胡锦涛用洪亮的声音宣布:北京第二十九届奥林匹克运动会开幕!

顿时,璀璨的焰火绽放夜空,激昂的旋律响彻全场,彩旗挥动,欢呼声经久不息……

为了这一刻,中国人民整整追求和奋斗了100年。

历尽沧桑

1908年,《天津青年》首次提出:中国何时能派一名运动员参加奥运会?中国何时能派一支代表队参加奥运会?中国何时能自己举办一届奥运会?这一声声呼喊，在那个中国人被蔑称为"东亚病夫"的年代，是如此的悲壮。

早在1896年，第一届奥运会的圣火在希腊雅典点燃，国际奥委会的一封邀请函寄至清政府，可正值甲午战败，被迫签订丧权辱国的《马关条约》后不久，清朝统治者哪还有闲暇顾及奥运！

1924年，中国第一个全国性体育组织——中华全国体育协进会成立。1928年，中华全国体育协进会干事宋如海作为观察员参加在荷兰阿姆斯特丹举行的第9届奥运会。孤身一人在看台上的宋如海百感交集，反复用英语吟诵"奥林匹亚"，忽然喊出一句中国话："我能比呀！"后来，他将奥林匹克运动会音译为"我能比呀！"

代表中国实现"我能比"这个愿望的，是东北大学学生刘长春。

1932年7月，刘长春作为中国派出的唯一一名运动员参加在美国洛杉矶举行的第10届奥运会。在爱国将领张学良的资助下，他只身在海上漂泊21天到达洛杉矶。疲惫不堪的刘长春在男子100米预赛中，一路领先70米后，脚步明显吃力，最终被淘汰。

1936年，第11届奥运会在德国柏林举行，进入撑竿跳决赛的中国运动员符保卢，竟买不起比赛用杆。

1948年，第14届奥运会在英国伦敦举行，中国代表团是参赛团中唯一住不起奥运村的。奥运会结束后，代表团在当地华侨总会的帮助下，解决了路费，运动员才得以返回祖国。

新中国成立前，我国运动员费尽周折参加了3届奥运会，虽然竭尽全力，但从未获得一块奖牌。在那个中国人民头上压着三座大山，积贫积弱、灾难深重、民不聊生的年代，中国人在奥运史上走过的道路悲壮曲折，不堪回首。

新中国成立后，中国参加奥运会的历史也翻开了新的一页。

1952年，第15届奥运会在芬兰赫尔辛基举行。中国正式接受邀请较晚，只派出了40人的代表团，可当代表团到达赫尔辛基时，比赛已接近尾声。只有吴传玉参加了百米仰泳比赛，五星红旗第一次在奥运赛场上升起，向世界宣告了新

1952年7月19日至8月3日，第十五届奥运会在芬兰赫尔辛基举行。中国派出了一个由38名男运动员和2名女运动员组成的代表团参加这届比赛。但是由于通知发得晚，代表团到达芬兰时比赛已近尾声，只有吴传玉参加了100米仰泳比赛。图为1952年7月29日，五星红旗第一次在奥林匹克会场升起。（新华社资料照片）

中国奥林匹克运动的存在。

后来，由于种种原因，我国同国际奥委会的关系被遗憾地中断了。1956年到1979年间，中国奥委会没有派代表参加奥运会。

"零"的突破

1978年12月党的十一届三中全会以后，我国实行改革开放新政策，体育事业迎来了跨越式发展的新时期。

1979年11月，国际奥委会恢复了中华人民共和国的合法席位。

1980年2月，中国体育代表团参加了第13届冬季奥运会。

1984年，第23届奥运会在美国洛杉矶举行，中国派出225名运动员、50名教练员组成的强大阵容参赛。

7月29日，开赛第一天，中国神枪手许海峰，以总成绩566环获得本届奥运会的首枚金牌，从而实现了中国在奥运会历史上"零"的突破。国际奥委会

图为1984年7月29日第23届奥运会开赛的第一天,中国射击选手许海峰(前)夺得本届奥运会的第一块金牌,实现了中国奥运金牌"零"的突破。(新华社记者官天一摄)

主席萨马兰奇亲自将金牌戴在许海峰胸前，并激动地说，"这是中国体育史上伟大的一天！"

8月3日，栾菊杰顶罩仗剑，杀出重围，最后连闯三关，打破了欧洲人对奥运会击剑冠军的垄断，成为第一个获得女子花剑冠军的亚洲人。

8月4日，"体操王子"李宁以出神入化的动作，无懈可击的表现力，征服了热情的美国观众，一人独得男子体操单项决赛自由体操、鞍马和吊环3块金牌，并以3金2银1铜的佳绩成为本届奥运会夺得奖牌最多的运动员，被誉为"力量之塔"。

8月7日，中国女排姑娘再展雄风，以勇不可当之势，直落三局，击败东道主美国队夺冠。

洛杉矶成了中国人大显身手的舞台。第一次全面出征奥运会的中国体育代表团，在这次历时半个月，有140个国家参加的盛会中，共夺得金牌15枚，银牌8枚，铜牌9枚，金牌数仅次于美国、罗马尼亚、联邦德国这些世界体育强国，位居第四。五星红旗一次次升起，《义勇军进行曲》一遍遍奏响。中国，是第23届奥运会当仁不让的明星。

此后中国连续参加汉城、巴塞罗那、亚特兰大、悉尼、雅典奥运会，总计获得112枚金牌、96枚银牌、78枚铜牌。

百年圆梦

开放的中国期盼奥运。1991年，中国政府作出决策，支持北京市申办2000年第27届奥运会。尽管当时未能获得举办权，但中国人民向国际社会表达了举办奥运会的热切期望。

进入新世纪，中国政府再次作出决策，支持北京市申办2008年第29届奥运会，13亿中国人民又一次向国际社会表达了举办奥运会的热切期望。2001年7月

< 2001年7月13日,在莫斯科举行的国际奥委会第112次全会上,胡安·安东尼奥·萨马兰奇宣布北京获得2008年奥运会主办权。(新华社资料照片)

∨ 北京赢得2008年第29届夏季奥运会主办权。图为中国申奥代表团欢呼。(新华社资料照片)

2008年8月8日20时整，第29届夏季奥林匹克运动会在中国国家体育场隆重开幕。图为开幕式现场。（新华社记者杨磊摄）

13日，国际奥委会作出决定，将第29届奥运会举办权授予中国北京。在那个激动人心的历史性时刻，全体中华儿女迸发出共同的心声：中华民族的百年期盼就要实现了。

2008年8月8日晚，第29届奥林匹克运动会开幕式在国家体育场隆重举行。

20时整，2008名演员击缶而歌，吟诵着"有朋自远方来，不亦乐乎"，表达对世界各地奥运健儿和嘉宾的欢迎。五彩的焰火沿北京南北中轴线次第绽放，呈现出象征第29届奥运会的29个巨大脚印。

"五星红旗迎风飘扬，胜利歌声多么响亮。歌唱我们亲爱的祖国，从今走向繁荣富强……"在清脆的女童歌声中，56名少年儿童簇拥着鲜艳的五星红旗进入体育场。在雄壮的国歌声中，五星红旗冉冉升起。

2008年

百年梦圆

2008年北京奥运会在国家体育场"鸟巢"开幕。图为2008年8月8日晚,北京奥运会开幕式上的焰火表演"欢庆笑脸"。(新华社记者杨磊摄)

灯光转暗，古琴声起，巨幅画轴缓缓展开，以"美丽的奥林匹克"为主题的大型文艺表演拉开帷幕……

21时10分，运动员入场式开始。共有204个国家和地区的代表团参加本届奥运会。

23时36分，胡锦涛宣布北京奥运会开幕!

8位执旗手手持奥林匹克会旗入场。80名身着民族服装的儿童，唱起奥林匹克会歌。奥林匹克会旗缓缓升起。

23时54分，取自奥林匹亚的奥运圣火抵达国家体育场，8名火炬手高擎火炬，在体育场内进行最后的传递。

9日零时整，中国女排前队长孙晋芳举着火炬，来到体育场上的一个高台，等候在这里的著名体操运动员李宁将手中的火炬点燃。高举火炬的李宁腾空飞翔，在体育场上空一幅徐徐展开的中国式画卷上矫健奔跑，画卷上同时呈现出北京奥运圣火全球传递的动态影像。

零时零4分，在空中奔跑的李宁来到火炬塔旁，点燃引线，巨大的火炬顿时燃起喷薄的火焰，熊熊燃烧的奥林匹克圣火把体育场上空映照得一片辉煌。

在北京奥运会上，中国体育代表团取得了优异成绩，第一次名列奥运会金牌榜首位，创造了中国体育代表团参加奥运会以来的最好成绩。

北京奥运会弘扬了团结、友谊、和平的奥林匹克精神，大力促进了世界各国人民的相互了解和友谊，让同一个世界、同一个梦想的口号响彻寰球，在现代奥林匹克运动史册上深深钤上了彤红的中国印。

参考文献

兰红光等:《第二十九届奥林匹克运动会在北京隆重开幕》，《人民日报》2008年8月9日。

2009 年
有效应对国际金融危机

2009 年年初,美国《时代》周刊如此预言,"中国已经开始经济衰落,也许将比美国经济还要恶化","中国难以继续奇迹",它"只是个身陷囹圄的大国"。

7 个月之后,这家杂志刊登题为"中国能否拯救世界"的封面文章,封面上一只熊猫正拿着气筒给瘪了的地球打气。那时,中国上半年 7.1% 的增速,"几乎成为照耀全球经济信心的灯塔"。

2009 年年末,还是这家杂志将"中国工人"评为年度人物。原因是:尽管一年前许多人认为"保八"是一个梦想,但是中国做到了。中国千千万万勤劳坚韧的普通工人,使得中国在世界主要经济体中继续保持最快的发展速度,并带领世界走向经济复苏。

2009 年,中国经受了新世纪以来最严峻的考验,在全球率先实现经济回升向好,成为世界经济触底反弹的新引擎。

危机袭来，党中央果断决策、从容应对

从 2007 年开始的美国次贷危机，到 2008 年演化成一场全球性的金融危机，并且迅速由金融领域扩散到实体经济领域，由美国扩散到世界主要经济体，其来势之猛、扩散之快、影响之深，实属罕见。

美国次贷危机爆发后，党中央密切关注危机的发展态势，特别是可能对我国经济发展带来的风险和产生的冲击，一再强调树立忧患意识，做好应对危机的预案。2008 年 7 月 25 日，中央政治局召开会议，明确将宏观调控的首要任务从年初的"防止经济增长由偏快转为过热、防止价格由结构性上涨演变为明显通货膨胀"，调整为"保持经济平稳较快发展、控制物价过快上涨"。

9 月 15 日，有着 158 年历史的美国第四大投资银行雷曼兄弟公司宣布申请破产保护，金融危机集中爆发并迅速向全球蔓延，世界经济陷入二次世界大战结束以来最严重的衰退。

面临国际金融危机一浪高过一浪的严重冲击，我国经济第四季度增速急剧下滑。

各方面的信息通过各种渠道，迅速汇集中南海——

作为外贸依存度很高的开放经济体，我国外贸出口增速大幅回落，2008 年 10 月我国出口同比增长 19.2%，11 月骤然下降 2.2%。

订单减少，大批企业停产、半停产甚至倒闭，许多工人失去工作，大批农民工不得不提前返乡，就业压力迅速加大；

企业效益下降，财政收入减少，保障和改善民生任务繁重，经济社会发展面临很大困难。

党中央、国务院全面分析、准确判断、果断决策、从容应对，将宏观调控的着力点转到防止经济增速过快下滑上来。

2008 年 11 月 5 日，国务院研究提出进一步扩大内需、促进经济平稳较快增

长的十项措施。初步匡算，到2010年底扩大内需十项措施约需投资4万亿元。

11月6日，胡锦涛再次主持召开中央政治局常委会议，决定把促进经济平稳较快增长作为经济工作的首要任务，果断实施积极的财政政策和适度宽松的货币政策，大规模增加政府投资，带动实施总额达4万亿元人民币的两年投资计划；在稳定外需的同时大力扩大内需特别是消费需求，在促进经济增长的过程中注重转变经济发展方式和调整经济结构，加大保障和改善民生力度。

11月28日，胡锦涛又一次主持召开中央政治局会议，分析国际金融危机对我国经济发展的影响，明确提出把保持经济平稳较快发展作为2009年经济工作的首要任务。

2008年年底至2009年年初，我国经济步入本轮经济周期谷底，面临新世纪以来最为困难的局面。

中国经济在全球率先回升向好

2009年年初开始，党中央、国务院不断加大政策力度，在非常时期采取了非常之举措，相关政策密集出台，丰富完善一揽子计划。

2009年1月14日至2月25日的40多天内，国务院连续召开6次常务会议，相继审议通过汽车、钢铁、纺织、装备制造、船舶、电子信息、轻工、石化、有色金属、物流等十项重点产业调整和振兴规划。这十项规划涉及范围之广、政策力度之大、决策效率之高，前所未有。统计显示，除物流业之外，其他九大产业工业增加值占我国工业增加值近80%，占GDP约三分之一。

黄金有价，信心无价。2009年全国两会上政府工作报告提出，2009年国民经济预期增长8%左右。这个目标非比寻常——

在经济高位上行时设定8%左右的目标，是希望增速能适当回调、把更多的精力用于调整结构、转变发展方式；而2009年设定8%左右的目标，是为了稳

"家电下乡"在内蒙古实施以来，得到广大农牧民的积极响应。截至2009年11月，内蒙古家电下乡销售金额达到4亿多元，约有20万农牧户受益。内蒙古2400多个"家电下乡"销售网点共销售"家电下乡"补贴产品24.63万台，农牧民享受补贴资金4000多万元。图为内蒙古锡林郭勒盟的农牧民在指定网点购买家电产品。（新华社记者李欣摄）

定社会预期、增强发展信心，为了有利于扩大城乡就业、增加居民收入、保持社会稳定。

经全国人大批准，一揽子计划明确2009年的规模：中央政府公共投资安排9080亿元，增加4857亿元；中央财政安排250亿元补贴家电、汽车摩托车下乡；大规模结构性减税政策预计将减轻企业和居民负担约5500亿元。

2009年5月6日，国务院常务会议决定今年以贷款贴息为主的方式，安排200亿元技术改造专项资金，预计直接带动全社会投资4600亿元；5月19日，国务院常务会议安排中央财政70亿元用于汽车、家电"以旧换新"，有望拉动相关消费约5000亿元。

为进一步发挥消费对经济拉动作用，2009年12月9日国务院召开常务会议决定，促进消费的政策必须进一步加强，现行政策大部分要继续执行，对一些政策进行必要的调整和完善。

民生连民心，民心聚民力。党中央、国务院把一揽子计划作为改善民生的重点，一系列惠民生、促消费政策措施陆续推出，人民群众特别是农民和城市低收入家庭得到实实在在的好处，对经济企稳回升发挥了重要作用。

财政部数据显示,2009年,中央财政预算安排用于教育、医疗卫生、社会保障、就业、保障性住房、文化方面与人民群众生活直接相关的民生支出安排7284.63亿元,按可比口径增加1653.34亿元,增长29.4%。图为2009年8月19日,山东寿光农民在翻看新农保养老金存折。(新华社资料照片)

经过艰苦努力,从2009年第二季度起,我国经济止跌回升。全年经济增长9.2%。到2009年年底,中国经济就在全球率先实现回升向好,交出了一份全球瞩目的中国答卷。

事实证明,我国应对国际金融危机冲击的方针、政策和举措总体上是有效的。尽管如此,经济社会发展中仍存在不少突出的矛盾和问题。主要是:发展中不平衡、不协调、不可持续问题依然突出;经济增长下行压力和产能相对过剩矛盾有所加剧;经济发展与资源环境的矛盾日趋尖锐。从根本上解决经济平稳健康发展问题,必须坚定不移推进和深化改革。

2010年,《人民日报》元旦社论写道:"经历了新世纪以来我国经济发展最严峻的考验,我们以顽强的奋斗拼搏取得了极其不易的成绩,中国人民满怀信心和豪情迈入2010年。"

参考文献

中共中央党史研究室:《中国共产党的九十年》,中共党史出版社2016年6月。

李亚杰等:《党中央、国务院积极应对国际金融危机冲击》,新华网2009年12月23日。

任仲平:《迎战国际金融危机的"中国答卷"》,《人民日报》2010年1月5日。

张宿堂等:《海阔天空好扬帆》,《人民日报》2012年11月6日。

2010 年
成功举办上海世博会

1999年12月，中国政府在国际展览局第126次全体大会上正式宣布申办2010年世界博览会。2002年12月，经表决中国获得2010年世博会举办权。2010年5月1日第41届上海世界博览会正式开园，这是新中国成立以来中国举办的规模最大、持续时间最长的国际活动。上海世博会的主题是"城市，让生活更美好"。会徽图案以汉字"世"与数字"2010"组成，以绿色为主色调。吉祥物为海宝。从2010年5月1日开园到10月31日闭幕的184天时间里，来自246个国家、国际组织的参展方，通过展示、论坛、表演等形式，探讨城市未来发展前景，生动诠释了"理解、沟通、欢聚、合作"的世博理念。7308万人次的中外参观者，创造了世博会历史上的新纪录。

百年前的世博梦想，酸楚中有着一丝乐观

在上海城区的西南方向，有个叫朱家角的古镇。据史书记载，早在宋、元

时期这里就已烟火千家，经济发达，人才辈出，后来成为近代著名小说作家的陆士谔就是朱家角人。

1878年（清光绪四年），陆士谔出生在朱家角一个读书人家庭，他从小爱读稗官野史。1910年，32岁的陆士谔完成了一部充满幻想的小说《新中国》，全书共分12回，以一个梦贯穿，虚构了100年后的上海。主人公"陆云翔"其实就是作者本人。陆士谔之孙陆贞雄说，他的祖父在这本小说里写道："在我们中国上海浦东要召开一个万国博览会，要开这样一个会，中外游客都要到我们上海来"。

在小说《新中国》里，一觉醒来的陆云翔与妻子李友琴游历上海，他惊讶地发现，租界的治外法权已经收回，昔日趾高气扬的洋人见了中国人彬彬有礼，而街头的新生事物则更多，以往经常碰撞行人的电车也改为地下行驶，据说这是学习欧美的结果。"把地中掘空，筑成了隧道，安放了铁轨，日夜点着电灯，电车就在里头飞行不绝。"更让小说主人陆云翔惊讶的是："一座很大的铁桥，跨着黄浦，直筑到对岸浦东。"妻子告诉他，这是20年前，在浦东开博览会的时候，为了方便往来，才建造这大桥的。因为开了博览会，"现在浦东地方已兴旺的与上海差不多了"。

不过，再好的梦总是要醒的。小说《新中国》的结尾，陆士谔记下了他和妻子这样的一段对话：

妻子说："这是你痴心梦想久了，所以，才做这奇梦。"
丈夫说："休说是梦，到那时，真有这景象，也未可知。"
妻子又说："我与你都在青年，瞧下去，自会知道的。"
丈夫说："我把这梦记载出来，以为异日之凭证。"

陆士谔夫妇的一番夜话，酸楚中有着一丝乐观，蘸着浓墨书写这些并不存在的内容,他的内心深处一定充溢着快乐。

百年世博梦终成真,13亿东道主站脚助威

2002年12月3日,摩纳哥蒙特卡洛,当地时间下午3时40分。国际展览局主席吉尔斯·诺盖斯宣布:中国上海市获得2010年世界博览会举办权!格林马迪会议宫瞬时掌声如潮。

历史掀开新篇章,改革开放以来国家经济实力和综合国力有了显著的提高,中国人的百年世博梦终于成真。

2010年4月30日晚上,举世瞩目的上海世界博览会开幕式在世博文化中心隆重举行,国家主席胡锦涛出席开幕式并宣布上海世博会开幕。

从上海世博会开幕式暖场那声来自贵州清亮而悠远的侗族大歌,到"香港弹起"巡游,从世博筹备时参与建设,到办博时的激情展示,华夏960万平方公里的13亿百姓,"每个人都是东道主",呈现了一个真实而多元的中国。

闪亮的"中国红"周围,全国31个省市区及港、澳、台展馆,都拿出了自己的看家绝活儿,备受追捧。呈现鸟巢、水立方、国家大剧院、天坛四个标志性建筑的北京馆;三面外墙采用1600盏LED灯的天津"竹立方";以基因方式展现"京畿之地、魅力河北"的河北馆;展现灾后重建场景的四川馆;由5000多块曲线钢板连接而成的世博园最酷钢结构"湖北馆";还原港人"智能生活"的香港馆……各省区市馆日接待观众9万多人,接近国家馆接待能力的2倍,最高一天接待过14万观众。

每一个省市自治区馆,都有不同的"神奇与美丽"。每隔5天一次的省区市活动周,是各地潇洒向世界展示自己的可爱的舞台。

社会主义集中力量办大事的举国体制,在上海世博会呈现得淋漓尽致。

上海交出一份满意答卷,全球伸出热情之手

这是发展中国家首次举办世博会,全世界都在看着中国如何"答卷"。作为世博会承办地——上海,压力极大。

选择繁华市中心、跨江规划世博园区,这在世博史上绝无仅有。于是,有史以来最大规模的海陆空立体交通建设在上海展开,5条地铁经过世博园区或园

2010年10月30日航拍的上海世博园区全貌。(新华社记者凡军摄)

区周边,10多条世博专线、90多条公交线经过世博园区,轨道、轮渡、公交越江线跨越黄浦江,形成每小时20万—30万人次的交通运力。

毕竟是第一次办,中国人不知道怎么办,外国人不知道怎么沟通,老百姓不知道怎么欣赏。20万办博大军开始"摸着石头过河"。

2010年4月30日,中国2010年上海世博会开幕式大型灯光焰火表演在上海举行。5月1日,上海世博会正式开园。(新华社记者程敏摄)

2010年5月15日，在上海世博园庆典广场，演员在表演河北梆子《扈家庄》。（新华社记者李紫恒摄）

4月底世博试运行，曾出现参观拥挤无序、场馆玻璃被挤碎、饮水池堆满垃圾、食物一抢而空等窘况……时任上海市委书记俞正声曾对媒体坦率地用"漏洞百出，狼狈不堪"来形容当时情形。

从那一刻起，世博园每天都在"改正错误"。

为了解决就餐，紧急调来卖简餐的帐篷；为了排队秩序，各场馆将软隔离改成硬隔离；为了应对酷暑，短时间内安装了71个场馆共33000多平方米的遮阳棚、5300多把遮阳伞、6300多个喷雾器、2400台电风扇、1700个饮水机……

办博者每天都在学习。日本馆第一个细心地在门口竖牌子，告知等待时间是"1小时"或者"3小时"，迅速得到推广；一些欧洲国家馆在门前安排文艺演出，与排队游客互动，舒缓了游客的焦躁，其他场馆也纷纷效仿……

低碳交通、垃圾回收、生态防控……上海世博会管理运营创新，同样是"城

2010年8月23日,上海世博园丹麦馆"小美人鱼"雕像收到鲜花。当日,丹麦国宝"小美人鱼"雕像迎来97岁生日。1913年8月23日,根据安徒生童话里主人公设计的小美人鱼青铜雕塑在哥本哈根海湾边落成,从此她便成了丹麦最著名的文化名片。(新华社记者 汪永基摄)

市,让生活更美好"的探索与实践。

上海世博会的精彩与难忘,离不开从全球伸出的热情之手。

曾经战火纷飞的伊拉克和阿富汗排除万难,终于出现在上海世博园;尽管融资和建馆一波三折,美国馆最后圆满亮相;第一次参展世博的朝鲜,拥有1000平方米的独立展馆,每天接待近2万名观众;智利馆火速运来解救矿难工人的"功臣""凤凰一号"救生舱,吸引大批中国游客特地前往;马里总统在参观非洲联合馆之后,立刻指示增派该国最优秀的舞蹈演员,数天后,舞蹈演员博卡里、易卜拉欣带着马里人民的祝福,在非洲联合馆上演激情四溢、热烈奔放的舞蹈;丹麦的小美人鱼96年来第一次离开家乡,来到世博会。

上海世博会是继北京奥运会后我国举办的又一个国际盛会,也是第一次在发展中国家举办的注册类世博会。上海世博会书写了中国人民同世界各国人民交流互鉴的新篇章,书写了人类各种文明交流互鉴的新的一页。

参考文献

郝洪等:《九州向洋,文明盛典》,《人民日报》2010年10月31日。

2011年
中国特色社会主义法律体系形成

2011年3月10日，全国人大常委会委员长吴邦国在十一届全国人大四次会议上庄严宣布，一个立足中国国情和实际、适应改革开放和社会主义现代化建设需要、集中体现党和人民意志的，以宪法为统帅，以宪法相关法、民法商法等多个法律部门的法律为主干，由法律、行政法规、地方性法规等多个层次的法律规范构成的中国特色社会主义法律体系已经形成，国家经济建设、政治建设、文化建设、社会建设以及生态文明建设的各个方面实现有法可依。

由此，中国已在根本上实现从无法可依到有法可依的历史性转变，各项事业发展步入法制化轨道。

开始起步阶段

中国特色社会主义法律体系是在中国共产党领导下，适应中国特色社会主义建设事业的历史进程而逐步形成的。

2011年10月27日,国务院新闻办公室发表《中国特色社会主义法律体系》白皮书,全面介绍了中国特色社会主义法律体系的形成和内涵,展示了新中国立法成就。(新华社记者万象摄)

新中国成立初期,根据政权建设等需要,从1949年到1954年9月第一届全国人民代表大会召开前,中国颁布实施了具有临时宪法性质的《中国人民政治协商会议共同纲领》,制定了婚姻法、土地改革法等一系列法律、法令,开启了新中国民主法制建设的历史进程。

1954年9月,第一届全国人民代表大会第一次会议召开,通过了新中国第一部宪法,确立了人民民主和社会主义原则,确立了人民代表大会的根本政治制度。此后至1966年"文革"前夕,中国立法机关共制定法律、法令130多部。这个时期的民主法制建设,为建设中国特色社会主义法律体系提供了宝贵经验。

"文革"期间,中国的民主法制建设遭到严重破坏,立法工作几乎陷于停顿。

恢复重建和全面展开阶段

1978年12月,党的十一届三中全会开启了中国改革开放和社会主义民主法制建设的历史新时期。

1979年6月至7月,第五届全国人民代表大会第二次会议通过了修改宪法若干规定的决议,同时制定了刑法、刑事诉讼法、中外合资经营企业法等7部法律,拉开了新时期中国大规模立法工作的序幕。

在制定对外开放的第一部法律——中外合资经营企业法过程中,立法者突破了不少条条框框。杨景宇在大型文献纪录片《铸法》中回忆道:

> 许多国家和地区的法律规定,在合资企业中,外资所占的比例不能超过49%。但荣毅仁同志专就这个问题给小平同志写了一封信,不赞成设置49%的上限,认为这样限制势必降低外资在我国投资的兴趣,我们也达不到吸收外资的目的。小平同志批示:"我看所提意见颇有道理"。最后提交五届全国人大二次会议审议的中外合资经营企业法草案,就删去了外资不得超过49%的规定。

1982年11月至12月,第五届全国人民代表大会第五次会议通过了现行宪法,确立了国家的根本制度、根本任务和国家生活的基本原则,标志着中国民主法制建设进入新的历史阶段。随着改革开放的深入推进和经济社会的深刻变化,截至2011年8月底,中国先后于1988年4月、1993年3月、1999年3月和2004年3月对宪法的部分内容进行修改。

这个时期,适应以经济建设为中心、推进改革开放的需要,制定了民法通则、全民所有制工业企业法、中外合作经营企业法、外资企业法、专利法、商标法、著作权法、经济合同法、企业破产法等法律。

这个时期立法工作取得的成就，为中国特色社会主义法律体系的形成奠定了重要基础。

初步形成阶段

1992年10月，党的十四大作出了建立社会主义市场经济体制的重大战略决策，明确提出社会主义市场经济体制的建立和完善必须有完备的法制来规范和保障。立法机关按照建立社会主义市场经济体制的要求，加快经济立法，制定了公司法、乡镇企业法、反不正当竞争法、消费者权益保护法、劳动法等法律。

深刻影响中国经济思维，全面改写中国经济形态的公司法，正是经济转轨期具有标志性意义的一部法律。

经济转轨时期的公司热，带来了市场的活跃和经济的繁荣，也因其盲目性和缺乏规范，出现了一批"皮包"公司、翻牌公司和假公司。先行的实践，亟待法律跟进。

1993年12月29日，第八届全国人大常委会第五次会议表决通过了公司法。

公司法草案经过两届常委会4次会议审议通过，这部法律的出台可谓"十年磨一剑"。公司法以法律的形式正式确认了公司的地位，标志着公司与全民所有制企业、集体所有制企业一样，成为我国企业的法定常态模式之一，从而使公司由试行进入了大规模推行的新阶段，加快了我国建立现代企业制度的进程。

1997年9月，党的十五大确立了"依法治国，建设社会主义法治国家"的基本方略，明确提出到2010年形成中国特色社会主义法律体系。按照这一目标要求，为保障和促进社会主义市场经济的发展，适应加入世界贸易组织的需要，中国继续抓紧开展经济领域立法，制定了证券法、合同法、招标投标法、信托法、个人独资企业法、农村土地承包法、政府采购法等法律，修改了对外贸易法、中外合资经营企业法、中外合作经营企业法、外资企业法、专利法、商标法、著作权法等法律。

经过这个阶段的努力，中国特色社会主义法律体系初步形成。

正式形成阶段

进入新世纪，根据党的十六大、十七大确定的在本世纪头20年全面建设惠及十几亿人口的更高水平的小康社会这一目标，为了使社会主义民主更加完善，社会主义法制更加完备，依法治国基本方略得到全面落实，更好保障人民权益和社会公平正义，促进社会和谐，中国立法机关进一步加强立法工作，不断提高立法质量。

为维护国家主权和领土完整，促进国家和平统一，制定了反分裂国家法；为发展社会主义民主政治，制定了各级人民代表大会常务委员会监督法、行政许可法、行政强制法等法律；为保护公民、法人和其他组织的合法权益，保障和促进社会主义市场经济的健康发展，制定了物权法、侵权责任法、企业破产法、反垄断法等法律；为完善社会保障制度，保障和改善民生，制定了社会保险法、劳动合同法、食品安全法等法律。

民以食为天，食以安为先。处于社会转型期的中国，食品安全问题日益突出，制定食品安全法迫在眉睫。2007年12月，第十届全国人大常委会第31次会议对食品安全法草案进行了初审。次年4月，全国人大常委会办公厅向社会公布食品安全法草案，广泛征求意见。鉴于各方面对草案的一些规定还存在分歧意见，2008年7月，全国人大法律委、全国人大常委会法工委专门召开立法论证会，就食品安全法草案中有关食品添加剂和食品监管制度等规定进行充分论证。

然而，正当立法进行时，2008年夏天，在一些地区陆续发生了在奶粉中添加三聚氰胺导致婴幼儿患肾结石的"三鹿奶粉事件"，食品安全问题再度成为社

图为 2007 年 10 月 1 日，几位昆明市民在向律师咨询《中华人民共和国物权法》的相关内容。（新华社记者蔡祥荣摄）

2008 年 12 月 30 日，北京德胜工商所执法人员在检查辖区内超市里的肉制品。（新华社发）

会关注的热点问题。立法机关及时加快食品安全法立法步伐：

8月，对草案进行二审。草案二审稿强化了食品生产经营者的社会责任，明确了食品小作坊的监管方式。

10月，对草案进行三审。草案三审稿就如何从法律制度上预防和处置"三鹿奶粉事件"这类重大食品安全事故问题，作了8个方面的修改。

2009年2月，对草案进行四审。经过表决，食品安全法获得通过。

截至2011年8月底，中国已制定现行宪法和有效法律共240部、行政法规706部、地方性法规8600多部，涵盖社会关系各个方面的法律部门已经齐全，各个法律部门中基本的、主要的法律已经制定，相应的行政法规和地方性法规比较完备，法律体系内部总体做到科学和谐统一，中国特色社会主义法律体系已经形成。

中国特色社会主义法律体系的形成，是中国社会主义民主法制建设的一个重要里程碑，体现了改革开放和社会主义现代化建设的伟大成果，具有重大的现实意义和深远的历史意义。

参考文献

中华人民共和国国务院新闻办公室：《中国特色社会主义法律体系》，《人民日报》2011年10月28日。

全国人大常委会办公厅新闻局等：《铸法：中国特色社会主义法律体系形成纪实》，中国民主法制出版社2012年11月。

2012 年
太空穿针

2012年6月16日18时56分，执行我国首次载人交会对接任务的神舟九号载人飞船，在酒泉卫星发射中心发射升空后准确进入预定轨道，顺利将3名航天员送上太空。

6月24日11时许，中国航天员驾驶神舟九号踏上与"天宫"的相约之旅。

此时，两个飞行器以每小时28000公里（即每90分钟绕地球一圈）的速度向祖国上空飞来。

太空首迎"中国宫"

2011年9月29日19时，漠北酒泉，黑水河畔，云淡风轻，中国载人航天的通天塔又一次高高耸立。

金秋落日，褪去了它的炽热和光芒，红彤彤的脸迟迟不肯落入地平线下，余晖中的通天塔金光闪闪。

"两小时准备！"北京航天飞行控制中心调度的清脆口令在首区指挥大厅响起。

发射程序进入临射倒计时。

夕阳渐渐隐没，灯火渐渐通明，通天塔双臂在夜幕下缓缓张开……

21时16分，火箭起飞的巨大轰鸣，排山倒海般压向四周。火箭缓缓上升，越飞越高，越飞越快，慢慢消失在人们视线中。

北京飞行控制中心的大屏幕上，不同角度切换着天宫一号飞行器在空中的情况，"一切正常"的声音不断传回。

21时36分，"天宫一号准确入轨！"

21时38分，载人航天工程总指挥宣布，天宫一号目标飞行器发射取得圆满成功。

浩瀚太空，首次迎来"中国宫"。

"遨游在太空的感觉真棒，我在这里等着'神八'的到来！谢谢大家的关注，我会不定期地发回我在太空的所见所闻。"当晚，入驻太空的天宫一号，在腾讯上给地球家人发来了第一条报平安的"太空微博"。

神舟八号和天宫一号"太空初吻"

天宫一号升空32天之后，2011年11月1日清晨5时58分，大漠秋霜，疾风劲草。神舟八号挥别漠北戈壁的金色胡杨，踏上了与天宫一号相约相会的浪漫之旅。

按照计划，神舟八号升空两天后，于11月3日1时36分，与天宫一号交会对接。

10月30日，在太空焦急等待的天宫一号降轨调相，准时来到距地面343公里的交会对接轨道，面向神舟八号到来的方向，远远眺望。

2011年9月29日,中国在酒泉卫星发射中心用长征二号F运载火箭将天宫一号目标飞行器发射升空。(新华社记者王建民摄)

2011年11月3日凌晨,天宫一号与神舟八号陆续进行接触、捕获、锁紧等一系列动作。图为2011年11月3日在北京航天飞行控制中心拍摄的天宫/神八交会对接示意图。(新华社记者王永卓摄)

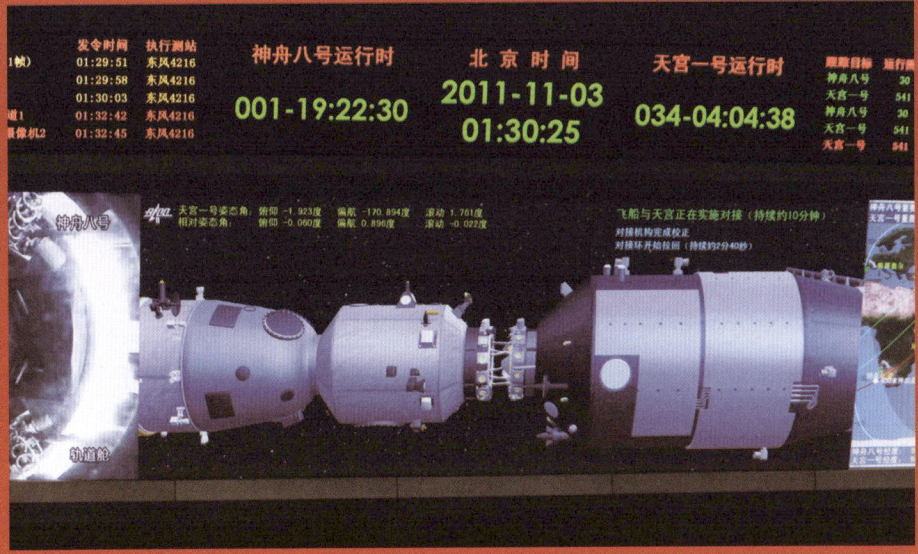

2012年
太空穿针

11月2日23时零8分，经过5次变轨，心情急迫的神舟八号，也准时到达距天宫一号后下方52公里处。

这既是一场太空约会，又是一场太空中举行的接力赛。跑道设在了距地面343公里的太空，前面的选手拿着一根绣花针，后面的选手要把一根丝线从针眼里穿过去，而且两位选手都在高速飞行。

两个七八吨重的航天器，从相距上万公里的不同轨道，以每秒7800米的速度匆匆赶往约会，途中还要随时机动规避空间碎片的"羡慕嫉妒恨"。引路的难度何其大！

两个心情急迫的大个子拥吻之前，相对速度不能超过每秒0.2米，横向偏差不能超过18厘米。控制的精度何其高！

11月3日零时许，北京飞行控制中心的巨幅显示屏上，传来天宫一号前端摄像机摄录的清晰画面：漆黑的太空冒出了一个亮点。

"神八！"指挥席上，飞行控制中心主任陈宏敏率先准确判断。

1公里、400米、100米，亮点逐渐变大，"神八哥"追赶的脚步越来越近，身影越来越清晰。

30米，神舟八号的摄像头，清晰地展示出天宫一号"张开的红唇"。

1时零2分，神舟八号的对接机构缓缓推出，向天宫一号张开了双臂。

1时28分，神舟八号对接环触到天宫一号。

交会对接技术是发展载人航天必须攻克掌握的3项基础技术之一，是航天大国秘而不宣的核心技术，只能自主创新，自我突破。

"对接环拉回正常！""对接机构捕获！"

1时35分58秒，北京飞控大屏显示，12把对接锁准确启动，上千个齿轮和轴承同步工作，天宫一号与神舟八号紧紧相牵，成功对接。

这一刻，黑水河畔，秋风吹起胡杨叶，如金色蝴蝶群飞纷舞，妆亮大漠戈壁……

太空驾飞船,神天再相拥

2012年6月16日18时37分,漠北夏日,天高云阔,神舟飞船第九次踏上了飞天征程。神舟九号航天员乘组包括:指令长景海鹏,航天员刘旺,女航天员刘洋,他们将成为进驻中国"太空之家"的首批成员。

18日14时,天宫一号与神舟九号精确自动对接。

17时零4分,像一尾灵活的蓝色小鱼,航天员景海鹏以手撑地,"游"出了对接通道,出现在天宫一号中。仅仅一分钟后,航天员刘旺"游"进天宫一号。女航天员刘洋则用手助力,一点一点"飘"进轨道舱,如同一枚轻盈的羽毛。

忙碌的空间科学实验之余,刘洋常常为天宫一号打扫卫生。刘旺在太空吹起了口琴,为妻子送上生日祝福。

2012年6月16日,神舟九号航天员出征仪式在酒泉卫星发射中心航天员公寓问天阁举行,航天员景海鹏、刘旺、刘洋(从右至左)向欢送人群挥手致意。(新华社记者李刚摄)

2012年
太空穿针

景海鹏像老大哥一样，沉稳安排着工作和生活。

24日，进驻天宫一号第7天的"神九"乘组暂别天宫一号，重回返回舱。然后由刘旺控制飞船，再次"瞄准"天宫一号，实施一次特殊的"太空打靶"：手动交会对接！

手动交会对接是自动交会对接异常后的应急手段，是载人航天安全发展的必需备份。只有掌握了手动交会对接技术，才能全面实施空间站建设。

手动交会对接时，航天员需要同时操纵两个手柄，对飞船进行6个自由度的动态、实时、精确控制。成功的关键，除了手动对接机构的精密性和可靠性外，还取决于航天员稳定的心理素质和精准的操控技术。

按照工程设计要求，两个航天器对接的角度偏差不能

2012年6月18日，北京航天飞控中心大屏幕显示"神舟九号"航天员景海鹏、刘旺、刘洋在天宫一号实验舱内。（新华社记者查春明摄）

超过4度。但训练中，刘旺把控制精度提高到不超过0.2度。按照正常操作程序，操作手应按照显示屏上的对接图像和参数进行操作，但在训练时，刘旺自我加压，已做到了在仪表没有数据显示的情况下，仅靠对接图像，也能实现精准对接。

6月24日12时38分，神舟九号在刘旺的操控下，120米、50米、10米，渐渐向天宫一号靠拢。

几分钟后，天宫一号、神舟九号掠过我国青海一带，神舟九号对接机构上的3把捕获锁与天宫一号对接机构上的3个卡板器咬合后，实现对接机构捕获，天宫、神九发出的指令链穿梭在天地之间。

12时55分，北京飞控中心大屏幕上，两个圆形的对接机构缓缓旋转，紧紧地扣在一起。茫茫太空中，高速运转的它们在这一刻拉住了对方，相拥在一起。此时，组合体正掠过甘肃、陕西上空。"神舟九号报告，仪表显示对接完成，完毕。"

大屏幕上，三名航天员的手紧紧握在一起。北京飞控大厅里顿时响起热烈的掌声。

> **参考文献**
>
> 徐善奎等:《归来吧，天宫一号》,《人民日报》2016年6月22日。
>
> 李国利等:《归来! 天宫一号结束7年太空之旅》,新华社2018年4月2日。

2013年
"精准扶贫"

在扶贫工作队帮助下，杨家兄弟不仅实现了生活上的脱贫，也完成了精神上的脱贫。青山绿水之间，挺立起大写的人……2017年上映的电影《十八洞村》，引起广泛关注，有人称之为"中国脱贫奇迹的真实写照"。电影的原型，正是湖南湘西花垣县十八洞村。

山村小故事折射时代大进程。2013年11月3日，习近平总书记来到十八洞村考察扶贫开发，首次提出"精准扶贫"理念，为脱贫攻坚提供了一把"金钥匙"。中国大地上，成千上万个"十八洞村"的命运开始得到根本性的改变。

吹响脱贫攻坚战"冲锋号"

新中国成立以来，特别是改革开放以来，我国组织大规模有计划的扶贫开发，7亿多农村贫困人口摆脱贫困。截至2012年年末，全国农村贫困人口还有9899万人，特别是14个集中连片特殊困难地区，是最难啃的"硬骨头"，还有

图为湖南省花垣县十八洞村（2019年10月29日摄，无人机照片）。（新华社发陈思汗摄）

数千个村不通电，近10万个村不通水泥沥青路……

"人民对美好生活的向往，就是我们的奋斗目标"。党的十八大以后，以习近平同志为核心的党中央着眼于全面建成小康社会，把扶贫开发工作纳入"四个全面"战略布局，推动贫困地区和贫困群众加快脱贫致富奔小康的步伐。

2012年12月29日，担任中共中央总书记40多天的习近平冒着零下十几摄氏度的严寒，赶赴地处集中连片特困地区的河北省阜平县。

29日下午3时从北京出发，30日下午1时离开，20

多个小时，往来奔波 700 多公里，习近平为看真贫。他踏着皑皑白雪，走进龙泉关镇骆驼湾村、顾家台村这两个特困村。在村民家中，他盘腿坐在炕上，同乡亲们手拉手，嘘寒问暖，了解他们日子过得怎么样。

习近平指出，"小康不小康，关键看老乡"，没有农村的小康，特别是没有贫困地区的小康，就没有全面建成小康社会。各级党委和政府要把帮助困难群众特别是革命老区、贫困地区的困难群众脱贫致富摆在更加突出位置。

这是向全党全国发出了脱贫攻坚的进军令。

"精准扶贫"成为打赢脱贫攻坚战的基本方略

2013 年 11 月 3 日，习近平总书记到湖南省湘西土家苗族自治州花垣县十八洞村考察。十八洞村地处武陵山腹地，山高路远，穷乡僻壤，2013 年的全村人均纯收入仅仅 1668 元。

在与十八洞村干部、村民代表座谈时，习近平总书记首次提出"精准扶贫"理念，强调抓扶贫开发，既要整体联动、有共性的要求和措施，又要突出重点、加强对特困村和特困户的帮扶。

为什么讲要精准扶贫？习近平总书记形象地指出，"手榴弹炸跳蚤"是不行的。抓扶贫切忌喊大口号，也不要定那些好高骛远的目标，要一件事一件事做。

2013 年 12 月 18 日，中共中央办公厅、国务院办公厅印发《关于创新机制扎实推进农村扶贫开发工作的意见》，首次提出创新六大机制，即建立健全贫困县考核、精准扶贫工作、干部驻村帮扶、财政专项扶贫资金管理、金融服务、社会参与六项工作机制。这个文件的发出，标志着我国的扶贫开发工作进入了精准扶贫、精准脱贫阶段。

2015 年 6 月 18 日，习近平在贵州召开的部分省区市党委主要负责同志座谈会上指出，扶贫开发贵在精准，重在精准，成败之举在于精准。他进一步提出扶持对象精准、项目安排精准、资金使用精准、措施到户精准、因村派人精准、脱贫成效精准 6 个方面的精准扶贫要求，要做到对症下药、精准滴灌、靶向治疗，不搞大水漫灌、走马观花、大而化之。

2015 年 11 月 27 日，中央扶贫开发工作会议在北京召开。在这个堪称"史上最高规格"的扶贫会上，习近平等中央政治局常委与地方党政主要负责人全部出席。习近平在会上强调，我们要立下愚公移山志，咬定目标，苦干实干，坚决打赢脱贫攻坚战，确保到 2020 年所有贫困地区和贫困人口一道迈入全面小康社会。

2015 年 11 月 29 日，《中共中央国务院关于打赢脱贫攻坚战的决定》公开发布，成为指导脱贫攻坚的纲领性文件。

"精准扶贫"方略落地生根开花结果

精准扶贫、精准脱贫，在党中央的决策部署下，一系列具有针对性的政策不断推出。

——解决好"扶持谁"的问题。习近平指出，确保把真正的贫困人口弄清楚，把贫困人口、贫困程度、致贫原因等搞清楚，以便做到因户施策、因人施策。于是开始了建档立卡工作机制。

2014 年 4 月至 10 月，全国扶贫系统组织了 80 万人进村入户，共识别 12.8 万个贫困村、8962 万贫困人口，第一次建立起全国统一的扶贫开发信息系统，为实施精准扶贫、精准脱贫提供了基础信息。2015 年 8 月至 2016 年 6 月，全国扶贫系统又动员了近 200 万人开展建档立卡"回头看"，补录贫困人口 807 万，剔除识别不准人口 929 万，识别精准度进一步提高，精确锁定了脱贫攻坚的主战场。

——解决好"谁来扶"的问题。习近平指出，加快形成中央统筹、省（自治区、直辖市）负总责、市（地）县抓落实的扶贫开发工作机制，做到分工明

确、责任清晰、任务到人、考核到位。

2016年10月,中办、国办印发《脱贫攻坚责任制实施办法》,从中央统筹、省负总责、市县落实、合力攻坚、奖惩等方面对落实脱贫攻坚责任制全面作出安排部署。务实有效的扶贫管理体制安排,让党中央决策部署有效传导到最末梢的基层干部。

党中央要求,每个贫困村都有驻村工作队(组),每个贫困户都有帮扶责任人,要实现全覆盖。截至2016年末,全国共选派77.5万名干部驻村帮扶,选派18.8万名优秀干部到贫困村和基层党组织软弱涣散村担任第一书记。他们推动各项扶贫措施落实落地,打通精准扶贫"最后一公里",如同星星之火一般燃起了贫困群众的脱

2015年陕西省留坝县选派52名机关优秀干部到村任"第一书记",帮助村里的弱势群体拓展致富渠道,推动精准扶贫,成效显著。2015年11月27日,从陕西省留坝县选派到当地青桥驿镇狮子坝的"第一书记"杨甲(右)在全村最远最高的贫困户夏志云家了解中华蜂过冬情况。(新华社记者陶明 摄)

在四川省阿坝藏族羌族自治州松潘县的"中国特产·阿坝州扶贫馆"里，两名从成都来到这里的MCN服务商团队成员通过京东直播平台，帮助松潘当地企业直播销售沙棘饮料等特产（2020年6月17日摄）。据了解，她俩直播3小时，帮助当地企业完成近10万元的销售额。（新华社记者沈伯韩摄）

贫之梦。

2016年4月，中央组织部、国务院扶贫办印发《关于脱贫攻坚期内保持贫困县党政正职稳定的通知》，明确贫困县党政正职在完成脱贫任务前原则上不得调离。脱贫摘帽后，仍要保持稳定一段时间。830个贫困县党政正职脱贫攻坚期内保持稳定，为打赢脱贫攻坚战提供了坚强的组织保证。

——解决好"怎么扶"的问题。习近平指出，按照贫困地区和贫困人口的具体情况，实施"五个一批"工程：发展生产脱贫一批、易地搬迁脱贫一批、生态补偿脱贫一批、发展教育脱贫一批、社会保障兜底一批。

这是精准施策、全方位出击的基本战术。

产业扶贫、教育扶贫、健康扶贫、金融扶贫、生态扶贫、电商扶贫、光伏扶贫……在精准扶贫、精准脱贫基本方略的统领下，社会各界、各行各业的力量都动员起来了，因地制宜因人而异采用多种手段，一系列脱贫创新实践正在各地蓬勃开展，众人拾柴汇聚起澎湃的"巨能量"。

实施精准扶贫、精准脱贫，带来的是实实在在的成效。全国农村贫困人口从 2012 年末的 9899 万人减少至 2019 年末的 551 万人，累计减少 9348 万人，减贫幅度接近 95%；贫困发生率从 2012 年末的 10.2% 下降至 2019 年底的 0.6%，年均脱贫人数 1335 万人。

在以习近平同志为核心的党中央坚强领导下，我们一定能打赢脱贫攻坚战，如期实现全面建成小康社会宏伟目标，中华民族必将在复兴伟业的历史进程中书写光辉灿烂的新篇章。

参考文献

常钦:《吹响大国攻坚的嘹亮号角》,《人民日报》2018年9月20日。

汪晓东等:《总书记带领我们"精准脱贫"》,《人民日报》2018年10月5日。

2014年
文艺工作座谈会

2014年10月15日,习近平总书记出席了文艺工作座谈会,并发表了长篇讲话。在2个小时讲话中,习近平不但对当前文艺现状发表看法和评论,更深情回忆了自己少年和知青时期的文艺生活,谈到了文艺对自己成长的影响。

习近平为什么出席文艺工作座谈会?他的讲话透露出哪些信息呢?

习近平的"文艺情缘"

这次文艺工作座谈会,是由习近平总书记亲自提议召开,筹备已有大半年。由总书记专门主持的文艺工作座谈会,规格不可谓不高。会议中第一个发言的代表铁凝说,这让她想起了"72年前那次著名的延安文艺座谈会"。

为什么习近平对文艺界和文艺工作如此重视?他在讲话中透露了原因。在他心目中,文艺可不是风花雪月的事儿,而是实现中国梦的重要力量。"历史上,中华民族之所以有地位有影响,不是穷兵黩武,不是对外扩张,而是中华文化具有强大感召力。"

文艺在习近平心目中如此有分量,和他个人对文艺的喜爱也密不可分。习近平堪称"资深文青",对当前的文艺现状和国内外的文化发展情况相当熟悉。

习近平爱读书是全国人民都知道的。"读书已成了我的一种生活方式"。2014年2月和3月,习近平在俄罗斯索契和法国巴黎两次向媒体公开了自己的阅读"书单",涉及的作家包括克雷洛夫、普希金、果戈理等,总数超过30位。

这次座谈会上,习近平再次谈到了读书的话题。他透露,自己看的小说基本是在青少年时期读的。"当时的文学经典毫不夸张地说能找到的我都看了。"有一次在一位乡村教师那里发现很多好书,有《红与黑》《战争与和平》等,让他喜出望外,手不释卷,读了个够。

习近平爱看电影也是全国人民都知道的。在座谈会上,他谈起了正在上映的电影《黄金时代》,没说电影的具体内容,而是说五四以后在新文化的影响下,中国出现了一大批灿若星河的大师,留下了文艺精品。

此外,习近平对于现代流行音乐、流行歌曲也很熟悉、很亲近、很灵敏,有特别的偏爱。早在青年时代,习近平曾把"(邓丽君)那盘《小城故事》的磁带都听坏了"。他担任总书记之后在很多场合上的讲话,都会不经意间借一些流行歌词"说事"、流行歌曲"抒情"。比如:与美国领导人见面讲到中美关系未来时,用歌曲《敢问路在何方》,引出"路在脚下";回答俄罗斯电视台专访,感叹《时间都去哪儿了》,等等。这些比喻既形象贴切、得心应手,又反映出习近平善于触类旁通,精于文学艺术并且融会贯通之。

"坚持以人民为中心的创作导向"

2014年10月15日上午,人民大会堂东大厅灯火通明,暖意融融。习近平

2014年10月22日,国家新闻出版广电总局电视剧司和中国电视艺术委员会在北京召开座谈会,召集电视剧界从业人员、专家学者及相关部门人员学习贯彻习近平总书记在文艺工作座谈会上的重要讲话精神。图为演员唐国强(左)在座谈会前接受媒体采访。(新华社记者赵丁喆摄)

在这里主持召开文艺工作座谈会。

参加座谈会的有文学、戏剧、音乐、舞蹈、美术、书法、摄影、曲艺、杂技、影视等各领域的文艺工作者。他们当中,既有德高望重的老艺术家,也有近年崭露头角的新秀,真是群英荟萃、少长咸集。铁凝、尚长荣、阎肃、许江、赵汝蘅、叶辛、李雪健等7位发言者围绕当前我国的文艺发展畅所欲言、坦陈己见。会上,习近平不时插话,忆往事、谈感想,幽默的表达引来阵阵笑声。在大家发言后,习近平发表了长篇讲话。他在讲话中,首先表示,"文艺事业是党和人民的重要事业,文艺战线是党和人民的重要战线"。

改革开放以来,意识形态领域并不平静,各种较量和斗争依然尖锐复杂。党的十八大以来,以习近平同志为核心的党中央高度重视意识形态工作,反复强调要加强党对意识形态工作的领导,牢牢掌握意识形态工作的领导权和话语权。文艺是意识形态工作的重要组成部分,做好意识形态工作,离不开文艺这个"时代号角"。

文艺是塑造灵魂的工程,文艺工作者是塑造灵魂的工程师。文艺工作者有责任推动文艺繁荣发展,而这最根本的是要"创作生产出无愧于我们这个伟大民族、伟大时代的优秀作品"。习近平的这一要求针对的是文艺作品中的问题。都有哪些问题?一是有些作品不够"精","存在着有数量缺质量、有'高原'缺'高峰'的现象,存在着抄袭模仿、千篇一律的问题,存在着机械化生产、快餐式消费的问题"。二是有些作品"市场"味道太浓厚,存在低俗化和感官化问题,"在市场经济大潮中迷失方向"。习近平也提出了要求:"文艺不能当市场的奴隶,不要沾满了铜臭气。"

怎么衡量一部文艺作品是好作品?习近平给出了两个标准:"一部好的作品,应该是把社会效益放在首位,同时也应该是社会效益和经济效益相统一的作品。""优秀的文艺作品,最好是既能在思想上、艺术上取得成功,又能在市场上受到欢迎。"他还说,"低俗不是通俗,欲望不代表希望,单纯感官娱乐不等于精神快乐"。

那么,怎样才能"繁荣文艺创作、推动文艺创新"?作品是要靠人来书写的,第一就得有"大批德艺双馨的文艺名家",这样才有可能创作出更多有筋骨、有道德、有温度的作品。第二,文艺作品说到底是要为人民群众服务,而且群众对生活最熟悉,泥土的味道最贴切,好的文艺作品必须走向人民。人民需要文艺,文艺需要人民。只有顺应人民意愿、反映人民关切,文艺才能充满活力。习近平强调:"有没有感情,对谁有感情,决定着文艺创作的命运。"文艺工作者"要始终把人民的冷暖、人民的幸福放在心中,把人民的喜怒哀乐倾注在自己的笔端"，这样的作品才有持续而长久的温度。再有，文艺作品还要从传统文化中汲取清水活源。"要结合新的时代条件传承和弘扬中华优秀传统文化，传承和弘扬中华美学精神。"

唱响时代大风歌

习近平主持召开文艺工作座谈会后，一系列文艺发展新举措、新规划陆续出台，环环相扣，布局谋篇，成为党中央治国理政新实践的重要组成部分。

2015年10月，《中共中央关于繁荣发展社会主义文艺的意见》出台，全面部署、细化落实习近平总书记文艺工作座谈会讲话精神，为文艺发展绘制了清晰的路线图、提供了有力的政策与制度保障，将文艺发展上升到国家战略的高度。

"文艺不能当市场的奴隶，不要沾满了铜臭气。"中共中央办公厅、国务院办公厅出台《关于推动国有文化企业把社会效益放在首位、实现社会效益和经济效益相统一的指导意见》，明确要求：文化企业必须始终坚持把社会效益放在首位、实现社会效益和经济效益相统一；当两个效益、两种价值发生矛盾时，经济效益服从社会效益、市场价值服从社会价值。

在习近平重要讲话精神感召下，广大文艺工作者走到生产实践中，自觉深入改革发展第一线，深入社会生活最基层，身沉下去，情融进去，坚持以人民为中心的创作导向，主旋律更加响亮、正能量更加强劲。

把深入生活搞创作与扎根基层服务群众结合起来，为基层送文化种文化。截至2016年10月，中央宣传文化单位及直属院团、协会派出的作家艺术家超过1万名，全国各省区市动员的艺术家、文艺志愿者、基层文艺骨干超过几十万，服务群众数百万之多，极大丰富了各地群众文化生活。

"等闲识得东风面，万紫千红总是春。"文艺工作座谈会为推进文艺事业的

2014年12月9日,中国儿童艺术剧院文艺工作者"深入生活 扎根人民"慰问演出团走进北京门头沟三家店小学,为山区的少年儿童带来了趣味益智儿童剧《小吉普变变变》。这是中国儿艺贯彻落实习近平总书记在文艺工作座谈会上的讲话精神,按照文化部关于在文艺界开展"深入生活 扎根人民"主题实践活动的工作部署开展的一次公益演出活动,在寒冷的冬日用艺术点亮童心,温暖童心。(新华社记者金良快摄)

新发展指明了方向,文艺战线坚持以人民为中心的创作导向,弘扬中国精神、中国价值,聚精会神出作品、出人才,群策群力促繁荣、促发展,文艺园地花繁叶茂、争奇斗艳,中国文艺发展的"黄金时代"正在到来。

参考文献

张贺:《通稿之外习近平在文艺座谈会上还讲了什么?》,人民网 2014年10月16日。

周玮:《习近平总书记文艺工作座谈会重要讲话两年来文艺新气象巡礼》,新华社 2016年10月14日。

2015年
"巡视利剑"展锋芒

党的十八大以来,以习近平同志为核心的党中央把巡视作为党内监督的战略性制度安排,纳入全面从严治党战略布局。2015年8月3日,党中央颁布修订的《中国共产党巡视工作条例》(该条例2017年7月1日再次修订),为巡视工作常态化、制度化,推动巡视工作向纵深发展提供了制度保障。

习近平亲自指导巡视工作

党的十八大以后,以习近平同志为核心的党中央着眼于严峻复杂的反腐败斗争形势,从坚持党的领导、加强党的建设和全面从严治党的大局出发,把巡视工作摆在更加突出的位置。

2013年4月25日,中央政治局常委会审议《关于中央巡视工作领导小组第一次会议研究部署巡视工作情况的报告》。习近平指出,"巡视是党章赋予的重要职责,是加强党的建设的重要举措,是从严治党、维护党纪的重要手段,是加强党内监督的重要形式。"他用"四个重要"强调了巡视工作的重要地位和作用,为十八届中央巡视工作指明了方向。

面对依然严峻复杂的形势，党中央加强对巡视工作的领导。每轮中央巡视之后，中央政治局常委会都要听取中央巡视工作领导小组的情况汇报。习近平以身作则、率先垂范，每次听取汇报都详细审阅巡视报告，对巡视中发现的问题有针对性地评判，对重要的整改、处置工作作出指示，对巡视的目标任务、方式方法、成果运用、队伍建设和制度建设提出明确要求。他指出：

"中央给了巡视组尚方宝剑，是'钦差大臣'，是'八府巡按'，就要尽职履责，不能大事拖小，小事拖了，对腐败问题要零容忍。不管级别有多高，谁触犯法律都要问责，都要处理，我看天塌不下来。"

"要以问题为导向，派出'侦察兵'，哪里反映声音大、问题多，就派到哪里去侦察，就像公安系统的110、路面巡警制度，要在创新机制上下功夫。"

"向被巡视地区、单位反馈时，要直指问题，一五一十把问题抖搂出来，根本不要搞任何遮掩，责成其认真整改。"

"巡视过的三十一个省区市，不是一巡视了就完事，要出其不意，杀个'回马枪'，让心存侥幸的感到震慑常在。"

这些"大白话"，鲜明生动地体现出习近平对惩治腐败的坚强决心。

发现问题、形成震慑，中央巡视如利剑出鞘

发现问题、形成震慑，是巡视工作的基本职能。

通过巡视，发现了一批领导干部的问题线索和突出问题。山西塌方式腐败、辽宁拉票贿选案、南充市党代会发生的有组织公款拉票贿选案，都是巡视发现的。中央纪委查处的苏荣、朱明国、万庆良、金道铭、武长顺、秦玉海等中管干部超一半线索来自巡视。"一家两制""靠山吃山""结干亲""能人腐败"……亦是巡视发现。

巡视工作必须瞪大眼睛，伸长耳朵，每一个细节都不轻易放过。苏荣离开

江西之前，作为省委书记，他在省里的两次重要选举中排名都是倒数，这是中央巡视组在个别谈话中得到的重要线索。干部群众对苏荣意见大、反映强烈的原因是什么？"一定要搞清楚。"经验丰富的巡视组组长王鸿举和副组长宁延令敏锐地意识到，问题的背后必定隐藏着重大玄机，值得探究。

而对天津市公安局原局长武长顺的调查更是斗智斗勇，"他是公安局长，对付他，我们还是有点'担心'。"巡视人员说的这个"担心"，并非因武长顺是威震津门的风云人物，而是他手中掌握的公安特殊手段。"我们担心手机、会议被监听，担心打草惊蛇。"巡视人员说，据反映，武长顺在公安系统工作多年，嗅觉灵敏，为人狡诈，手段毒辣，反调查能力非同一般。锁定武长顺，源于大量干部群众的反映。2014年3月28日，中央第五巡视组进驻天津。巡视组为了拿到第一手证据、保护被约谈人员的安全，将约谈地点从天津转移到北京，而被约谈者为了防止武长顺打击报复"一路上换三次车牌"的表现更加印证了巡视组的判断。巡视组根据线索顺藤摸瓜，一桩桩权钱交易的事实浮出水面。

2017年6月21日，中央纪委监察部网站集中公布了十八届中央第十二轮巡视的15所中管高校反馈情况。至此，十八届中央最后一轮巡视反馈情况全部公布完毕，意味着十八大以来中央巡视如期完成对省区市地方、中央和国家机关、国有重要骨干企业、中央金融单位和中管高校的巡视全覆盖，实现了党的历史上首次一届任期内中央巡视全覆盖。

全覆盖本身就是有力震慑，只有全覆盖才能零容忍。

巡视监督内容不断扩展，方式方法不断创新

党的十八大以来，中央巡视工作不断在创新中向纵深发展，新思路、新方式、新手段、新打法层出不穷。

2013年，第一轮巡视开始探索实行"三个不固定"，即组长不固定、巡视对

象不固定、巡视组和巡视对象的关系不固定，同时建立中央巡视组组长库，一次一授权，不搞"铁帽子"。

2014年，第三轮巡视在常规巡视的同时首次探索开展专项巡视，即针对某个省区市、部门或单位的突出问题开展巡视，机动灵活、闻风而动，精准发现、定点突破。经过试点，专项巡视从第五轮起全面推开。"哪里反映强烈，哪里问题突出就到哪里巡视。"

2015年，中央第六轮巡视开始探索分类专项巡视，实行"一托二"，即每轮一个组巡视2个单位，一个组长配备2名副组长，多个巡视组同类同步安排、分批集中汇报。第八轮巡视，在普遍实行"一托二"的基础上，开始试点"一托三"。

2016年，第九轮巡视首次开展"回头看"。"回马枪"杀出后发现，对比上一轮巡视，4个省份均存在老问题屡巡未改的情况。"回头看"向全党全社会释放了强烈信号：巡视绝不是巡过了就完事，巡视监督永远在路上。

2017年，第十二轮巡视试点开展"机动式"巡视。"机动式"巡视人员少、时间短、节奏快，通过"小队伍、短平快、游动哨"的方式灵活机动安排，着力发现"灯下黑"问题。

……

每年都有"第一次"，巡视利剑的"剑法"可谓不断出新，变化无穷。

从十八届中央第一轮巡视聚焦作风、贪腐、政治纪律和选人用人等问题的"四个着力"，到第三轮巡视增加对主体责任、监督责任"两个责任"和组织纪律执行情况的检查监督，到第九轮巡视"把政治巡视的要求高举起来"，再到后面几轮坚定不移深化政治巡视，巡视监督内容不断扩展。

从 2013 年的"中央巡视组第一轮巡视""中央巡视组第二轮巡视"，到"2014 年中央巡视组首轮巡视""2014 年中央巡视组第二轮巡视"，再到 2016 年，第九轮开始统一称为"十八届中央第 × 轮巡视"，名称统一的背后是认识的一步步深化。

顺党心，合民意，巡视成效有目共睹。巡视组所到之处，有的群众凌晨 3 点出发，不辞辛苦赶往驻地；有的群众排队等候一夜，就为领到一张《来访登记表》。这些细节说明，群众对巡视工作配合度极高，这正是反腐败最宝贵的民意资源。在以习近平同志为核心的党中央坚强领导下，巡视工作必将在新的更高的起点上继续前进，不辱中央使命、不负人民期待，继续书写全面从严治党的崭新篇章。

参考文献

景玥：《十八届中央巡视：当好"八府巡按"，用好"党之利器"》，人民网－中国共产党新闻网 2017 年 4 月 7 日。

罗宇凡等：《高举巡视利剑，推进全面从严治党》，《人民日报》2017 年 6 月 22 日。

赵兵：《新时代巡视利剑作用更加彰显》，《人民日报》2018 年 8 月 1 日。

2016 年
"以习近平同志为核心的党中央"

2016 年 10 月 24 日至 27 日,党的十八届六中全会在北京举行。全会发表了公报,让舆论沸腾的是一个夹在段落中的说法,"以习近平同志为核心的党中央"。熟悉中国政治话语的人都知道这意味着什么,在这个公报之前,权威的表述一直都是"以习近平同志为总书记的党中央"。

维护党的领袖核心地位,是党的历史经验的深刻总结

马克思说过,每一个社会时代都需要有自己的伟大人物,如果没有这样的人物,这个社会时代就要把他们创造出来。

我们党成立之初的一段时间里,由于没有形成一个坚强的领导核心,党的事业屡遭挫败。遵义会议确立了毛泽东同志的领导地位,党在政治上逐步成熟,从而团结带领全国人民取得了抗日战争、解放战争的伟大胜利,建立了新中国,继而取得了社会主义改造和建设的伟大成就。改革开放以后,在以邓小平同志为核心的党中央坚强领导下,党制定并实施"一个中心、两个基本点"的基本

路线，逐步探索出一条中国特色社会主义道路。所以，邓小平深有感触地指出："任何一个领导集体都要有一个核心，没有核心的领导是靠不住的。"党的十四届四中全会在《关于加强党的建设几个重大问题的决定》中郑重写道："党的历史表明，必须有一个在实践中形成的坚强的中央领导集体，在这个领导集体中必须有一个核心。如果没有这样的领导集体和核心，党的事业就不能胜利。"党的十八届六中全会通过的《关于新形势下党内政治生活的若干准则》指出："一个国家、一个政党，领导核心至关重要。"

习近平"核心"地位呼之欲出

2016年初以来，"核心"一词开始为人们重新熟悉。因为一个叫"核心意识"的词在全国上下被反复提及，而为这个新词作解释的，则是全国各地的省委书记，以及党内理论名家。

1月11日，四川省委书记王东明主持四川省委常委会议，会议强调"坚决维护习近平总书记这个核心"。

1月13日，安徽省委书记王学军在安徽省委常委扩大会议上指出，坚定不移向党中央看齐是根本方向，争当"四个自觉"模范是实现路径，只有当好"四个自觉"模范，才能确保向党中央看齐，向习近平总书记看齐，才能自觉维护中央权威，坚决维护习近平总书记这个核心。

1月13日，广西壮族自治区党委书记彭清华主持自治区党委常委扩大会议，强调必须切实增强政治意识、大局意识、核心意识、看齐意识，坚决维护习近平总书记这个核心。

1月15日，《北京日报》报道，北京市委书记郭金龙在主持会议学习贯彻习近平总书记在中央政治局"三严三实"专题民主生活会上的重要讲话时，明确提出，我们比任何时候都更需要一个坚强的领导核心。

1月15日，湖北省委书记李鸿忠主持湖北省委常委会议，明确指出自觉维护党中央权威，就要自觉维护习近平总书记这个领导核心。

1月29日，内蒙古自治区党委书记王君在自治区人大闭幕会上说，始终在思想上政治上行动上同以习近平同志为总书记的党中央保持高度一致，坚决维护党中央权威，坚决维护习近平总书记这个核心，不折不扣贯彻落实党中央各项决策部署。

正式的提出是在1月29日这天，中央政治局召开会议，审议《中央政治局常委会听取和研究全国人大常委会、国务院、全国政协、最高人民法院、最高人民检察院党组工作汇报和中央书记处工作报告的综合情况报告》。这次会议在政治局层面首次提出"政治意识、大局意识、核心意识、看齐意识"。

在2016年两会期间，中央政策研究室原副主任施芝鸿在接受凤凰网采访时，也对核心意识做了明确的解释。他直言，在中共话语系统中，"核心意识"与"领导核心"一样，具有三重含义：一重含义是指中共作为执政党，在整体上是领导中国特色社会主义事业的核心力量；二重含义是指中共的中央委员会，特别是中央政治局和中央政治局常委会，是对全党实行集中统一领导的核心；三重含义为在中央政治局常委会这个核心领导层，要形成一个"大家公认的、人民满意的中央领导集体中的核心"。第三重含义，现在明确就是习近平同志。

确立习近平"核心"地位顺应党心民意

2016年10月28日，中央宣传部举行新闻发布会，时任中央宣传部常务副部长黄坤明介绍党的十八届六中全会情况。

有记者问，全会公报中首次出现了"以习近平同志为核心的党中央"这一提法，其背景和考虑是什么？黄坤明回答：

十八大以来，习近平总书记带领全党全军全国各族人民开创了中国特色社会

上图：宁夏永宁县闽宁镇建设初期的乡镇雏形（资料照片）；下图：俯瞰宁夏永宁县闽宁镇原隆移民村。（2016年7月22日摄，新华社记者王鹏摄）

20年前，时任福建省委副书记、福建对口帮扶宁夏领导小组组长的习近平来到宁夏，将一个尚是戈壁荒滩上的规划村命名为闽宁村，开启两地携手向贫困宣战的篇章。20年后，习近平总书记正带领中国进行脱贫攻坚、奔向全面小康的大决战。而昔日荒凉的闽宁村如今也已发展成为拥有6万多人、现代化的闽宁镇，成为中国书写扶贫开发新篇章的一个缩影。

主义伟大事业和党的建设新的伟大工程新局面,在改革发展稳定、内政外交国防、治党治国治军等各方面取得了一系列具有重要现实意义和深远历史意义的成就,实现了党和国家事业的继往开来,赢得了全党全军全国各族人民的衷心拥护,受到了国际社会的高度赞誉。习近平总书记在新的伟大斗争实践中,已经成为党中央的核心、全党的核心。

习近平总书记成为党的核心,是全党的高度共识。在中共十八届六中全会文件征求意见的过程中,地方和部门以及军队,都希望这次全会明确习近平总书记为党中央的核心、全党的核心。在这次全会上,中央委员会同志一致赞成正式提出"以习近平同志为核心的党中央",一致认为十八大以来的实践充分证明,习近平总书记作为党中央的核心、全党的核心,是众望所归,当之无愧、名副其实;一致表示明确习近平总书记的核心地位,反映了全党的共同意志,反映了全党全军全国各族人民的共同心愿。

十八届六中全会文件起草组成员邓茂生也透露,党的十八大以来,习近平总书记在内政、外交、国防等各方面工作成效显著,每年两会都有代表提议确定习近平总书记党的领导核心地位,六中全会一致通过确立习近平总书记党的领导核心地位。"领导核心不是自封的,是有条件的,干部百姓的认可和自己有无能力都很重要。"

由此可见,十八届六中全会确立习近平党的领导核心地位,是中国共产党对其工作的肯定和对其领导权威的加强。确立习近平党的领导核心地位,有利于加强党的统一领导和党内团结,推动一些工作贯彻落实,有助于推进"四个全面"战略布局,让全面建成小康社会、全面推进深化改革、全面依法治国和全面从严治党更加顺畅。

对于确立习近平党的领导核心地位的意义,10月28日,《人民日报》在题为《坚定不移推进全面从严治党》的社论中作了这样的表述:

这次全会,正式提出"以习近平同志为核心的党中央",反映了全党全军全国各族人民的共同心愿，是党和国家根本利益所在，是坚持和加强党的领导的根本保证，是进行具有许多新的历史特点的伟大斗争、坚持和发展中国特色社会主义伟大事业的迫切需要。这对维护党中央权威、维护党的团结和集中统一领导，对全党全军全国各族人民更好凝聚力量抓住机遇、战胜挑战，对全党团结一心、不忘初心、继续前进，对保证党和国家兴旺发达、长治久安，具有十分重大而深远的意义。

这一表述非常权威，也非常精准。

参考文献

施芝鸿：《中共强调增强核心意识的三重含义》，凤凰网2016年3月4日。

张艳玲：《十八届六中全会重要成果：确立习近平党内领导核心地位》，中国网2016年11月17日。

2017 年
"荒原变林海"

2017 年 8 月，习近平总书记对河北塞罕坝林场建设者感人事迹作出重要指示。他指出，55 年来，塞罕坝林场的建设者们听从党的召唤，在"黄沙遮天日，飞鸟无栖树"的荒漠沙地上艰苦奋斗、甘于奉献，创造了荒原变林海的人间奇迹。他们的事迹感人至深，是推进生态文明建设的一个生动范例。

"建场初期的塞罕坝林场，条件异常艰苦"

"塞罕坝"是蒙汉合璧语，意为"美丽的高岭"。历史上，这里水草丰美、森林茂密、鸟兽繁多。公元 1681 年，清朝康熙皇帝设立木兰围场，作为"哨鹿设围狩猎之地"。塞罕坝是木兰围场的重要组成部分。

清朝末期，国势衰微，内忧外患，为了弥补国库亏空，从 19 世纪 60 年代开始，木兰围场开围放垦，树木被大肆砍伐，加之山火不断，到 20 世纪 50 年代初期，原始森林已荡然无存。数百里外的京城失去了天然屏障，内蒙古高原的风沙毫无遮挡地南侵，沙尘笼罩成为北京冬春季常见的景象。

1961年,为破解沙漠南侵的困境,林业部专家组来到塞罕坝,在高寒雪原上踏勘了3天,却毫无收获。就在灰心丧气之际,专家组在塞罕坝和赤峰交界处发现了一棵活着的古松,找到了树木可以在这里成活的科学见证。林业部经过反复论证,认为可以在此进行大面积造林。

1962年2月,"林业部承德塞罕坝机械林场"正式成立。这标志着人工造林工程的开启。

这年3月,一群身穿羊皮大衣、足蹬毡疙瘩的汉子顶着凛冽寒风,蹚着没膝深的积雪来到塞罕坝。白天,他们搭起了第一个窝棚;夜里,他们点燃了第一堆篝火。篝火旁,坐着林场的第一任领导班子成员:从战争年代走过来的党委书记王尚海,场长刘文仕,毕业于北大的技术副场长张启恩,当过副县长的副场长王福明。他们议定:开春就干,没有树苗先跟外地借,机械没到人工先上。

4月下旬,春天来了。四个光杆司令扛着铁锹,率领收编的地方林场员工和周边人民公社的数百名社员,举红旗牵骡马,呼呼啦啦开进荒原,打响了改天换地的第一仗,二十几天造林1000亩。瞧着绿油油的小树苗一排排站立在新土上,王尚海拿旧军帽抹抹额上的汗,喜滋滋地说:"二十年后保准站起一片好林子!"

谁知,仅仅二十多天后,九成以上的树苗都蔫头耷脑枯黄了。王尚海气得嗷嗷叫:"娘的!我就不信这个邪,明年再来!"

这年9月,由全国18个省市的369人组成的林场第一代创业者来了。他们用自己的青春和热血在这片荒野上开始书写动人的传奇故事。

"建场初期的塞罕坝林场,条件异常艰苦。"第一代林场建设者陈彦娴后来回忆说:

房屋不够住,大家就住仓库、马棚、窝棚、干打垒、泥草房,夏天外面下大雨，屋里下小雨。最难熬的是冬天，最冷的时候达到零下 40 摄氏度左右，嗷嗷叫的白毛风一刮，对面看不见人，让人喘不过气来。炕上铺的只有一层莜麦秸子，睡觉要戴上皮帽子，早上起来眉毛、帽子和被子上会落下一层霜。喝的是雪水、雨水和沟塘水，吃的是含有麦芒的黑莜面、土豆和咸菜。在艰苦的工作和生活条件下，不少人都患上了心脑血管病、关节炎、风湿病。

当时的共和国，还笼罩在三年困难时期的愁云惨雾之中，缺吃少穿，人们面黄肌瘦。严寒的冬天里，马架子和窝棚被厚厚的积雪压塌是常有的事，地窨阴冷潮湿。

当年的马架子宿舍门前，有这样一副对联：

一日三餐有味无味无所谓，
爬冰卧雪冷乎冻乎不在乎。

"无所谓""不在乎"，这些饱含着眼泪和痛苦的词句，表现了塞罕坝人乐观的精神。

为了植树造林，塞罕坝人真是拼了！

由于连年乱砍滥伐，当时的塞罕坝已成了人迹罕至的荒漠。"一年一场风，年始到年终"，加之年平均气温零下 1.2 摄氏度，最低气温零下 43 摄氏度，年均积雪达 169 天，树木很难成活。第一年栽下的树苗成活率不足 8%。

1963 年春，林场第二次造林 1240 亩，成活率仍不足 8%。这一年冬天，雪下了一米多深，一些从城里来的大学生和职工，都被困在了坝上。除夕夜，面对着一边是造林失败，一边是他们的思乡情结，让不少人开始打起退堂鼓，有人卷起行李悄悄溜走了。

"山上能自然生长松树，我不信机械造林不活！"党交给的任务，无论多么艰巨，王尚海都保证一定要完成好！

经过潜心研究，王尚海的团队得出结论，前两年造林失败是因为外地苗木在调运中，容易失水、伤热，且适应不了塞罕坝风大天干和异常寒冷的气候。于是，林场决定自己育苗。

经过无数次摸索和实践，塞罕坝人改进了传统的遮阴育苗法，摸索出了培育"大胡子、矮胖子"优质壮苗的技术要领，大大增加了育苗数量和产成苗数量，彻底解决了大规模造林的苗木供应问题。之后，又改造了苏联进口的种树机，将它由原来只能在平坦地方种树的性能，改造成了在塞罕坝山地、丘陵地照样能种树。由此，机械种树获得了成功。

1964年4月20日，王尚海带领精心挑选的120名员工，挺进"马蹄坑"，开展"造林大会战"。4月的塞罕坝，白天平均气温零下2摄氏度。每个人的雨衣外面都溅满了泥浆，冻成了冰甲，走起路来，咣咣直响。晚上就睡在提前挖好的地窖里，被窝里冰冷似铁。人们发明了一个办法，找一些砖头和石头，扔进火堆里烧热，再捡回去放在被窝里，抱在怀里，可以暖暖地入睡。

经过30多个昼夜奋战，近千亩落叶松小苗扎根"马蹄坑"，成活率高达95%，塞罕坝人终于在这片土地上栽下了第一片林子。

全林场信心大振，大面积造林时代开启。创业者们开拖拉机加植苗机，像开着钢铁战车，一往无前、气势磅礴地向着茫茫荒野猛烈推进。

即使在"文革"中，塞罕坝人也没忘记自己的使命，至1976年全场累计造林70万亩，是河北省8个林场中唯一完成造林指标的单位。但此后打击接踵而来：1977年，林场遭遇历史罕见的"雪凇"灾害，57万亩林木一夜之间被压弯折断，15年的劳动成果损失过半。1980年，遭遇百年不遇的百天大旱，

工人在河北塞罕坝机械林场千层板林场内运输苗木。(2013年7月11日摄)

12.6万亩树木枯死。塞罕坝人眼看自己用心血汗水浇灌的大片林木毁于一旦，多少人痛哭失声。哭过之后，他们擦干眼泪，从头再来。他们不断探索，外出取经，一年一次的春季造林又变成春秋两季造林——塞罕坝人真是拼了！

塞罕坝自然条件恶劣，医疗卫生设施严重匮乏，心血管疾病、风湿病、意外事故等频发，病人却无法得到及时的看护与治疗。1962年上坝的那一批学生多数已英年早逝，去世时平均年龄只有52岁。"一晃就几十年过去了，老同学一个个都走了，没几个像我活这么久。"2016年，时年75岁的李秀珠回首当年，眼角有些湿润。

2017年12月5日，在肯尼亚内罗毕联合国环境规划署总部，塞罕坝第一代林场建设者陈彦娴（左一）在颁奖晚会上发表获奖感言。（新华社记者陈诚摄）

塞罕坝人燃烧的生命，并没有随着时间的消逝而被人遗忘，而是永远地矗立在这片土地上：他们营造出了 112 万亩世界最大人工林，使塞罕坝森林覆盖率达到 80%，每年向京津地区净化输送清洁淡水 1.37 亿立方米，固碳 74.7 万吨，释放氧气 54.5 万吨，成为守卫京津的重要生态屏障。

从荒原沙地到百万亩人工林海，三代塞罕坝人在平均海拔 1500 米的塞北高原上接力传承，用青春和汗水构筑了一道为京津阻沙源、涵水源的绿色长城，创造了中国北方高寒沙地生态建设史上的绿色奇迹，是习近平总书记反复强调的"绿水青山就是金山银山"理念的生动写照。

参考文献

段宗宝、朱悦俊：《河北塞罕坝林场：从一棵树到百万亩人工绿海》，《人民日报》2016 年 5 月 1 日。

郭香玉：《塞罕坝，京城绿色屏障的前世今生》，新华网 2017 年 8 月 4 日。

李青松：《塞罕坝时间》，《人民日报》2017 年 8 月 11 日。

蒋巍：《塞罕坝的意义》，《人民日报》2017 年 9 月 20 日。

刘毅、李志伟：《他们为何能站上联合国领奖台》，《人民日报》2017 年 12 月 8 日。

2018 年
势如破竹开新局

2018 年 5 月的最后一天，北京月坛北小街 2 号，崭新的国家医疗保障局牌子映入公众眼帘。

从党的十九届三中全会作出深化党和国家机构改革的决定，仅仅 3 个月，在以习近平同志为核心的党中央坚强领导下，方案确定的 25 个应挂牌的新组建或重新组建部门全部亮相。

调整力度之大绝无仅有！组建速度之快绝无仅有！

为什么要深化党和国家机构改革？

1981 年至 2018 年，党中央部门进行了 4 次改革，国务院机构进行了 7 次改革，逐步建立起具有我国特点的党和国家机构职能体系。党和国家机构改革是一个过程，不会一蹴而就，也不会一劳永逸。

步入新时代以后，面对新时代新任务提出的新要求，党和国家机构设置、职能配置、履职能力与有效治理国家和社会的要求相比，还存在不少问题。比如，一些领域党政机构重叠、职责交叉、权责脱节问题比较突出；一些政府机构设置和职责划分不够科学，职责缺位和效能不高问题凸显，政府职能转变还不到位；一些领域中央和地方机构职能上下一般粗，权责划分不尽合理；基层机构设置和权力配置有待完善，组织群众、服务群众能力需要进一步提高。这些问题，亟待通过深化党和国家机构改革，对体制和机构进行调整完善，从根本上加以解决。

2017年12月11日，习近平总书记主持召开党的十九届三中全会文件起草小组第一次全体会议，宣布中央政治局常委会会议、中央政治局会议的决定：十九届三中全会专题研究深化机构改革问题。党中央决定成立十九届三中全会文件起草组，由习近平担任组长。

2018年2月26日至28日，党的十九届三中全会审议通过了《中共中央关于深化党和国家机构改革的决定》和《深化党和国家机构改革方案》，同意把《深化党和国家机构改革方案》的部分内容按照法定程序提交十三届全国人大一次会议审议。3月21日，《深化党和国家机构改革方案》全文对外公布。

改革开放以来，党的三中全会聚焦改革形成惯例。与以往主要围绕经济体制改革不同，十九届三中全会聚焦深化机构改革。这次全会审议通过的《中共中央关于深化党和国家机构改革的决定》管大方向，《深化党和国家机构改革方案》管具体施工。

机构改革积极回应人民期待，广泛征求各方意见

习近平明确要求，改革要精准对接发展所需、基层所盼、民心所向，充分回应人民期待。因此，决定和方案把实现好、维护好、发展好最广大人民根本利益，充分体现在机构设置和职能配置中。

着眼于解决人民群众最盼最急最忧的突出问题，着力维护人民群众在经济、

图解国务院机构改革方案的说明——国务院其他机构调整。(新华社记者高微 冯琦 编制)

政治、文化、社会、生态等各方面权益。

为改善"看病难看病贵",新组建国家医疗保障局;为更好保护"青山绿水"、治理污染,专门组建生态环境部;为破解"几个大盖帽管不住一个破草帽",组建国家市场监督管理总局,合并分散在多部门的监管职能……

着眼于满足人民群众对高质量公共服务的新需要,在教育文化、卫生健康、医疗保障、应急管理等领域加大机构调整和优化力度,组建一批新机构,完善公共服务体系;

着眼于从群众最不满意的地方改起,针对执法不规范、不严格、不作为、乱作为等突出问题,在市场监管、生态环保、交通运输、农业等领域整合组建执法队伍,加快建立责权统一的执法体系;

着眼于更好保障人民当

家作主，推进社会主义民主政治制度化、规范化、程序化；

着眼于努力实现让群众办事"只进一扇门""最多跑一次"，尽可能把资源、服务、管理放到基层；

"坚持问题导向，把各地区各部门各方面对机构改革的意见摸清楚，把机构设置存在的问题弄清楚。"2017年7月，习近平就深化机构改革作出批示。

此后，中央改革办和中央编办组成10个调研组，分赴31个省区市、71个中央和国家机关部门。短短一个月，当面听取了139位省部级主要负责同志的意见和建议。

回忆起2017年8月那个炎热的下午，一位中部省份省委书记印象深刻：

就在省委招待所，我一个人，没带秘书，他们五个人坐对面。我写了个提纲，没想到他们听得很起劲，不回应、不插话，记得也很仔细，我就结合自己亲身经历放开了讲，起码谈了两个半小时。

2018年2月1日，中办发出通知，就决定稿征求各地各部门意见。2月6日，习近平总书记主持召开座谈会，听取各民主党派、全国工商联和无党派人士的意见。各地各部门和党外人士提出的550条意见，文件起草组力求能吸收的尽量吸收，最终对决定稿修改171处。

不搞"一刀切"式的精简，给大家吃下"定心丸"

这次改革涉及的中央和国家机关部门、直属单位就超过80个。改革调整幅度之大，触及利益之深，为改革开放40年来之最。

以往的机构改革强调"精简"，这次改革并未突出这一点，而是强调"优化协同高效"。"优化就是要科学合理、权责一致，协同就是要有统有分、有主有次，高效就是要履职到位、流程通畅。"习近平总书记指出，只要这个目标达到了，该精简的就精简，该加强的就加强，不要为了精简而精简。

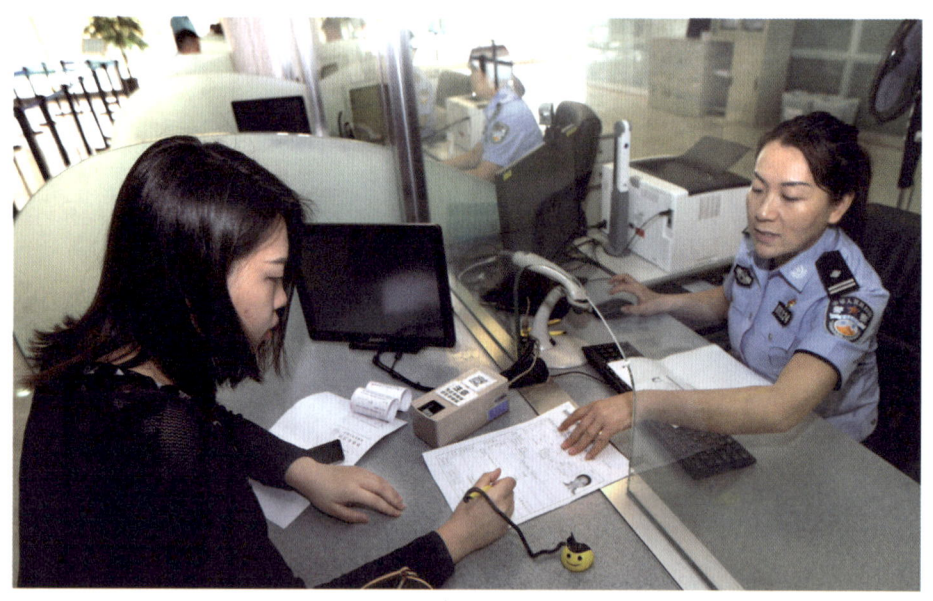

2018年5月31日,市民窦月雯在上海市公安局出入境管理局的网约专窗办理证件。自5月初国家移民管理局在全国实行"只跑一次"制度后,上海市公安局出入境管理局在此基础上进一步推出"减少申请人举证义务""增设自助照相设备""延伸绿色通道服务"等5项便民新举措,为群众提供更加精细化、人性化的办证服务体验。(新华社记者凡军摄)

这次改革,确保一类事项原则上由一个部门统筹、一件事情原则上由一个部门负责,让党和国家机构设置更加科学、职能更加优化、权责更加协同、监管更加有力、运行更加高效。比如有关农业投资项目,过去牵涉到农业部、国家发展改革委和财政部等多个部门分段管理,如今要整合有关职责到新组建的农业农村部。这次改革将原来需要在多个部门之间流转的事情放在一个部门,极大提高决策和办事效率,避免政出多门、责任不明、推诿扯皮。

调动中央和地方两个积极性,一直以来是改革的重点。决定提出,确保集中统一领导;赋予省级及以下机构更多自主权;构建简约高效的基层管理体制;规范垂直管理体制和地方分级管理体制。

决定明确，上级机关要优化对基层的领导方式，既允许"一对多"，由一个基层机构承接多个上级机构的任务，也允许"多对一"，由基层不同机构向同一个上级机构请示汇报。这说明改革正在破解"上面千根线下面一根针"的问题，保证基层事情基层办、基层权力给基层、基层事情有人办，必将激发基层更大的活力，也对基层干部的能力有了更高的要求。

……

习近平总书记还指出，我们不搞断崖式的精简分流人员，要把大家安排好、有工作干，富余的干部和人员在工作实践中逐步消化。因此，这次深化党和国家机构改革，没有硬性的定时定量分流任务，对于职责优化调整导致机构暂时超编的人员，不搞"一刀切"式的精简，给大家吃下了"定心丸"。

作为旨在推进国家治理体系和治理能力现代化的深刻变革，深化党和国家机构改革着力从根本上解决党和国家机构设置和职能配置面临的职责重叠、分散交叉等问题，是新时代中国政治体制改革的重大举措。

参考文献

秦杰等:《又踏层峰望眼开》,《人民日报》2018年3月23日。

罗争光、施雨岑:《势如破竹开新局》,《人民日报》2018年5月12日。

2019年
新时代党的自我革命的生动实践

2019年6月,中共中央发出关于印发《习近平新时代中国特色社会主义思想学习纲要》的通知。通知指出,各级党组织要用习近平新时代中国特色社会主义思想武装头脑、指导实践、推动工作,并强调全体党员要"紧密结合'不忘初心、牢记使命'主题教育,把《纲要》纳入学习计划,作出周密安排。"

开展"不忘初心、牢记使命"主题教育

2019年是新中国成立70周年,也是我们党在全国执政第七十个年头。70年来,在中国共产党的坚强领导下,全国各族人民团结一心,迎难而上,开拓进取,奋力前行,中国从封闭落后迈向开放进步,从温饱不足迈向全面小康,从积贫积弱迈向繁荣富强,创造了一个又一个人类发展史上的伟大奇迹,中华民族迎来了从站起来、富起来到强起来的伟大飞跃,正阔步走在中华民族伟大复兴的新征程上。

作为百年大党,如何永葆先进性和纯洁性、永葆青春活力,如何永远得到人

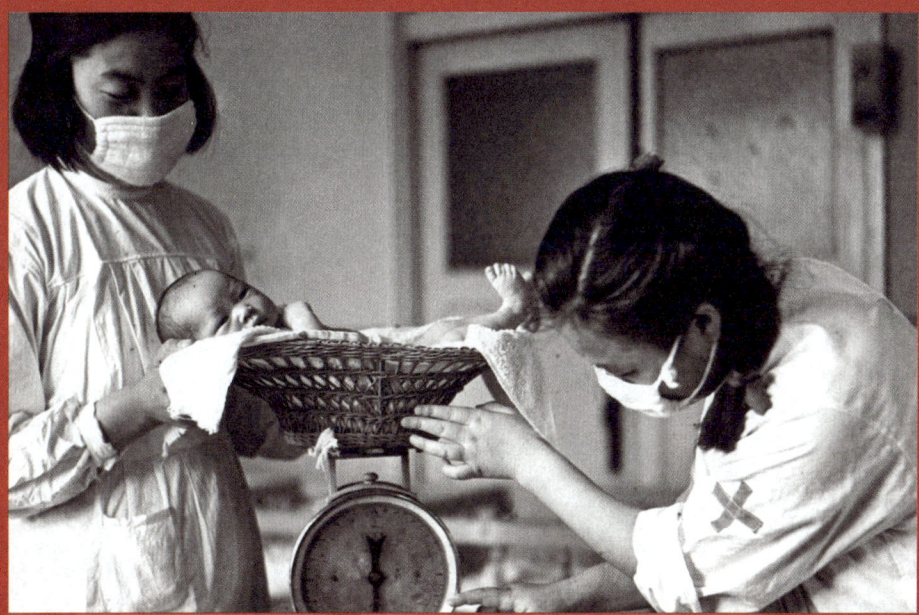
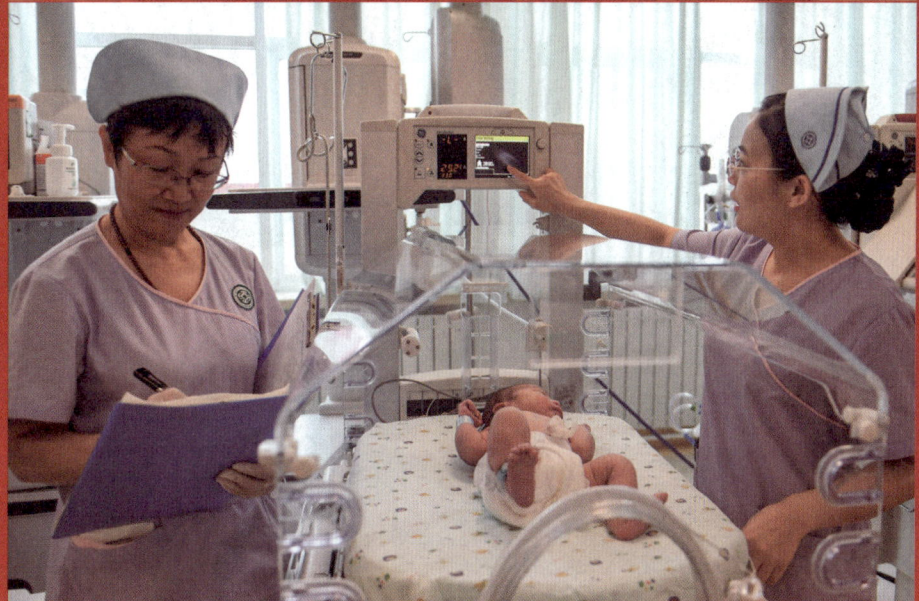

上图：1950年，辽宁鞍山职工医院医务人员在为婴儿称体重（新华社记者王纯德摄）。下图：2019年7月19日，在内蒙古呼和浩特，内蒙古自治区人民医院新生儿科护士长杨晓玲（右）和同事用多功能保温箱为婴儿称体重（新华社记者彭源摄）。

2019年

新时代党的自我革命的生动实践

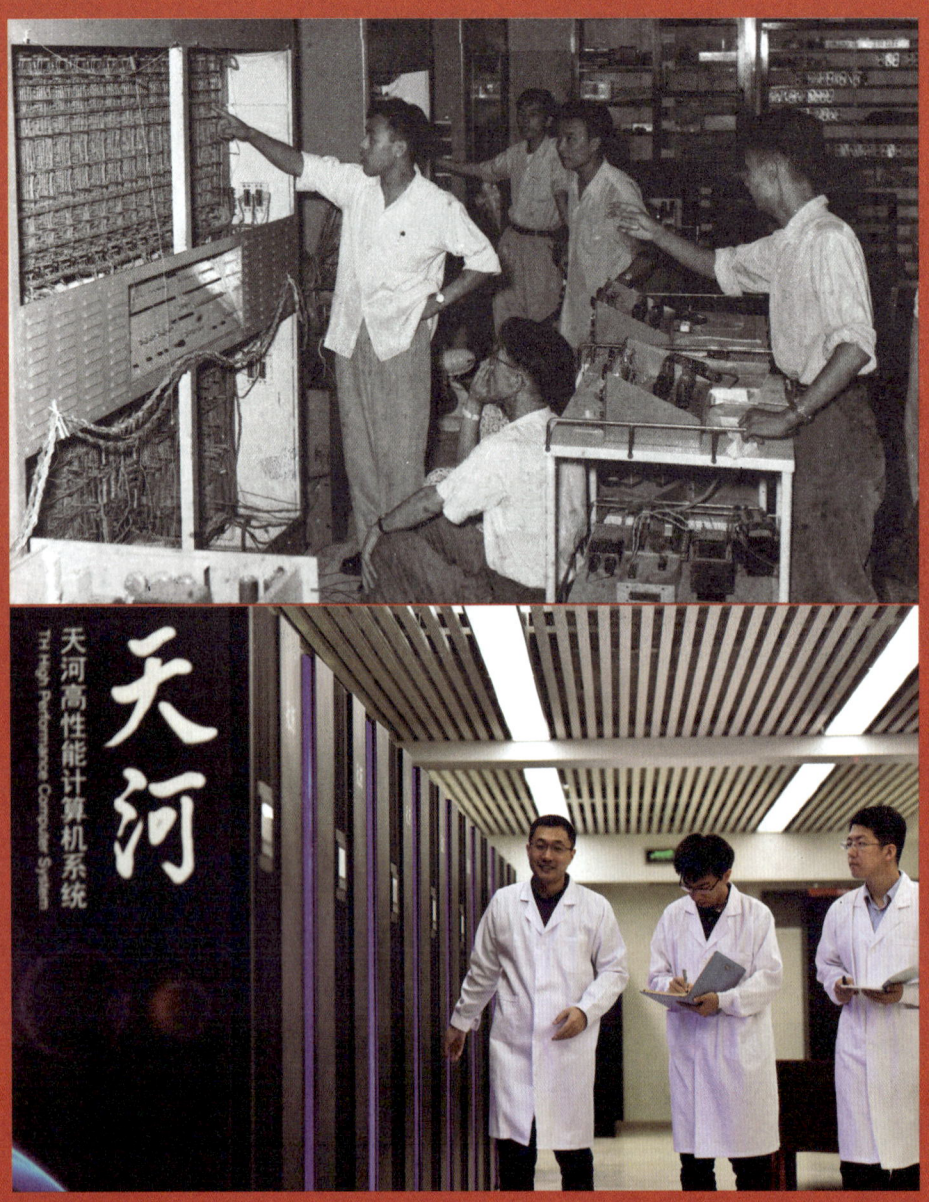

上图：1958 年，中国科学院计算技术研究所和有关单位在苏联的技术援助下试制成功我国第一台通用电子计算机——"八一"型电子计算机。图为工作人员在观察运行工作中的通用电子计算机（新华社记者李基禄摄）。下图：2019 年 4 月 24 日，在国家超级计算天津中心"天河三号"原型机机房内，国家超级计算天津中心应用研发部部长孟祥飞（左）和同事一起巡查（新华社记者李然摄）。

上图：1964 年，在河北省坝县（今霸州市）的一所耕读小学，青年教师高香兰在给学生们上语文课（新华社记者梁一丁摄）。下图：2019 年 7 月 2 日，在河北省清河县连庄小学，老师潘海丽用电子黑板为三年级学生上语文课（新华社记者朱旭东摄）。

上图：1955年10月16日，位于天津南郊的农业生产合作社社员们收割小站稻（资料照片）。下图：2019年6月10日，收割机在河北省南和县闫里乡闫里村麦田开展夏收作业（新华社记者朱旭东摄）。

上图：20世纪90年代的长春客车厂载客列车装配生产线（资料照片）。下图：2018年2月1日凌晨，动车组停靠在武汉动车段的存车线上，准备进行检修和保温作业（新华社记者肖艺九摄）。

上图：1958年拍摄的第一汽车制造厂（资料照片）。这里生产了第一批红旗轿车。下图：2019年4月9日，在一汽红旗总装车间内，职工在对生产的红旗轿车进行静检作业（新华社记者许畅摄）。

民的拥护和支持？在全体党员中深入开展"不忘初心、牢记使命"主题教育正当其时，其特别意义在于，无论我们走得多远，都不能忘记来时的路。

中国共产党人的初心和使命，就是为中国人民谋幸福，为中华民族谋复兴。

2019年5月31日，"不忘初心、牢记使命"主题教育工作会议在北京召开。习近平在会上发表重要讲话，深刻阐述开展主题教育的重大意义，阐明主题教育的目标要求和重点措施，为开展好主题教育提供了根本指针。

习近平强调，开展这次主题教育，是用新时代中国特色社会主义思想武装全党的迫切需要，是推进新时代党的建设的迫切需要，是保持党同人民群众血肉联系的迫切需要，是实现党的十九大确定的目标任务的迫切需要。

以县处级以上领导干部为重点，在全党开展"不忘初心、牢记使命"主题教育，是党的十九大作出的战略部署。2017年10月31日，十九大闭幕后，习近平带领中共中央政治局常委瞻仰上海中共一大会址和浙江嘉兴南湖红船，回顾建党历史，重温入党誓词。2019年5月9日，习近平主持召开中央政治局常委会会议，审议《中共中央关于在全党开展"不忘初心、牢记使命"主题教育的意见》，并于5月印发全党。5月13日，中央政治局召开会议，决定从2019年6月开始，在全党自上而下分两批开展"不忘初心、牢记使命"主题教育：第一批主题教育从2019年6月开始，8月基本结束，第二批主题教育从2019年9月开始，到11月底基本结束。

这次主题教育在中央政治局常委会领导下开展，以"守初心、担使命，找差距、抓落实"为总要求；以理论学习有收获、思想政治受洗礼、干事创业敢担当、为民服务解难题、清正廉洁作表率为具体目标；将力戒形式主义、官僚主义作为主题教育重要内容，教育引导党员干部牢记党的宗旨，坚持实事求是的思想路线，树立正确政绩观，真抓实干，转变作风；把学习教育、调查研究、检视问题、整改落实贯穿全过程。

这次主题教育恰逢中华人民共和国成立70周年，我们党即将迎来建党100

周年，时机选择正确，主题突出，特点鲜明，取得了重大成果。广大党员、干部在学习贯彻习近平新时代中国特色社会主义思想上取得新成效，提高了真信笃行、知行合一的能力，增强了守初心、担使命的思想自觉和行动自觉，干事创业、担当作为的精气神得到提振，推动了改革发展稳定各项工作，群众最急最忧最盼的一些问题得到有效解决，找差距、抓落实和突出问题专项整治成效明显。广大党员、干部增强了对保持清正廉洁的认识，涵养了风清气正的政治生态。对此，广大群众充分认可，党内外积极评价。

这次主题教育是新时代深化党的自我革命、推动全面从严治党向纵深发展的生动实践，促进了全党思想上的统一、政治上的团结、行动上的一致，为我们党统揽"四个伟大"、实现"两个一百年"奋斗目标作了思想上政治上组织上作风上的有力动员，具有重大现实意义和深远历史影响。

用习近平新时代中国特色社会主义思想武装头脑

2020年1月8日，在"不忘初心、牢记使命"主题教育总结大会上，习近平指出，"不忘初心、牢记使命，必须用马克思主义中国化最新成果统一思想、统一意志、统一行动。"

共产党人的初心，不仅来自于对人民的朴素感情、对真理的执着追求，更建立在马克思主义的科学理论之上。只有坚持思想建党、理论强党，不忘初心才能更加自觉，担当使命才能更加坚定。习近平新时代中国特色社会主义思想是当代中国马克思主义、21世纪马克思主义，用这一科学理论武装头脑、指导实践、推动工作，是全党的重大政治任务。

习近平新时代中国特色社会主义思想的核心内容是"八个明确"和"十四个坚持"。

"八个明确"，就是明确坚持和发展中国特色社会主义，总任务是实现社主义现代化和中华民族伟大复兴,在全面建成小康社会的基础上,分两步走在本世纪中叶建成富强民主文明和谐美丽的社会主义现代化强国;明确新时代我国社会主要矛盾是人民日益增长的美好生活需要和不平衡不充分的发展之间的矛盾,必须坚持以人民为中心的发展思想,不断促进人的全面发展、全体人民共同富裕;明确中国特色社会主义事业总体布局是"五位一体"、战略布局是"四个全面",强调坚定道路自信、理论自信、制度自信、文化自信;明确全面深化改革总目标是完善和发展中国特色社会主义制度、推进国家治理体系和治理能力现代化;明确全面推进依法治国总目标是建设中国特色社会主义法治体系、建设社会主义法治国家;明确党在新时代的强军目标是建设一支听党指挥、能打胜仗、作风优良的人民军队,把人民军队建设成为世界一流军队;明确中国特色大国外交要推动构建新型国际关系,推动构建人类命运共同体;明确中国特色社会主义最本质的特征是中国共产党领导,中国特色社会主义制度的最大优势是中国共产党领导,党是最高政治领导力量,提出新时代党的建设总要求,突出政治建设在党的建设中的重要地位。

"十四个坚持",就是坚持党对一切工作的领导,坚持以人民为中心,坚持全面深化改革,坚持新发展理念,坚持人民当家作主,坚持全面依法治国,坚持社会主义核心价值体系,坚持在发展中保障和改善民生,坚持人与自然和谐共生,坚持总体国家安全观,坚持党对人民军队的绝对领导,坚持"一国两制"和推进祖国统一,坚持推动构建人类命运共同体,坚持全面从严治党。

"八个明确"、"十四个坚持"有机融合、有机统一,凝结着我们党坚持和发展中国特色社会主义的宝贵经验,反映了以习近平同志为核心的党中央对中国特色社会主义规律性认识的深化、拓展、升华,体现了理论与实际相结合、认识论和方法论相统一的鲜明特色。

广大党员干部深入学习习近平新时代中国特色社会主义思想,及时领会习近平总书记最新重要讲话精神和重要指示精神,不断提高理论素养、政治素养,不断坚定信念、砥砺初心，不断推进自我改造、自我净化，更好为党和人民工作。

"不忘初心、牢记使命"主题教育虽然告一段落，但用习近平新时代中国特色社会主义思想武装全党、夯实党执政基础的实践仍在持续。2019年10月，党的十九届四中全会决定指出，要建立不忘初心、牢记使命的制度，把不忘初心、牢记使命作为加强党的建设的永恒课题和全体党员、干部的终身课题，形成长效机制，坚持不懈锤炼党员、干部忠诚干净担当的政治品格。我们坚信，只要坚持用习近平新时代中国特色社会主义思想武装全党，就一定能把党建设成为始终走在时代前列、人民衷心拥护、勇于自我革命、经得起各种风浪考验、朝气蓬勃的马克思主义执政党。

这次主题教育是新时代深化党的自我革命、推动全面从严治党向纵深发展的生动实践，促进了全党思想上的统一、政治上的团结、行动上的一致，为我们党统揽"四个伟大"、实现"两个一百年"奋斗目标作了思想上政治上组织上作风上的有力动员，具有重大现实意义和深远历史影响。

参考文献

中共中央宣传部：《习近平新时代中国特色社会主义思想学习纲要》，学习出版社、人民出版社2019年6月。